무엇이
그들을 위대하게
만들었을까

무엇이
그들을 위대하게
만들었을까

다시 쓰는 한국불교 위인열전

 정병조 지음

머.리.말.

의지의 한국불교인을 찾아서

한국불교의 위인들을 정리하고픈 마음은 오랜 세월 품어 온 꿈이었다. 다만 글의 분량과 내용을 설정하는 일이 쉽지 않았다. 그러던 차에 신문사〈대한불교〉에서 비슷한 기획의 원고청탁이 있었다. 1991년 5월을 시작으로 1년 정도에 걸쳐 한국불교의 위인들을 정리하자고 했다.

이것이 한 권의 책으로 엮어지리라고는 생각지 못했다. 그런데 연재가 끝나고 나서 부쩍 신심이 생기기 시작했다. 글월들을 다시 모아 놓고 보니, 빠진 인물이 많았다. 주간 신문이라는 한계에 따른 원고 분량 때문에 미흡한 점이 한두 가지가 아니었다. 그래서 연재본을 초고(草稿)로 삼아 다시 쓰기 시작했다. 연구논문 작성처럼 연보를 작성하고 출처를 확인하는 등의 번거로움은 없었지만, 퍽 힘든 작업이었다. 인물 선정의 기준 또한 애매모호해 자료 위주로 편집할 수밖에는 없었다. 그러한 끝에 이 작업은 『보살도의 숨결』이라는 제목으로 1992년에 책으로 출간되었다. 그리고 20여 년이 지난 뒤 주변의 권유가 있어 새롭게 글을 보고 다듬어 이 책이 다시 빛을 보게 되었다.

원래 나는 인도철학·인도불교 등에 관심이 많은 학인(學人)이다. 그러면서도 끊임없이 한국불교에 대한 애정이 솟아오르는 것은 역시 감성적 공감대 때문이라고 생각한다. 내가 인도철학을 공부한 것은 불교의 원류(源流)를 확인하고 싶은 관심에서였다. 인도의 불교가 우리나라로 전래되면서 어떠한 변용(變容)을 겪는가를 탐구하고 싶었다.

불교의 진리에는 국적이 있을 수 없지만, 불교인에게는 국적이 있을 수밖에 없다. 또 모든 생명에게는 시대상황에 따른 특수성이 있게 마련이다. 자신이 살던 시대의 특수성을 불교의 예지로 극복하려는 원행을 세운 '의지의 한국 불교인'들을 나름대로 정리해보고 싶었다.

이 책에 실린 분들의 면모는 여러 경로를 통해 우리들에게 친숙하게 알려진 분들이다. 따라서 일상적인 이야기들은 가급적 자제했다. 인격적 고뇌에 초점을 맞추면서, 그 독창성을 찾아보려고 노력했다. 아직은 부끄럽기 이를 데 없지만, 이것을 토대로 심도 깊은 인물 사상사가 많이 나오게 되기를 기대해본다.

학자로서는 언제나 이와 같은 작업이 성에 차지 않는다. 이른바 '잡문'이라는 부끄러움 때문이다. 그러나 딱딱한 학술적인 작업만이 학자의 본령이라고는 생각하지 않는다. 쉽게 읽히고 재미있고 유익할 수 있다면, 이와 같은 입문서도 충분히 그 필요성이 있고 나름의 역할을 할 수 있다고 확신한다.

위대한 인물들의 삶에는 언제나 은은한 향기가 묻어 나온다. 그들은 우리의 삶을 반조(返照)하는 계기를 마련해준다. 너절하고 하찮은 일들에 얽매여 헤어나지 못하는 속물(俗物)근성을 꾸짖는다. 때로는 준엄한 질책으로 혹은 구원(久遠)의 나침판으로 위인들은 우리 곁에 다가선다.

무엇보다 그들의 생애를 관통하는 정신적 지주가 '불교'였다는 사실에 자부와 긍지를 느낀다. 선현의 빛들이 오늘날에 이어져 결실을 맺게 되기를 기대한다.

이 책을 통해 불교라는 광막한 바다에 입문할 수 있는 계기가 되기를 바란다. 아울러 한국불교의 독창적 전개를 이해하는 자그마한 디딤돌이 되기를 기대한다. 이번에 개정판을 내면서 수정을 거듭했지만 여전히 미흡하다는 느낌을 지울 길이 없다. 불교의 예지를 사모하는 모든 이들의 호의 어린 격려와 질책을 기다리면서.

2013년 봄
계룡산 국사봉 기슭에서
지은이 합장

차 · 례

머리말 … 의지의 한국불교인을 찾아서   5

신라 · 통일신라시대

01 **아도** … 해동불교의 씨앗을 심다   15
02 **이차돈** … 천년 신라불교의 시작   22
03 **법흥왕**(법공) … 제왕의 권위를 승려로 회향하다   28
04 **혜량** … 신라불교의 기틀을 다지다   33
05 **자장** … 화엄의 가르침을 최초로 전하다   39
06 **원광** … 현실에서 불교적 해법을 찾다   46
07 **원측** … 유식학의 새 지평을 열다   55
08 **원효** … 천하에 걸림 없는 자유인   59
09 **혜공** … 탁류를 거슬러 오르는 의지   69
10 **의상** … 청렴한 수행의 길   73
11 **문무왕** … 호국의 화신   83
12 **경흥** … 영험담으로 남은 유식학의 대가   90
13 **표훈** … 천기를 누설한 스님   95
14 **무상** … 중국 선맥의 또 다른 줄기   101
15 **진표** … 온몸을 던진 참회정진   105
16 **혜초** … 구법의 방랑아   110
17 **도선** … 풍수의 달인   115

고려시대

18 **제관** ... 천태의 중흥조   123

19 **의천** ... 고려대장경의 주역   127

20 **균여** ... 화엄교학의 명승   132

21 **지눌** ... 일승운동의 실천적 계승자   136

22 **요세** ... 백련결사의 주역   146

23 **혜심** ... 간화선 전통의 원류   151

24 **일연** ... 불우한 시대에 민족혼을 일깨우다   157

25 **태고 보우** ... 임제선을 전하다   166

26 **나옹 혜근** ... 무학대사의 스승   171

27 **백운 경한** ... 사라진 무심선   176

28 **신돈** ... 시대의 희생양   181

차·례·

조선시대

29 **무학 자초** ... 왕의 스승, 조선을 세우다	189
30 **함허당 득통** ... 척불의 부당성을 논증하다	193
31 **김시습**(설잠비구) ... 철저한 자유인	197
32 **보우** ... 100년 만에 마련한 불교 회생의 기회	205
33 **지엄** ... 선맥을 이어주는 다리가 되어	209
34 **서산** ... 구국의 승병대장	214
35 **유정** ... 조계종의 법맥을 일으키다	223
36 **부휴 선수** ... 은둔의 지성	230
37 **벽암 각성** ... 승군으로 봉사하다	236
38 **편양당 언기** ... 대자비의 보살행	241
39 **백곡 처능** ... 불교 탄압에 항의한 교학연구가	247
40 **백암 성총** ... 화엄의 대종사	252
41 **연담 유일** ... 배불론에 대항하다	256
42 **인악** ... 18세기 최대의 강백	260
43 **백파 긍선** ... 불교 교리 논쟁을 일으키다	264
44 **초의 의순** ... 차와 선의 절묘한 조화	269
45 **금월** ... 일상 속의 해탈	274
46 **일여** ... 고통의 사바세계를 건넌 소신공양	279
47 **우담 만행** ... 선의 요체를 설하다	283
48 **이침산** ... 유마의 화신	288

근대 이후

49 **경허** ... 근대 선의 중흥조   295

50 **만공** ... 일원상의 진리   301

51 **한암** ... 출세간의 사표   308

52 **만해** ... 행동하는 지성   314

53 **용성** ... 실천불교의 큰 별   324

54 **박한영** ... 불교학을 진흥시킨 선구자   330

55 **이능화** ... 역사의식을 지닌 불교학자   335

🧘 열전을 마치며 ... 오늘의 한국불교   340

신라 · 통일신라시대

01 아도
해동불교의 씨앗을 심다

해동불교의 여명

　　현재까지 우리 학계에서는 불교의 북방전래설을 정설로 인정하고 있다. 기원전후 중국 대륙에 도입된 불교가 4세기 후반에 고구려에 닿는다. 그로부터 꼭 10년 후 백제가 불교를 수용하고, 거의 같은 시기에 신라에 불교가 들어온 것으로 보인다. 그러나 신라는 이보다 150여 년이나 후인 법흥왕 신미년(527)에 불교를 공인한다.

　　여기서 몇 가지 의문이 든다. 첫째는 어째서 신라만 불교 공인이 늦었을까 하는 점이다. 고구려나 백제의 경우, 별 마찰 없이 불교를 수입하는 데 반해 유독 신라에서만 이차돈의 순교가 있어야만 했는가 하는 점이다. 둘째는 신라 땅에 불교를 전한 이가 아도(阿道)냐, 묵호자(墨胡子)냐, 아니면 두 사람이 동일인인가 하는 의문이다. 『해동고승전(海東高僧傳)』이나 『삼국유사(三國遺事)』, 『삼국사기(三國史記)』 등에는 이 둘의 일화가 거의 혼재되어 있는 실정이다. 그뿐 아니라 '묵호자'라는 이름은 '얼굴이 검은 오랑캐 자식'이라는 뜻이니 별명은 될 수 있어도 본명이 될 수는 없지 않겠는가? 셋째는 신라 최초의 불교신자였던 모례(毛禮)는 과연 어떠한 경로로 불교를 믿게 되었을까 하는 점이다. 그리고 전설대로 오늘날의 경북 북부 지역, 즉 선산·구미·안동·의성 일대가 과연 신라불교의 초기 전래 지역인가 하는 것도 있다.

학계는 이 많은 의문들을 명쾌하게 해석할 만한 자료를 갖고 있지 않다. 그러니 지나친 상상력은 금물이다. 다만 역사의 현장에 남아 있는 믿을 만한 자료를 통해 옛 사건들을 유추해나갈 뿐이다.

아도와 묵호자

묵호자는 신라 눌지왕 때 선산을 방문한 스님이다. 묵호자는 일선군(一善郡, 오늘날의 선산) 모례의 집안에서 굴을 파고 기거하고 있었다. 그때 양(梁)나라에서 신라로 사신을 파견하고 향을 예물로 보냈는데, 아무도 그 물건의 쓰임새를 몰랐다고 한다. 이때 묵호자가 왕실에 가서 설법했다. "이 물건을 태우면 향기가 사방으로 퍼집니다. 그리고 신성스러운 것에 치성을 드리면 소원이 이루어집니다. 그런데 신성스럽다는 것은 삼보(三寶)를 벗어나지 않습니다. 삼보란 바로 부처님·다르마(法)·승가(僧伽)입니다." 그때 왕녀가 병이 들어 백약이 무효였는데, 묵호자가 향을 사르고 기도를 올린 즉 곧 그 병이 나았다는 것이다.

얼마 후 비처왕(毗處王) 때 아도라는 스님이 일행 셋을 동반하고 역시 일선군에 와서 모례의 집에 머물렀는데, 그 겉모습이 묵호자와 비슷했

다. 그는 수년 동안 머물다가 병 없이 죽었다. 일행 세 명은 그곳에 머물면서 경전과 율(律)을 강독했는데 이따금 신봉하는 사람이 생겼다.

그런데 김대문의 『계림잡전(鷄林雜傳)』을 인용한 『삼국사기』에는 아도가 소수림왕 4년(374)에 처음으로 고구려에 와서 성문사(省門寺)를 창건했다고 기록했다. 신라 눌지왕은 417년에서 458년 사이에 재위했던 왕이기 때문에 연대 차이가 무려 43년에서 83년까지 난다. 따라서 눌지왕 혹은 비처왕 때의 아도와 소수림왕 때의 아도는 도저히 동일인이라고 볼 수 없다. 그렇다면 아도라는 인물은 두 사람일 가능성이 높다.

『해동고승전』에는 아도를 가리켜 말하길 "천축(天竺) 혹은 오(吳)나라에서 왔다고도 하며 고구려에서 위(魏)나라를 거쳐 신라로 들어갔다"라고 기록하고 있어 그 출신국이 불명확하나, 여러 가지 정황으로 미루어 보건대 아도는 서역(西域)인 그러니까 지금의 중앙아시아인 아니면 인도인의 아들이었을 가능성이 높다. 아도의 전기에 의하면, 고구려인 어머니가 오랫동안 출생의 비밀을 알려주지 않다가 위나라에서 사신으로 온 아굴마(我堀摩)가 너의 아버지라고 전해준다. 아도가 위나라로 건너가 아버지를 찾아뵙고 불법을 닦아 귀국하자 어머니는 신라에 가서 불법을 펴라고 조언한다. 당시 중국 땅에는 서역이나 인도에서 온 상인이나 승려들이 많이 활동하고 있었는데, 그들을 일컬어 호인(胡人)이라고 했다.

'아굴마'라는 이름으로 보건대 그 역시 그러한 '호인'들 중 한 명으로 생각된다. 호(胡)라는 명칭은 오늘날의 중앙아시아 일대, 넓게는 서남아시아까지도 아우르는 말이며 심지어는 인도까지 지칭하는 경우도 있다. 서역인이나 인도인들은 오늘날도 그렇거니와 얼굴이 좀 거무잡잡하지 않은가. 한마디로 묵호(墨胡), '얼굴이 검은 오랑캐'들이다. 따라서 아도에게 '얼굴이 검은 오랑캐 자식(墨胡子)'이라는 별명이 붙었을 수 있다. 한편 생각으로는 묵호자가 인도 이름 '무커지(Mukhuji)의 음역(音譯)일 수 있다. 인도에서 무커지는 흔한 이름인데 이런 점에서 아굴

■ 도리사의 아도화상 성상

마가 인도 출신일 가능성도 높다.

　일연(一燃) 스님은 비처왕 때 온 아도의 겉모습이 묵호자와 같다고 한 예를 들어 아도와 묵호자를 동일인으로 여기고 있다. 도리사(桃李寺) 아도화상 사적비에 의하면 아도는 스스로 묵호자라고 했다 한다. 그렇다면 이 두 인물이 동일인일 가능성이 가장 높다고 볼 수밖에 없다. 다만 고구려 소수림왕 때 활약한 아도와는 별개의 인물로 말이다.

　백제에 불교를 전한 마라난타도 호승(胡僧)으로 불린다. 그 역시 서역 아니면 인도의 승려였을 것이다. 여기서 불법을 펴고자 하는 그들의 염원이 얼마나 강렬했던가를 엿볼 수 있다. 서역을 관통하는 실크로드는 지금도 험난하기 이를 데 없다. 그들로 하여금 무엇이 새마저 날지 않고 바람마저 멈춰버린 땅을 걸어가게 했을까. 바로 진리를 모든 사람에게 전해주기 위한 커다란 서원이 있었기 때문이 아니었을까.

복사꽃으로 피어난
아도의 서원

　　　아도 이야기의 가장 흥미로운 부분은 그가 왕녀의 병을 고치는 대목이다. 아도에게 의학 지식이 있었다고 볼 수도 있지만 중요한 점은 사람들이 그가 영험스러운 신력으로 왕녀의 목숨을 구했다고 믿었다는 부분이다. 바로 여기에 한국불교의 운명적 특징이 잠재되어 있다. 한국불교를 기복성(祈福性) 짙은 종교로 규정하는 경우가 많은데 이와 같이 불교 초전에서부터 그러한 분위기가 감지된다.

　신라불교의 초전 루트로 전해지는 선산 땅은 고구려에서 신라로 들

■ 도리사는 아도가 창건했다고 전해지나 그 연대는 불분명하다. 신라 최초의 사찰이다.

어오는 중요한 지점이다. 그 선산에 아도가 기거했다는 도리사가 굳건히 서 있다.

　아도화상 사적비에서는 이렇게 말한다. 하루는 아도가 가사를 입고 조용히 참선하는 자세로 앉아 있었다. 그때 화상을 중심으로 큰 빛이 솟아올라 천지가 환히 비치고 신비스러운 향이 모례의 집 뜰을 감돌았다. 한겨울인데도 불구하고 흰 눈 속에서 칡 덩쿨이 생겨나는 이상한 현상이 일어났다. 모례는 놀라워하면서 그 근원지를 따라가 보니 기이한 절승지가 눈에 띄었다. 모례가 그곳에 암자를 지어 아도에게 바치니 오색의 복사꽃(桃花)이 피어올랐다. 그래서 암자 이름은 '도리암(桃李庵)'이라 하고, 마을 이름을 도개(桃開)라 했다. 그 암자가 오늘날의 선산 땅 도리사이다. 1976년에 아도의 석상이 발견되어 큰 화제가 되기도 했다. 아무튼 도리사의 창건 연대는 정확하지 않지만 해동 최초의 사찰로 전해 내려오고 있다.

해동불교는 이렇게 하여 그 장엄한 새벽을 연다. 비록 아도의 진실이 많은 이들에게 홍포된 것은 아니었지만, 그는 이 불모의 대지 위에 불은(佛恩)의 씨앗을 뿌린 최초의 인물이다. 그러나 아도가 죽은 후 불법 또한 쇠퇴했다는 것은 시사하는 바가 크다. 후계자를 만들지 못했기 때문에 그로부터 150년 후에야 신라에 불교 공인이 되는 척박한 현실을 만들어 낸 것이다.

아마 당시 신라에는 고유한 신앙이 있었으리라 짐작된다. 샤머니즘인지, 애니미즘인지 분명치 않지만 불교의 수용을 거부하는 어떤 신앙 기반은 분명히 있었다고 본다. 그 부분이 아도의 포교를 막은 장애였다. 동시에 신라의 불교 수용이 백제나 고구려와 달랐다는 점도 지적되어야 한다. 두 나라는 왕실을 중심으로 하는 하향식 불교 수용이었으나 신라의 경우 오히려 그 반대였던 것이다. 비판 없이 수용한 백제나 고구려의 경우와 달리 신라불교는 오히려 더욱 튼튼하고 착실하게 성장했다. 비 온 뒤에 땅이 굳는다는 말처럼 아픔 끝에 받아들인 신라불교는 한국의 민족종교로서 그 토대를 이루었다.

02 이차돈
천년 신라불교의 시작

천년의

시작

　1,600여 년의 한국불교 발자취를 통해 숱한 위인들을 만난다. 때로는 국난 극복의 현장에서 혹은 무애의 달인으로서 그들은 우리 문화의 창조적인 발전을 도모해왔다. 그 빛나는 발자취의 디딤돌로 이차돈(異次頓)을 자랑스럽게 기억한다. 스물둘의 젊은 나이에 꽃다운 목숨을 바침으로써 그는 천년 신라불교의 영광을 다졌던 것이다.

　이차돈의 본명은 박염촉(朴厭觸) 혹은 거차돈(居次頓)이라고도 한다. 그는 법흥왕의 치세(治世) 때 불법(佛法) 홍포를 위해 순교한 위대한 인물이다. 이차돈이 어떠한 경로로 불교를 신행하게 되었는지는 알 길이 없지만 아도의 포교 이후 신라 땅에 불교의 존재가 알려진 것은 사실이다.

　이차돈이 활약하던 520년 전후 이미 이웃 나라 백제와 고구려에는 찬란한 불교문화가 꽃피고 있었다. 평양에는 성문사(省門寺)·이불란사(伊弗蘭寺) 등 아홉 사찰이 세워졌고 백제 또한 괄목할 만한 불교문화가 커가고 있었다. 이런 분위기 속에 신라만이 여전히 암울한 쇄국주의 아래 불교를 공인하지 않았다.

법흥왕은 불교 도입이야말로 국가 발전의 초석이 된다는 믿음을 갖고 있던 군주였다. 고대사회에서 종교가 갖는 일반적 기능 가운데 하나는 선진문화 전수이다. 종교문화는 곧 선진문화를 뜻한다. 교육의 기회가 일반화되지 못했던 시대에 불교는 교육을 강조한다. 더불어 건축기술이나 조형예술 또한 불교문화를 통해 향상된다. 더욱 중요한 것은 불교에는 삶의 실상(實相)을 관조하는 철학적 성찰이 있다.

그러한 불교를 통해 국민을 교육하고 일깨우는 것이 곧 국가발전의 초석이 된다는 것을 법흥왕은 간파하고 있었다. 그러나 육촌장(六村長) 중심의 세력은 불교 도입을 완강하게 거부한다. 물론 기득권 유지와 함께 법흥왕을 견제하려는 권력 의도도 감안해야 한다. 이차돈은 그 다툼의 와중에서 자신이 희생하겠다고 간청한다.

"내가 불교를 일으키려는 뜻이 좋은 일을 도모함에 있을진대 어찌 충신을 해할 수 있겠는가?"

"살신성인은 신하의 도리입니다. 하물며 내 한 몸을 죽여 부처님의 뜻이 태양처럼 빛날 수 있는데 어찌 죽음을 두려워하리까. 내 죽는 그 날이 바로 제가 새로운 생명을 얻는 날입니다."

숭고한 인간 의지에서 시공(時空)을 초월한 영원의 미소가 떠오른다. 얼마나 오래 사느냐가 인간에게 중요한 것이 아니다. 어떻게 그 삶을 가꾸느냐가 우리의 관심사여야 하지 않을까?

의를 위하여
삶을 가벼이

이차돈은 드디어 순교를 결행한다. 그는 왕명(王命)을 도용하여 천경림(天鏡林)에 불사(佛事)를 일으킨다. 중신들은 벌떼처럼 일어나 그 일이 부당하다고 간하면서 진상을 밝히라고 요구한다. 그 결과, 이차돈의 단독 행동이었음이 드러났다. 군신들이 말했다.

"지금 승려들의 무리를 보건데 머리는 아이들 같고 옷은 다 헤진 것을 입으며 지껄이는 말이 허황되니 옳은 도리가 아닙니다. 만약 이차돈의 말을 좇으면 반드시 후회하시게 될 것입니다. 저희들은 죽을죄를 짓는다 할지라도 감히 왕명을 따를 수 없나이다."

이 말을 들은 이차돈은 분기했다.

"지금 군신들의 말은 옳지 않사옵니다. 무릇 비상한 사람에게는 비상한 일이 있는 법입니다. 제가 듣기로는 불교가 매우 심오하여 행하지 않을 수 없사옵니다. 참새가 어떻게 봉황의 큰 뜻을 알겠나이까."

이차돈의 항변에도 불구하고 많은 사람들의 의견이 모두 반대하는 쪽으로 기울어버리자 왕은 이차돈의 말을 따를 수 없었다. 여기에 불사를 임금의 동의 없이 집행했다는 죄도 첨가된다.

이차돈은 사형에 처해진다. 죽음에 임하여 그는 이렇게 말한다.

"만약 부처님이 신령스러우시다면 내 죽음 후에 반드시 기적이 있으리라!"

이윽고 목을 베었을 때 흰 피가 솟구치고 이차돈의 목은 금강산에 떨어진다. 흰 피가 솟았다든지, 금강산에 목이 떨어졌다고 하는 비유는 상징적이다. 그토록 불교 도입을 반대했던 이들에게 이차돈의 죽음은

■ 백률사 범종.
이차돈의 잘린 목에서 하얀 피가 솟구치는 모습이 새겨져 있다.

경이롭게 다가왔던 것이다. 크게 놀란 신하들은 자신의 잘못을 뉘우치며 다시는 불교를 비방하지 않았다고 한다. 산속의 짐승들도 슬피 울었고 태양이 빛을 잃었다고 전한다. 죽음 앞에 그토록 의연할 수 있다면 불교는 위대하다는 공감대가 싹텄다. 이것이 바로 기적이다.

목이 금강산에 떨어졌다는 말은 그곳에서 이차돈의 사형을 집행했다는 뜻일 것이다. 이차돈의 목이 날아가 떨어졌다는 금강산은 경주 외곽의 소금강산(小金剛山)을 가리킨다. 현재 경주 황성공원의 남쪽, 사방불과 백률사(栢栗寺)가 있는 산을 가리킨다. 그 산의 북편 계곡에는 음각의 마애불이 조성되어 있는데 북향이라는 점으로 보아 이차돈의 형장이었을 가능성이 높다. 원래 신라인들에게는 산악을 숭배하는 습속(習俗)이 있었는데 사령지(四靈地)·오악삼산(五岳三山) 신앙 등이 바로 그것이다. 소금강산은 신라인들이 꼽는 영산(靈山) 가운데 하나로, 삼국 통일 이후에는 오악(五岳)이 다시 전 반도로 확대해석된다.

이차돈의 사형집행 장소에 세웠던 자추사(刺楸寺) 터에 대해서는 알려진 바가 없다. 다만 그 장소가 소금강이었다면, 그곳은 곧 백률사가 있는 굴불산(掘佛山)을 가리킨다. 지금의 황성공원에서 남쪽으로 내려다보이는 야트막한 산이다.

일연이 이차돈의 죽음을 애도하여 남긴 찬시(讚詩) 또한 걸작이다.

의를 위하여 삶을 가벼이 여김도 오히려 놀랍건만
하늘에서 꽃이 내리고 흰 피가 솟음은 더욱 다정하구나
어느덧 한칼에 몸이야 부서졌건만
집집마다 울려 퍼지는 쇠북소리

서라벌 장안을 뒤흔드네
徇義輕生已足驚 天花白乳更多情
俄然一劍身亡後 院院鐘聲動帝京

법흥왕은 충신을 죽인 죄로 애통해 하다가 왕비와 함께 출가한다. 그리고 이차돈이 일으켰던 천경림 불사를 마무리 지어 '흥륜사(興輪寺)'라 했다. 흥륜사에서는 매년 이차돈 순교의 날을 맞아 그의 넋을 기리는 추모제가 열렸다. 아울러 신라 십성(十聖)의 초상 가운데 으뜸으로 이차돈의 영정을 모셨다. 최근 오릉(五陵) 곁의 흥륜사 터가 사실은 본래 자리가 아니라는 주장이 대두되었는데, 『삼국유사』나 『동국여지승람(東國輿地勝覽)』 등을 살펴볼 때 일리가 있는 주장이라고 생각한다.

이차돈의 일화에는 불교가 공인되기까지의 중대한 상징성이 깃들어 있다. 진리를 위해서 목숨과 바꾼 흰 핏줄이 신라의 찬란한 불교문화를 싹틔우게 했으며, 한국불교의 밝은 앞날을 열어주었던 것이다.

■ 백률사

03 법흥왕(법공)
제왕의 권위를 승려로 회향하다

**흥법의
주역**

법흥왕(法興王)은 신라 23대왕이다. 본명은 김원종(金原宗). 나중에 출가하여 법공(法空) 스님이 된다. 법흥왕은 13년 동안 왕위에 있었지만 재위 기간 동안 몇몇 굵직한 일들을 매듭지었다. 우선 병부(兵部)를 설치했고, 문무백관(文武百官)의 위계질서를 확립했다. 삼국 각축의 험난한 상황 속에서 강력한 전제왕권의 기틀을 다진 인물인 것이다. 사실 신라는 지리적으로 경상남북도에 치우쳐 있었기 때문에 통일을 하기에는 매우 불리한 조건이었다. 당시의 문화선진국인 중국 대륙과 커뮤니케이션이 거의 불가능했던 데다가 정치적으로도 육촌장 중심의 부족연맹 성격이 강했기 때문에 발전 속도가 더디었다. 우선 의사결정이 늦고 강력한 힘을 모으기에 역부족이었다. 백제나 고구려는 중앙집권 시스템이었기 때문에 정복전쟁 중에는 상대적으로 효율적이었다. 이러한 여러 불리한 조건에도 불구하고 신라가 최후의 승자가 되었다는 사실이 중요하다.

부귀와 영화를
등지고

흥륜사를 보면 총신 이차돈을 희생시킨 법흥왕의 마음이 어떠했으리라는 것은 충분히 짐작이 간다. 이차돈은 흥륜사 불사를 도모하면서 왕명을 사칭했다. 왕은 이차돈의 형장이었던 소금강산에 자추사라는 절을 짓고, 젊은 꿈이 못다 핀 천경림에 대찰(大刹)을 완성했다. 그리고는 서라벌에 불법의 진실이 구르기 시작했다는 뜻에서 절의 이름을 '흥륜사(興輪寺)'라고 했다. 법흥왕은 곧이어 왕위에서 물러난다. 권력 다툼 때문도 아니고 무능 때문도 아니었다. 법흥왕은 이제 남은 생을 부처님의 제자로 살 결심을 했던 것이다. 법호(法號)는 법공. 스스로 창건한 흥륜사에서 세속의 인연을 마감했다. 세상 사람들은 이곳에 대왕스님이 머물렀다고 해서 '대왕흥륜사'라는 애칭으로 불렀다고 한다.

모든 사람들이 동경하는 삶, 권좌 찬탈을 위해 목숨도 버리는 세속사에 법흥왕의 결정은 신선한 충격이다. 법흥왕은 싯다르타 태자가 그러했던 것처럼 부귀와 영화를 등진다. 그리고 출가사문(出家沙門)으로서 무소유의 회향(廻向)을 도모한다. 『해동고승전』에는 법흥왕의 여생이 삼의일발(三衣一鉢)이었다고 기록하고 있다. 원래 출가사문의 무소유를 설명할 때 옷 세 벌, 밥그릇 한 벌이라는 표현을 쓴다. 즉 일생 동안 남을 위해 헌신하며 스스로는 무욕의 삶을 산다는 의미이다. 물론 이것 역시 상징적인 표현으로 검약과 청빈한 삶을 뜻한다.

부귀영화를 누리기는 어렵다. 그러나 누릴 수 있는 부귀영화를 '조건 없이' 버리기는 더욱 어렵다. 말로는 공수래공수거(空手來空手去)라 하면서도 그 질곡 속에 허덕이는 것이 바로 중생의 삶이다. 못 가진 자는 가지려 하고, 가진 이는 더 가지려 하고, 많이 가진 이는 뺏기지 않으려 한다. 물고 물리는 각축장이 바로 중생의 삶이 아니던가. 그러나 법흥왕은 결연히 이 윤회(輪廻)를 극복한다. 법흥왕의 결단이 부처님의 가르침을 바로 따르려는 의지였음이 자랑스럽다. 그의 의지는 세속적 가치만이 최고선(最高善)인줄 착각하던 당시의 신라인들에게 충격과 경이로움을 안겨 주었다.

법흥왕은 출가를 통해 신라의 역대 제왕들에게 아름다운 왕도의 모범을 제시한다. 그의 뒤를 이은 진흥왕(眞興王, 540~575)은 법흥왕의 조카이다. 그 또한 만년에 왕위를 버리고 왕비와 함께 출가한다. 법호는 법운(法雲)이라 했다. 출가는 하지 않았지만 진흥왕의 뒤를 이은 진지왕(眞智王, 675~678)은 태자적 이름이 금륜(金輪)이다. 그의 형 이름은 동륜(銅輪). 형이 일찍 요절하자 동생인 금륜이 왕위에 올랐다. 금륜, 동륜 이러한 명칭으로 보아 진흥왕은 불법으로 나라를 다스리는 성군(聖君)인 전륜성왕(轉輪聖王)을 꿈꾸었던 모양이다. 그래서 그의 치적은 불법으로 나라를 다스린 인도의 성군 아쇼카(Ashoka) 대왕과 자주 비교된다. 진흥왕 순수비는 아쇼카 대왕의 석주(石柱)와 유사한 데가 많다.

진지왕에 이어 왕위에 오른 진평왕(眞平王, 579~631)의 이름은 백정(白淨)이고 그의 부인은 마야부인(摩耶夫人)이라고 불렸다. 백정은 바로 석가모니 부처님의 부친인 정반왕(淨飯王)을 가리키는 이름이고 마야부인은 부처님 어머니의 이름이 아닌가. 진지왕 뒤를 이은 선덕(善德, 632~648)· 진덕(眞德, 649~668) 여왕도 각각 덕만(德曼)· 승만(勝曼)이라는 이름으로 불렸다. 승만은 『승만경(勝鬘經)』에 등장하는 승만부인과 동명으로 경전에서 승만은 대승불교의 오묘한 이치를 설하는 왕비로

■ 전(傳) 법흥왕릉

묘사되어 있다. 불세출의 장군 김유신의 부인이었던 지소(智炤)부인 또한 출가하여 비구니가 된다.

이러한 일련의 출가행진곡과 역대 왕들의 불교적 명칭과 치적은 결코 우연이 아니다. 법흥왕이라는 위대한 인격이 보여준 모범에 따른 행위였다고 볼 수 있는 것이다.

법흥왕릉

무릇 문화라는 것은 인간 심성의 집약이다. 특히 종교문화는 그 시대정신의 산물일 수밖에 없다. 신라 땅에 불교 공인이 늦었던 것은 그만큼 불교문화의 토양이 뿌리내리는 준비 기간이 길었다는 뜻이 될 수 있다. 난관과 역경 끝에 얻은 불교의 진실은 신라의 대지 위에 감로(甘露)의 꽃과 열매를 피우게 된다. 그러한 신심의 발자취들은 오늘도 경주 남산의 골짜기마다, 그리고 경주의 대지 위에 그 흔적들을 남겼다.

법흥왕릉이라고 전하는 곳은 영흥사(永興寺) 터에서 멀지 않은 곳에 있다. 왕의 봉분이라 하기에는 초라하기 그지없다. 사실 신라 제왕들의 봉분에는 그 명호 추정에 이견들이 많다. 김유신 장군 묘, 김대성 묘, 진덕여왕릉 등이 모두 그러한 의문에 싸여 있다. 신문왕릉 역시 과연 제자리에 있는가라는 의문도 제기된 바 있다. 그래서 현재까지는 '전하기를'이라는 의미로 전(傳) 무슨 왕릉이라는 표현을 쓸 수밖에 없다. 그래서 무성한 잡초와 인적 끊긴 전 법흥왕릉 앞에 서면 언제나 무상과 신심이 교차하는 묘한 감회에 잠겨들곤 하는 것이다.

04 혜량
신라불교의 기틀을 다지다

**고구려의 고승
신라 화랑을 구하다**

　　혜량은 고구려 출신의 고승이다. 학덕이 높을 뿐만 아니라 인품이 관후하여 국내외의 존경을 한 몸에 받았다. 혜량은 신라 화랑 거칠부(居漆夫)와 인연이 되어 신라 땅에 귀화한 특이한 인생 여정을 걷는다. 거칠부는 본래 신라 내물왕의 후손이다. 담력이 뛰어나고, 어렸을 때부터 비범한 뜻을 품고 있던 그는 언제나 신라라는 변방의 한계를 뛰어 넘어 삼국통일을 이루겠다는 희망을 갖고 있었다. 적을 알려면 적진에 들어가는 수밖에 없다. 거칠부는 변복을 하고 고구려로 잠입했다. 그러나 경비가 삼엄한 데다 사투리 때문에 피신할 곳이 마땅치 않았다. 하는 수 없이 혜량 스님의 절을 찾아서 법문(法門)을 듣는 척하며 은신하기로 작정했다. 그러나 혜량은 한 눈에 그가 이역(異域)의 첩자임을 알아차렸다. 어느 날 혜량은 은밀히 거칠부를 불러 말한다.

　　"이 나라가 비록 크지는 않으나 인재가 없는 것은 아니네. 내 이미 그대의 정체를 알아보았은즉 다른 이가 알까 두렵노라. 빨리 고국으로 피신토록 하라."

구사일생으로 목숨을 건진 거칠부에게 혜량은 또 웃으며 말한다.

"그대는 정녕 무사인 듯한데 훗날 나를 해치지 말라."

오랜 세월이 흐른 후 거칠부는 높은 벼슬에 올랐다. 그는 신라군 총사령관이 되어 백제와 연합해 군대를 끌고 고구려로 쳐들어갔다. 파죽지세로 죽령을 넘어 진군을 거듭하던 중 거칠부는 우연히 혜량을 만났다. 혜량은 신라의 점령군들을 환영하기 위한 인파에 섞여 길가에 도열하고 있었던 것이다.

"이전 날 스님의 은혜로 목숨을 부지했나이다. 이제 어떻게 보은하리이까?"

그러나 혜량은 묵묵부답, 이윽고 이렇게 말한다.

"우리나라(고구려)는 정치적 혼란으로 말미암아 머지않아 멸망하리라."

거칠부는 혜량을 모시고 신라로 귀환했다. 진흥왕은 크게 기뻐하며 혜량을 승통(僧統)으로 삼았다. 승통은 말 그대로 승니(僧尼)의 기강을 바로잡고 통솔하는 직책이다. 불교가 공인된 지 150여 년, 출가의 자유가 보장된 신라사회에서 이제 승려 그룹은 독특한 파워를 형성할 때였다. 그들의 기강을 바로잡기 위해서는 무엇보다도 그들의 존경을 받는 인물이 있어야 했는데 혜량은 그와 같은 인품과 자격을 골고루 갖춘 인물이었던 것이다.

혜량과 거칠부의 '만남'은 극적인 삶의 굴곡이다. 거칠부에게 베푼 혜량의 온정이 스스로의 목숨을 구하는 계기가 되어 돌아온 것이다. 만약 그때 혜량이 거칠부가 아닌 다른 장군을 만났다면 고국으로 무사히 돌아가기란 불가능했다.

팔관회

혜량이 초대 승통으로 취임한 일은 혜량의 위대함을 말해주는 기사이다. 그러나 달리 생각해보면 신라 땅에는 아직 인물다운 인물이 없었다는 뜻도 된다. 승통이 된 혜량은 우선 거국적으로 팔관회(八關會)를 주도한다. 팔관회는 전통적 오계(五戒)에 불착향화(不着香華)·불좌고대상(不坐高大床)·불자락관청(不自樂觀聽) 등 세 조항을 덧붙여 지키는 일종의 참회법회이다.

즉, 살생하지 않음·도적질하지 않음·음행하지 않음·거짓말하지 않음·함부로 술 마시지 않음·향기 나는 꽃을 걸치지 않음·높은 상 위에 앉지 않음·가무음곡을 가까이 하지 않음 등이다. 조선 영조 때의 역사책『동사강목(東史綱目)』에는 신라 팔관회 법식에 관해 비교적 상세한 언급이 나온다. 해마다 중동(仲冬, 겨울이 한창인 때라는 뜻으로 음력 11월을 달리 이르는 말)이 되면 보름달에서 시작해 보름 동안 대법회를 연다. 집집마다 대궐의 뜰마다 연등을 달아 대낮처럼 불을 밝히고, 중앙에 대등(大燈), 사방에 향등(香燈)을 달고 그 등불 사이사이에는 오색의 비단 천을 묶었다고 한다. 또 도속(道俗)들은 함께 어울려 백 가지 노래와 춤으로 즐겼다고 전한다.

앞서 말한 대로 팔관회는 여덟 금계(禁戒)를 준수하는 참회법회인데 특히 마지막 조항은 '노래를 듣지도 하지도 말라'는 것이다. 그런데 이렇게 보면 신라의 팔관회는 오히려 춤추고 노래하며 떠들썩하게 보내고 있지 않은가? 엄하고 따분한 윤리 타령보다는 한바탕 먹고 마시는 해소 차원의 모임이 된 것이다. 나중에 팔관회는 위령제 성격으로 변모한다. 정복 전쟁을 치르며 생겨난 전몰 유가족과 상이용사들을 위한 놀이마당이다. 이런 사례들은 형식적인 윤리 준수에만 관심을 쏟는 당시의 귀족취향형 불교에 대한 반발이라고 이해할 수 있다. 팔관회는 결국 신라 정신의 응결이라는 사상적 비약을 이룩했다. 국민정신의 조화와 단결이야말로 신라가 삼국을 통일하게 되는 근본정신이 되었다. 혜량이 처음 시도한 팔관회는 조선 초기까지 근 8백여 년을 이어오다 불행하게도 조선 태종 때 이르러 폐지된다.

백 명의 고승이 한자리에 모이다

혜량은 또한 인왕백고좌도량(仁王百高座道場)을 실시했다. 백고좌도량은 원광(圓光) 법사로 인해 신라에 정착하게 되었으며 그 중심지는 황룡사였다. 『인왕경(仁王經)』의 가르침으로 어진 지도자의 길과 호국 의지를 천명하는 법회로서 백 명의 고승을 모신다 해서 백고좌 혹은 백좌도량, 또는 인왕호국도량이라 불렀다. 정기적인 모임이었을 뿐만 아니라 국왕이 반드시 배석해서 다른 이의 모범이 되고자 했던 점 등은 신라사회에 상당한 반향을 불러 일으켰다고 본다. 『인왕경』은 신라인들이 매우 존숭해온 경전으로 문헌학적으로만 말한다면 중국에서 찬술된 위경(爲經)이다.

▪ 황룡사지. 황룡사에서는 인왕백고좌 도량이 성대하게 거행되었다고 한다.

　　불교가 중국에 전래되어 가장 많은 비판을 받은 것은 무부무군(無父無君)의 종교라는 점에서였다. 그 때문에 당시에 이런 비판에 대응하기 위해서 불교의 논리가 필요했다. 불교에도 충효의지가 있음을 천명하기 위해 일련의 위경을 만들게 된다. 『인왕경』에서 인왕은 반야(般若)로서 국토를 수호해야 하는 존재임을 역설한다. 즉 지도자의 자질을 반야의 수호자로 선언했다. 백성들을 아끼고 불교를 지키는 군주는 이후 고려 때까지 줄곧 이어져 내려온 지도자 상이다. 천태대사(天台大師) 지의(智顗)는 『인왕경소(仁王經疏)』에서 이렇게 말한 적이 있다. "어질다는 것은 참을 줄 안다는 의미이다. 비방과 칭찬 사이에서 동요되지 않음이 지도자의 조건이다." 따라서 인왕백고좌도량이라 할 경우, 백 명의 고승을 한 자리에 모시고 군왕에게 그 불교 의지를 전달하는 호국법회인 셈이다. 여기에서 말하는 호국은 좁게 국가라기보다는 오히려 불국토(佛國土)라는 의미일 것이다.

혜량의 예언대로 고구려는 연개소문 사후(死後) 정변에 휩싸이게 된다. 그 아들들의 권력 찬탈 다툼, 무능한 중앙 정부, 그로 인한 민심 이탈 때문에 고구려는 끝내 영광의 무대에서 사라지게 된다. 반면 신라는 욱일승천(旭日昇天)의 기세로 반도를 통일한다. 혜량은 비록 고구려 출신이었으나 신라불교의 기반을 다진 인물이다. 혜량의 뒤를 이은 신라인 최초의 승통이 바로 자장이다.

05 자장
화엄의 가르침을 최초로 전하다

문수보살의
인연

자장(慈藏)은 7세기 초반 신라사회의 가장 빛나는 별이다. 뛰어난 가문 출신에 반석 같은 신심으로 당시의 신라인들에게 널리 알려진 인물이다. 생몰연대는 불분명하고, 다만 선덕여왕 때 중국 유학을 했다고만 알려져 있다. 선덕여왕의 집권기는 7세기 초반이기 때문에 자장의 나이를 역산(逆算)해보면 아마도 570년에서 580년 사이에 태어났으리라고 추측되며, 삼국통일 직전까지 활약했던 것 같다.

원광법사(531년생)보다는 후배였고 원효(617~686)나 의상(625~702)보다는 대선배였다. 사상적으로만 본다면 원광에서 원효·의상으로 이어지는 교량 역할을 했을 것으로 보인다. 자장의 일생은 문수(文殊)보살과의 인연으로 점철되고 있다. 중국 유학 시절 문수보살로부터 범어(梵語)로 된 게송을 받은 바 있으며, 문수보살의 화신(化身)으로 생각되는 어느 신인(神人)의 계시로 황룡사 구층탑 등 굴지의 예술품을 건립한다. 자장은 또한 문수보살로부터 부처님의 진신사리(眞身舍利)를 모셔와

▪통도사 금강계단

통도사(通度寺)를 창건했다. 승통의 위치에 올라 승니의 기강을 바로잡은 곳이 바로 통도사의 금강계단(金剛戒壇)이다. 『삼국유사』와 내용을 약간 달리 하는 『통도사 사리가사 사적약록(通度寺舍利袈裟事蹟略錄)』에서는 금강계단이 설치되기까지의 이야기를 다음과 같이 전하고 있다.

자장이 당나라 종남산(終南山) 운제사(雲際寺) 문수보살상 앞에서 기도를 드리고 있을 때의 일이다. 문수보살은 승려로 화하여 가사 한 벌과 진신사리 1백 알, 불두골(佛頭骨)과 손가락 뼈(指節), 염주, 경전 등을 주면서 말했다.

"이것들은 내 스승 석가여래께서 친히 입으셨던 가사이고 또 이 사리들은 부처님의 진신사리이며, 이 뼈는 부처님의 머리와 손가락 뼈이다. 그대는 말세(末世)에 계율을 지키는 사문(沙門)이 될 것이므로 내가 이것을 그대에게 주노라. 그대의 나라 남쪽 취서산(鷲栖山, 영축산의 옛 이름) 기슭에 독룡(毒龍)이 거처하는 신지(神池)가 있는데, 거기에 사는 용들이 독해(毒害)를 품어서 비바람을 일으켜 곡식을 상하게 하고 백성들을 괴롭히고 있다. 그러니 그대가 그 용이 사는 연못에 금강계단을 쌓고 이 불사리와 가사를 봉안하면 삼재(三災, 물·바람·불의 재앙)를 면하게 되어 만대에 이르도록 멸하지 않고 불법이 오랫동안 머물러 천룡(天龍)이 그곳을 옹호하게 되느니라."

자장은 귀국하여 선덕왕과 함께 취서산을 찾아서 독룡들이 산다는 못에 이르러 용들을 위해 설법을 했다. 그런 뒤 자장은 못을 메우고 그 위에 계단을 쌓았다. 아마 자장은 율행(律行)을 엄격히 지키는 학승(學僧)이었던 것 같다.

자장의 계율에 대한 철저한 정신은 다음과 같은 일화에도 잘 나타난다. 자장이 당나라로 유학을 떠나기 전의 일이다. 자장은 왕족인 진골 출신의 외아들로 재간과 지혜를 겸비하고 있었다. 그런 그가 인생의 무상함을 느껴 산 속에서 수도만 하고 있으니 왕은 그러한 자장을 내버려 두지 않았다. 자장을 재상 자리에 앉히려고 누차 불렀지만 끝내 응하지 않자 칙령을 내려, "취임하지 않으면 목을 베리라." 하였다. 그때 칙사에게 준 자장의 답변은 단호했다.

"내 비록 단 하루를 살더라도 계를 지키다 죽을지언정, 파계(破戒)를 하고 백 년 동안 살기를 원치 않는다."

우리나라에 화엄의 대지(大旨)를 최초로 전한 것도 자장이었다. 물론 화엄이 일세를 풍미하는 것은 후배 의상 시대의 일이지만, 그 가르침을 전한 이는 자장이었다.

누구보다 철저하게 수행했던 자장이었지만 최후는 비극적이다. 만년에 자장은 공직에서 은퇴하고 문수보살 친견을 염원하며 암자에 숨어 살았다. 어느 날 남루한 노인이 찾아와서 자장을 찾는데 그 태도가 매우 불경스러워 시자를 당혹하게 한다. 자장은 '아마 미치광이겠지!' 생각하며 그를 쫓아낸다. 그때 노인은 말한다.

"가자! 가자! 아상(我相)이 있는 자가 어찌 나를 보랴!"

그 남루한 노인이 문수보살의 화현이었던 것이다. 깜짝 놀란 자장이 서둘러 따라갔으나 문수보살은 한줄기 빛을 남긴 채 사라진다. 이후 자장도 숨을 거둔다. 고승으로서는 초라한 죽음인데, 이 이야기를 의상 문하의 조작으로 보는 견해도 있다. 우리나라에 최초로 화엄을 전한 인물은 자장인데 중국 화엄종을 정식으로 배운 의상이 오히려 그 빛에 가리게 되니, 자장을 폄하하려는 의도에서 조작된 설화일 가능성이 높다고 보는 것이다.

역사학계에서는 이 기사(記事)를 자장과 화엄종의 결별로 해석하기도 한다. 그러나 개인적으로 이것은 자장의 인품에 대한 묘사일 것이라고 본다. 신라불교의 두드러진 경향은 '달관(達觀)의 미학'이다. 어디에도 걸림 없는 둥글둥글한 멋이 있다. 특히 권위의식에 가득 찬 귀족 성향에 대해서는 통렬한 해학의 멋으로 비웃는다. 따라서 이 설화에서 말하고 싶은 것은 자장은 근엄한 학승이었으나 무애(無碍)의 달인(達人)은 아니라는 표현이지, 그것을 종파에까지 연결시켜 생각하는 것은 비약이라고 본다.

신라의 비원,
황룡사 구층탑

자장 이전에도 구법(求法)의 선구자들은 있었다. 원광과 명관(明觀)·각덕(覺德) 등이 모두 그 범주에 속한다. 7세기에 들어서면 단연 자장의 활약이 두드러진다. 그는 당시로서는 첨단 신학문이랄 수 있는 율종(律宗)과 화엄학을 공부했기 때문이다. 자장은 귀국 즉시 황룡사에 9층 목탑을 세운다. 목탑을 세우게 된 연기(緣起)에 관해 『삼국유사』에서는 이렇게 말한다.

자장이 중국의 태화지(太和池) 가를 거닐고 있었는데, 홀연히 한 신인(神人)이 나타나 물어왔다.

"무엇 때문에 이곳에 왔는가?"

자장이 대답했다.

"보리를 구하기 위해서입니다."

그러자 신인은 합장하고 재차 물어왔다.

"그대의 나라에 어떠한 난관이 있는가?"

"우리나라 주변에는 말갈, 고구려, 백제, 왜국 등이 있어 그들이 강토를 침범하니 걱정입니다."

신인은 말했다.

"지금 그대의 나라는 여왕이 군주이기 때문에 덕은 있으되 위엄이 없다. 그렇기 때문에 이웃 나라가 넘겨다본다."

자장이 어떻게 하면 조국에 도움이 되겠느냐고 묻자 신인은 이렇게 일러주었다.

"황룡사의 호법룡은 나의 맏아들이다. 본국에 돌아가 9층 목탑을 세우면 인근의 나라가 조복해오리라."

이 기록에서 황룡사의 구층탑이 신라인들의 비원(悲願)을 간직했다는 점을 눈여겨보아야 한다. 아울러 당시의 불교 수용이 국가의 현실 목적과 어떻게 융합되느냐 하는 과정을 알 수 있다. 다만 호국불교에 대한 재검토와 가치 정립은 반드시 짚고 넘어가야 할 문제이다.

한국불교를 호국불교로 특성화시켜온 견해들이 있었다. 신라의 화랑, 고려 대장경, 조선의 승군 활동 등을 볼 때 한국불교가 호국적 특징이 있다는 것은 부인할 수 없다. 다만 한국은 저들 영토를 지키고, 일본과 중국 또한 각자의 영토 지키기에 급급하다면 그때의 호국이란 곧 국수적 배타주의일 따름이다. 불교의 진리에 배타성은 있을 수 없다. 따라서 호국이라는 개념을 새롭게 정립할 필요가 있다. 여태까지의 관념으로 한국불교를 호국불교로 규정해서는 안 된다는 것이다. 부당한 왕권에 아부하면서 전가의 보도처럼 한국불교의 특징을 호국에만 두려는 견해는 불식되어야 한다고 본다. 삼국 정립시대의 불교가 호국적인 특징을 지닌 것은 분명한 사실이다. 다만 그때의 '나라'라는 개념을 요사이의 국가 개념에 비추어 보려는 데 문제가 있다. 당시의 호국이란 오히려 정법(正法)이 머무는 대지, 부처님의 가르침이 지켜지는 사회라는 뜻에서 호법(護法) 기풍이 강한 것으로 이해할 수 있다.

그러니 단순히 한국불교는 호국불교가 아니라고 말하는 것도 역사적 진실을 왜곡하는 일이라고 본다. 황룡사 구층탑의 경우처럼, 이것은 당시 신라인들에게 가장 절실한 문제였다. 끊임없는 외세의 압박, 정치적 불안(실제로 선덕여왕 때는 여왕이라는 이유로 이른바 비담의 난이라는 쿠데타가 있었다), 중국과의 불리한 외교조건 등 호재(好材)라고는 도무지 없는 정황이 아니었던가. 부처님은 위신력(威神力) 있는 존재이다. 비록 인격적인 파워를 서양 종교처럼 휘두르지는 않지만, 반드시 중생들의 기도에 응답하는 분이다. 그렇기 때문에 신라의 논리로는 마땅히 부처님의 가피력을 염원하지 않을 수 없다. 바로 그것이 신라 호국불교의 논리이다. 따라서 호국이라는 단어에 맹목적으로 거부감을 보이는 행위는 감성적인 처사라고 생각한다. 따라서 호국을 좁은 민족주의적 감성으로 해석하기보다는 부처님의 가르침, 진리를 지킨다는 호법(護法)의 의미로 확대해석할 때 이 호국불교의 의미가 새롭게 부각될 수 있으리라고 본다.

구층탑의 초석 부분은 이른바 '가섭불연좌석'으로 아주 오래전에 가섭부처님께서 설법하셨다는 전설이 깃든 곳이다. 이것은 신라 불국토 사상과 깊은 연관을 가진 설화이다. 자장에게 게송을 준 신인도 황룡사에 사는 용은 자신의 맏아들이라고 소개한 바 있으니 이러한 것들은 신라를 불연(佛緣) 있는 국토로서 인식시키는 상징설화인 셈이다. 탑의 높이는 무려 80여 미터, 아마 지금 법주사 팔상전의 형태처럼 법당형 목조탑이었으리라 짐작된다. 그 탑의 정상에 서면 대마도가 보이리라. 탑을 세우며 신라인들은 조국의 평화를 기원한다. 그리고 부처님의 위대한 힘, 영원한 진실의 의지를 느낀다. 시간과 공간을 초월하는 법신(法身)의 메아리가 그들의 조국 산하를 뒤덮게 되기를 간곡히 기원했던 것이다. 자장의 비원은 신라 정신의 응결인 셈이다.

06 원광

현실에서 불교적 해법을 찾다

신라인의 자존심

신라에 불법의 향기가 퍼진 이래 가장 돋보이는 위인으로 단연 원광(圓光, 531~630)을 꼽을 수 있다. 우리에게는 세속오계(世俗五戒)라는 화랑의 구체적 덕목을 교시한 인물로 알려졌지만, 그보다는 신라 초기 불교의 반석을 다진 인물로 기억해야 한다. 중국 유학을 마치고 섭론종(攝論宗)을 펼친 사실이나, 점찰보(占察寶) 등의 조직을 통하여 대중불교를 연 일 등이 원광의 주요한 업적이다. 황룡사에서 거국적인 법회가 열릴 때면 언제나 원광은 상수(上首)로 추대되었다. 인품 또한 남다른 바 있어 『삼국유사』에서는 그를 가리켜 "한 번도 노기 띤 기색이 없었다"고 표현한다. 원광이라고 해서 속상한 일이 없었겠느냐마는 이 말은 결국 원광의 너그러운 기품을 상징하는 표현이 아닌가.

실로 원광은 신라인들의 자존심이었다. 그의 위대한 덕예(德譽) 밑에서 자장·원효·의상 등 기라성 같은 인물이 배출된다. 물론 원효나 의상이 원광으로부터 직접 배웠을 가능성은 희박하다. 왜냐하면 원광이

■ 화랑들의 터전이었던 경주 남산의 칠불암 마애불상군

입멸한 630년을 기준으로 볼 때, 원효는 열셋, 의상은 다섯 살의 어린 나이에 불과했기 때문이다. 그러나 원효나 의상은 원광 같은 위대한 인물이 되려는 꿈은 가질 수 있었다. 바로 그런 점에서 원광의 학덕은 7세기 초반의 신라를 대표하는 것이다.

세속오계

중국에서 귀국한 후 가슬압이라는 곳에서 칩거하고 있던 원광은 귀산(貴山)과 추항(箒項)이라는 두 화랑의 예방을 받는다. 두 화랑은 평생토록 지킬 만한 계명을 주십사고 청했다. 그러자 원광은

"불교에는 보살계가 있지만, 그대들은 재가 신자이므로 세속에 맞는 오계를 따로 정해주리라." 하면서 다음과 같은 가르침을 내린다.

> 첫째, 임금을 충성으로 섬기라 事君以忠
> 둘째, 부모를 효도로서 모시라 事親以孝
> 셋째, 벗은 믿음으로 사귀라 朋友有信
> 넷째, 싸움터에서 물러서지 말라 臨戰無退
> 다섯째, 산목숨은 죽이되 가려서 죽여라 殺生有擇

원광이 화랑들에게 내린 세속오계는 종래 오해 아닌 오해를 낳아왔다. 충(忠)·효(孝)·신(信) 등의 덕목이 승려가 하는 말로는 어딘가 어울리지 않다고 보았기 때문이다. 대부분의 학자들은 원광이 제정한 오계(五戒)가 유·불·선을 융합한 색채를 가진 것이라고 파악했다. 그러나 이와 같은 해석은 천부당만부당한 이해라고 본다. 왜냐하면 첫째로 원광은 불자(佛子)였다. 결코 유교나 도교에서 특정 윤리를 차용할 입장이 아니라는 점을 상기해야 한다. 둘째, 이 덕목은 오륜(五倫)이나 오상(五常) 등 유교 윤리와 흡사한 것은 사실이나 그 앞에 '세속'이라는 단서가 붙은 점에 유의해야 한다. 즉 세속 제도의 방편이지 결코 유교 덕목을 다시 꾸민 것이 아니라는 말이다. 셋째, 원광이 세속오계를 제정한 해는 기원후 600년, 혹은 601년이라고 보아지는데, 당시의 유교와 불교를 대비해 보자. 한국유교의 효시로 알려진 설총과 그의 아버지 원효도 아직 태어나지 않은 때이다. 따라서 세속오계를 유불융합적 관점에서 이해하려는 노력은 잘못이다. 오히려 철저히 불교적 실천 윤리라는 관점에서 세속오계의 불교적 근거를 도출해야 한다고 본다.

원광은 중국 유학 시 북방(北方)불교의 강한 영향을 받은 분이다. 국가의 안위가 불교 옹호에 있다는 당시 중국불교의 영향을 직접 체험했다. 불교의 효는 '부모로 하여금 정업(淨業)을 닦게 하는 일'이다. 형식적 효, 물질적 효가 결코 능사가 아니라고 가르친다. 불교적 신(信)은 '대연(大然)', 즉 그러하다는 확신을 가리킨다. 내가 부처이고, 자타(自他)가 동체대비(同體大悲)라는 보살심의 발로가 바로 신(信)인 셈이다.

세속오계 가운데 원광의 직접 언급이 전해오는 부분은 마지막의 '살생유택'이다. 두 화랑은 다시 묻기를 네 가지 가르침은 의미를 알겠사오나, 마지막 살생유택은 무슨 뜻인지 모르겠다고 묻는다. 그러자 스님이 일러 말하기를, 우선은 택시(擇時)이니 죽이는 것에도 때를 가려서 하되 춘하월 산란철에는 목숨을 죽이지 말라. 또 재일(齋日)에도 살생하지 말라는 뜻이다. 둘째는 택물(擇物), 즉 물건을 가려 죽임이라는 뜻이니 가축이나 세물(細物)은 결코 죽여서는 안 되고, 이 또한 요긴하게 가려서 해야 하며 결코 살생(殺生)을 즐기지 말라고 가르쳤다.

산란철이나 재일에 살생을 금한다는 것은 종족보존·자연보호 등의 의미가 있다. 특히 남획을 통한 대량살상은 결국 생태계의 파괴를 가져온다는 경고의 의미까지 담겨 있다고 생각하면 된다. 또 가축 도살 금지의 경우는 농업진흥책이라고 보여진다. 고대사회에서 소나 말은 농가뿐 아니라 국가의 재산이기 때문이다. 세물을 죽이지 말라는 뜻 또한 의미심장하다.

사람이 짐승을 죽이는 경우는 두 가지에 국한된다. 하나는 인간을 해친 경우, 또 다른 하나는 고기를 먹기 위함이다. 그런데 세물은 그 두 가

■ 임신서기석. 두 화랑의 맹세 글이 새겨져 있다.

지 중 어느 이유에도 들지 못한다. 다만 살생을 정당화하고 증장하는 그 릇된 마음만 늘어갈 뿐이기 때문이다. 나머지 네 개 조항에 대한 스님의 해설이 없는 까닭은 그 '멍청한' 두 화랑 때문이다. 그들이 모른다고 버 렸으면 얼마나 자상한 해설이 있었을까를 생각하지 않을 수 없다.

세속오계는 신라의 화랑들만 지켰던 윤리강령은 아니라고 생각한다. 당시의 신라인들에게 공통적으로 작용했던 윤리의식의 기반이었다고 본다. 통일을 향한 기본 질서는 국민정신의 '조화로운 통일'에 있다. 원광은 바로 그러한 국민정신 계도의 징표로 세속오계를 남긴 것이다. 임신서기석(壬申誓記石) 등의 음각(陰刻)에서도 확인할 수 있는 바와 같 이 신라인들은 세속오계를 무척 소중하게 여겼다.

다만 불살생을 지켜야 하는 불자이면서 살생을 용인하는 듯한 태도를 취한 점은 잘못일 수 있다는 비판이 있을 수 있다. 그러나 불전에는 부 득이한 경우, 살생을 용인하고 있다. '적의 침입으로 국가가 곤경에 처 해있을 때' 등이 이 경우에 해당한다. 따라서 '살생유택'을 무조건 불교 교리에 대한 굴절이라고 보는 것은 옳지 않다. 세속이라는 중생계를 열 반으로 회향시키려는 '상황윤리' 의식이었다고 할 수 있을 것이다. 그 와 같은 대승적 질서의 현전화(現前化)야말로 신라불교의 위대성이다.

대중불교의
선봉, 걸사표

원광은 화랑의 스승으로서만 그 면모를 드날린 것이 아 니다. 원광은 뛰어난 경세가(經世家)였고 철학자였다. 그의 걸사표(乞師

表)에 관한 기록이 이를 뒷받침해 준다. 진평왕은 중국과 외교관계를 수립하기 위해 고심한 군주였다. 삼국 가운데 군사적으로 열세를 면치 못했던 신라 입장에서는 중국 사정에 밝은 원광을 지목하지 않을 수 없었다. 그때 원광이 남긴 명언은 아직까지도 회자되고 있다.

"내가 살기 위하여 다른 이를 멸하려는 일은 결코 출가사문의 도리가 아닙니다. 그러나 빈도가 대왕의 땅에서 대왕의 초목으로 목숨을 연명하니 어찌 그 뜻을 따르지 않으리까?"

앞 구절은 원광의 본질적인 입장 천명이다. 출가사문의 길이 어떠해야 하리라는 원칙론이다. 뒤의 구절은 '상황윤리'를 제시하고 있다. 현실감각이라고 표현할 수도 있겠다. 혹자는 이 구절을 두고 원광의 사대성(事大性)을 말하기도 하고 또 어떤 이는 불교 윤리의 굴절이라고 비판하기도 한다. 세속오계에 나오는 살생유택 자체가 불살(不殺)에 대한 굴절이기 때문이라는 것이다. 그러나 이 문제는 단순논리로 해결될 성질이 아니다. 만약 불교적 질서나 기본원리만을 고집해서 현실을 외면한다면, 그것은 결코 훌륭한 행동이 될 수 없다. 더구나 살생유택에는 '세속'이라는 단서가 붙어 있지 않은가. 또 발달된 대승보살계 사상에 의해 말한다면 '자비'란 결코 무력한 나눔만이 능사가 아니다. 때에 따라서는 조복(調伏)받을 힘을 지녀야 하고, 절복(折伏)을 위한 힘을 지녀야 한다. 그렇게 함으로써 불의를 굴복시키는 힘이 바로 자비여야 한다는 말이다. 이상과 현실 사이에서 고민했을 테지만 원광은 결연히 조화를 도모하여 불교의 진면목을 과시한다. 이 부분을 불교의 신라적 수용이라고 말할 수 있을 것이다. 원광의 걸사표는 아마 제갈량의 출사표(出師表)를 능가하는 당대의 명문이었을 것이라고 짐작된다.

이후 당과 신라는 선린우호의 외교관계를 수립하게 된다. 삼국통일의 대업을 이루는 기반이 마련된 것이다. 결코 당나라에 예속된 통일이 아니라 자주적 통일 기반이라는 점에서 다시 한 번 오늘의 분단을 떠올려 본다.

점찰보의 의미

원광의 시대는 국민정신 계도가 무엇보다 시급한 때였다. 치열하게 벌어지는 삼국의 각축은 군비(軍備) 증강을 초래했고 국민들은 정신적 지주를 절실히 요구하는 상황이었다. 원광은 불교의 고매한 이상을 현실에 적응시키기 위한 신행결사(信行結社)를 도모한다. 점찰보(占察寶)를 조직하고 지속적으로 추진한 것은 불교 대중화를 위한 노력의 결실이었다.

점찰보는 『점찰선악업보경(占察善惡業報經)』에 근거한 일종의 참회법회이다. 경전의 가르침에 따르면, 인간은 전생의 업보를 참회하지 않는 한 행복을 기약하기 어렵다고 한다. 그러나 사람마다 전생의 업보는 같지 않으니 그 업보를 각자의 입장에서 참회하는 일이 선결되어야 한다는 것이다. 점찰법회는 간자(簡子)를 이용하는 특수한 법식으로 진행되었다. 나무토막의 바깥쪽은 편편하게 다듬어서 십악(十惡)을 써 넣는다. 그것을 던져서 땅에 떨어지는 죄목이 바로 전생업이다. 그러한 행위를 되풀이하여 전생업을 참회하는 법식이 바로 점찰법회다.

점찰보는 윷놀이를 연상시킨다. 다만 윷은 다섯 간자로 진행하는 것만이 다를 뿐, 그 방식은 거의 같다고 본다. 여기에는 원광의 중요한 사상성이 엿보인다. 근엄하게만 느껴지는 참회 모임을 놀이로 전환해 경직성을 순화시키고 있다. 일반 대중에게 있어 계목(戒目)을 해설하고, 그것을 범하지 않으려는 서원(誓願)은 결코 쉬운 일이 아니다. 그렇다고 해서 그들이 계율을 지키지 않는 것을 정당화시킬 수도 없다. 따라서 모든 이들을 동참시키면서 그 의미를 쉽고 재미있게 전달하려면 그 법회의 내용을 변용시킬 필요가 있었던 것이다. 점찰보는 바로 그런 법회였다.

원광은 중국에서 섭론·반야 등을 수학한 당대의 철학자이기도 했다. 그리고 자신이 배운 것을 현실에 응용하기 위해 부단한 노력을 아끼지 않은 인물이다. 실로 원광의 덕예(德譽)는 그 뛰어난 현실감각에 있다고 해도 과언이 아니다. 만약 원광이 깨달음만 강조하고 은둔하며 묻혀 있었다면 그 또한 성문승(聲聞乘)의 범주를 벗어나지 못했을 법하다. 그러나 원광은 조국의 현실을 무시하지 않았다. 오히려 그 바람직스럽지 못한 현실을 어떻게 승화시킬 것인가를 모색한 실천적 지성인이었다. 원광이라는 큰 산봉우리 그늘에서 신라불교의 독창성이 싹트게 된다. 혜량이라는 고구려 유민이 승통을 맡았던 때에 비해 보면, 원광의 행적은 신라의 자존심을 세우는 일이기도 했다.

국찰 황룡사에서 백고좌도량을 열 때면, 원광은 늘 상수에서 법회를 주관했다. 원광은 너그러운 성품과 고덕한 학문으로 모든 이들의 존경을 모았으며, 어려운 시기의 국민들에게 '희망'을 던져주었다.

07 원측
유식학의 새 지평을 열다

**중국에 드날린
학풍**

원측(圓測)은 진평왕 34년(613) 경주의 모량리에서 태어났다. 휘(諱)는 문아(文雅), 자(字)가 원측이다. 어려서 출가해 곧 중국으로 건너갔다. 당시 신라에서는 문화선진국이었던 중국으로 구법을 떠나는 일이 왕왕 있었다. 기록에 의하면 각덕·명관 등이 구법의 선봉에 섰다고 한다. 원측 또한 구법의 염원을 품고 중국 유학길에 올랐다. 그는 어학의 천재였는데 6개 국어에 능통했다는 기록이 그것을 뒷받침한다. 불교학을 연구하는 데 있어 원전을 읽어내는 것은 필수였다.

불전의 원전 언어는 팔리(Pāli)·산스크리트(Sanskrit)·티베트(Tibetan), 그리고 한어(漢語) 등이다. 물론 그중에서 가장 자료가 풍부한 것은 한역(漢譯)이다. 그러나 한역은 어디까지나 2차 번역자료임을 잊어서는 안 된다. 요즈음 불교학자들 역시 석가모니 부처님이 어떤 말을 하셨을까 하는 것에 관심이 높다. 크샤트리아 출신이었으니만치 귀족어였던 산스크리트어에 능통하셨으리라 짐작된다. 그러나 대중을 상대로 교화하셨기 때문에 지방 속어인 마가디(Magadhi)나 코살리(Kosali) 등도 능숙하게 구사하셨을 것이다. 팔리어의 어원이 마가디이고, 코살리가 부처님 만년에 마가디로 합병된 것으로 미루어 볼 때 부처님의 모국어가 팔리였을 가능성이 가장 높다고 생각할 수 있다. 그러나 적어도 서너 개의 언어에 능통하셨다는 것을 어렴풋이 짐작할 수 있다.

원측도 마찬가지여서 어렵기 그지없는 외국어 공부에 남다른 관심을 보여 원전을 독파하는 당당한 학승(學僧)으로 등장하게 되었던 것이다.

현장과의 대립

원측이 활약할 무렵, 중국불교에는 현장(玄奘)이라는 걸출한 인물이 등장한다. 현장은 630년경 장안(長安)을 출발해 인도의 나알란다(Nalanda) 사원에 수학했다. 그곳에서 현장은 계현(戒賢)을 은사로 유식학(唯識學)을 전공했다. 7년 후에는 불교성지를 참배하며 귀국길에 오르는데 이때 산스크리트 원전을 다수 가지고 돌아왔다. 이후에는 주로 역경(譯經) 사업에 종사했다. 서안(西安)의 대안사를 중심으로 경전 번역에 착수한 현장의 업적이 얼마나 뛰어났던지 학자들은 그를 기점으로 해 이전 시대의 번역을 구역(舊譯), 그 이후를 신역(新譯)이라 부르기도 한다. 현장은 자신이 습득한 유식학을 중심으로 법상종(法相宗)이라는 새로운 종파를 창시했다. 특히 제자 규기(窺基, 632~682)에 이르러 중국 법상종은 비약적으로 발전한다. 그러나 유식학은 불교심리학이기 때문에 정연한 논리 구조와 현학적인 사유체계를 가질 수밖에 없다. 그래서 학파 간에 이견이 속출하고 급기야는 분파를 초래하기도 했다.

현장은 원측과 비교할 때 뚜렷한 교리 해석의 차이점이 있다. 우선 근본식인 아알라야(Ālaya)의 해석에 있어 현장은 제9식 아말라(Amala)를 인정하지만 원측은 부정한다. 또 실천론에 있어서 현장은 근기(根機)에 따라 성불할 수 없는 중생이 있다는 오성각별설(五性恪別說)의 입장인 반면, 원측은 일성개불설(一性皆佛說), 즉 모든 중생은 궁극적으로 성불한다는 주장이다.

이와 같은 대립은 끝내 불행한 결과를 낳았다. 중국 법상종에서 이른바 '도청설'을 유포한다. 현장이 『유가론(瑜伽論)』을 강의할 때, 원측이 그것을 도청한 뒤 먼저 강의해버렸다는 내용이다. 물론 이와 같은 중상모략은 원측이 신라인이기 때문에 겪어야 했던 모멸에 불과하다. 도대체 불법이 누구의 것이기에 규기는 들어도 되고 원측은 들어서 안 된다는 전제가 성립할 수 있단 말인가. 반면 『송고승전(宋高僧傳)』에는 "원측은 측천무후(則天武后)로부터 생불(生佛) 같은 대접을 받은 인격자이다"라는 언급이 남아 있다. 따라서 도청설은 전혀 사실무근의 악의에 찬 흑색선전이라고 볼 수 밖에 없다. 그러나 이러한 결과로 원측의 저술은 거의 산실(散失)되는 비운을 겪는다. 현장과 규기의 저술이 고스란히 현존하는 것과 극명하게 대조되는 부분이다. 앞서 말한 대로 현장과 규기로 이어지는 중국 법상종의 흐름과 원측의 학설은 상당한 차이가 있었다. 이 점이 원측의 학설이 사라지게 된 원인일 것이라고 본다. 원측의 사상은 고국 신라 땅에서 태현(太賢)·경흥(憬興) 등에 의해 계승된다.

해심밀경소의 가치

원측의 주저로는 『해심밀경소(解深密經疏)』가 꼽힌다. 전 10권인 이 책의 마지막 10권째는 없어져 버렸는데, 그것이 티베트 대장경 속에 입장(入藏)되었다는 사실은 아이러니가 아닐 수 없다. 그래서 학자들은 티베트역으로 되어 있는 마지막 10권째 부분을 다시 한역으로 중역(重譯)해 유통하고 있는 실정이다. 일제 때 이나바 쇼우쥬(稻葉正就)라는 일본인 학자가 「원측 해심밀경소의 산일(散逸)부분의 연구」라는 값진 논문을 발표한 바 있다. 최근에는 중국에서 다시 중역이 시도되어 전문을 학계에 발표한 바 있다.

원측의 주저로 볼 수는 없지만 『반야바라밀다심경찬』이라는 저술은 전체가 남아 있다. 이것은 특히 유식삼성(唯識三性)의 입장에서 반야 중도사상이 빠질 수도 있는 허무론적 견해를 비판적으로 논술한 중요한 책이다. 원측이 우리나라로 다시 돌아왔는지는 불분명하다. 다만 만년에 중국 서명사(西明寺)에 계셨고, 흥교사(興敎寺)에 그 부도(浮屠, 사리를 안치한 탑)가 모셔져 있다. 흥교사는 중국 섬서성의 서안 외곽에 있다. 유명한 종남산으로 통하는 길목인데, 그곳에는 현장·규기·원측 세 분의 사리부도가 나란히 모셔져 있다. 혹독한 질시를 받았지만 의연히 자신의 길을 개척한 원측이 그들과 함께 있다는 사실은 묘한 감회를 불러일으킨다. 아마 학문 대립보다는 인격의 친화(親和)를 이룬 거인다운 풍취가 아닐까 싶다.

08 원효
천하에 걸림 없는 자유인

자재로운 삶의
유희

원효(元曉, 617~686)의 삶을 관통하는 분위기는 '자유'와 '해학'이다. 때로는 시니컬한 현실 풍자, 그러면서도 냉소적 분위기보다는 따스한 정감이 느껴지는 삶이다. 도무지 형식이나 절차 따위에 걸림이 없으면서 무애의 한평생을 살다가 간 것이다.

원효가 청소년기를 보냈던 7세기 초·중반은 우리나라 역사의 일대 전환기였다. 삼국의 각축은 피비린내 나는 정복전쟁으로 이어졌고, 민심 또한 안정된 것은 아니었다.

불교가 공인된 지 1세기 남짓, 이제 서서히 일반인들에게 다가서기 시작한 때였다. 신라는 더구나 집요한 계급사회였다. 골품제(骨品制)라는 뼈다귀 타령으로 날을 지새운다. 원효는 육두품(六頭品) 출신으로 입신출세하기는 아주 어려운 가문이었다.

원효는 경북 압량군(押梁君) 불지촌(佛地村, 오늘날의 경상군 자인면)의 밤나무골 사라수(娑羅樹) 아래서 태어났다. 원효의 집은 본래 이 밤나무

골의 서남쪽에 있었다고 하는데, 모친이 원효를 배고 달이 찰 무렵 이 골짜기의 밤나무 밑을 지나다가 갑자기 산기를 느껴 그곳에서 분만했기에 그 나무를 사라수라 했다고 전해진다. 원효의 어렸을 때 이름은 서당(誓幢)이다. 자라서 출가한 후 살던 집을 절로 만들어 초개사(初開 寺)라 했다.

원효의 전기 중에서 특히 주목되는 부분이 있다. '스승을 따라 배우지 아니했다(學而不從師)'라는 기록이 그것이다. 대부분의 사람들에게는 어버이가 있듯이 스승이 있다. 그래서 스승과 제자 사이에 이어지는 인연의 끈이 있게 마련이다. 선가에서는 이것을 혈맥(血脈)이라고도 한다. 그런데 원효는 스승도 없지만 제자도 없다. 한 점 혈육 설총이 유일하다. 더군다나 어디서 돌아갔는지도 알 길이 없다. 일연이 유독 이 부분을 강조하는 데는 이유가 있다고 본다. 스승이 없다는 것은 독불장군이라는 의미이다. 즉 인과(因果)로 얽혀져있는 세계의 저편에 있다고 보아야 한다.

의상과 함께 도당(渡唐) 유학을 시도하기를 두 번. 첫 번째는 실패했고, 두 번째 길에서는 해골바가지의 물을 마시는 체험과 함께 귀국을 결심한다.

마음이
주인

위의 고사(故事)는 『송고승전』에 실려 있는 기록이다. 해골바가지 물인 줄 몰랐을 때의 상쾌하고 시원함이 알고 난 후 역겨움과

구토로 바뀐다. 해골바가지 물은 그대로이나 마음은 그렇지 않다.

> 마음이 생긴즉 갖가지 법이 생기고 心生則種種法生
> 마음이 없어진즉 갖가지 법이 사라지네 心滅則種種法滅

원효는 이제 중국으로 갈 필요를 느끼지 않는다. 가야할 길과 깨달아야 할 요체를 이미 자신의 것으로 간직했기 때문이다.

요석공주와의 만남은 귀국 직후의 일로 보인다. 보기에 따라서는 엇갈린 평가가 있을 수 있다. 파계(破戒)의 표본 같기도 하고, 무애의 달인이 펼치는 유희 같기도 하다. 그러나 확실한 것은 난잡하거나 음탕한 여운은 없다는 점이다. 원효는 형식적 계율의 틀을 넘어서려고 했는지도 모른다. 아니 계목을 따지고 시커먼 마음을 감추는 행위들을 무너뜨리고 싶었는지도 모른다. 원효는 스스로 소성(小姓) 거사라고 자칭한다. 소(小)는 작다는 뜻으로 자신을 낮추는 표현이다. 또 가장 하찮은 일을 말할 때 아래 하(下)로 표기한다. 아래 하에서 빗금을 떼어내니 그보다 더 못하다는 의미이다. 그래서 소성, 혹은 복성(卜姓)이라고 말했다. 천촌만락(千村萬落)을 누비면서 부처님의 가르침을 편다. 고매한 이론의 전개보다 실천적 의미를 펴나가게 된다.

원효가 『화엄경』의 구절을 따라 〈무애가(無碍歌)〉라는 노래를 만들어 유행시켰다는 일화도 마찬가지이다. 즉 "모든 것에 걸림 없는 이라야 한 길에서 나고 죽음을 벗어나노라(一切無碍人 一道出生死)"를 노래 가사로 삼아 큰 표주박을 두드리며 노래를 부르게 된 것이다. 요즘 식으로 말하면 원효는 작사 작곡에 가수까지 겸업한 격이다. 이를테면 그 〈무애가〉는 각종 가요 차트에서 일 년 이상 1위를 차지한 공전절후의 히트곡이 된 셈이다. 원효는 강단에서 어려운 자구(字句)를 해설하는 학자로서의 면모보다 민중들 속에서 그들의 애환을 함께 나누는 보살의 기개를 펼친 것이다. 또 그와 같은 행위 속에는 귀족불교에 대한 준엄한 비판의지가 담겨 있음도 간과해서는 안 된다. 왕궁 출입을 자랑으로 삼고 권력과 밀착한 이들일수록 고승연(高僧然)하는 법이다. 원효는 위선의 탈을 쓴 당시의 귀족불교에 대한 이단아였다.

지성인의
고뇌

어느 시대나 지성인은 수난을 당한다. 현실비판과 정의수호라는 이념적 면에서도 그렇지만, 스스로 위선을 경계하는 내면 갈등이 있다는 면에서도 그러하다. 원효는 당시의 불교계로부터 말 못할 질시를 받았다. 백고좌도량에서 제외된 일 등은 이런 수난을 단적으로 보여주는 실례이다. 원효는 『금강삼매경론소(金剛三昧經論疏)』를 왕에게 지어 바치는 자리에서 자신에 대한 비난의 화살을 시원하게 비웃는다. 그 얘기는 이렇게 전개된다.

어느 날 왕비가 종기를 앓게 되었는데 아무리 좋은 약을 써 봐도 차도가 없었다. 왕비의 병을 치유할 약을 구하기 위해 사신이 당나라로 향하던 중 바다에서 용왕을 만나 그로부터 순서가 바뀐 『금강삼매경론』을 전해 받는다. 이 경론을 설하면 병이 낫는다는 전언과 함께. 그 흩어진 순서는 대안(大安)대사가 짜맞추었다. 요즘 식으로 말하면 대안은 원효의 멘토였다. 대안대사는 서라벌 시내를 술에 취해 돌아다니고 구리로 만든 바리를 두드리며 "대안, 대안" 하고 다녔다 하여 대안이라 불리게 되었다. 시궁창이 그의 집이고 벗이라고는 이리, 늑대였다. 대신들은 대안에게 경론을 맞추어보도록 하자고 의견을 모았으나 정작 대안은 자신은 궁전에 결코 들지 않겠노라고 말한다. 시궁창에 코를 박고 잠을 자는 대안, 그 앞에 도열해서 대궐로 가자고 권하는 문무대신들. 이윽고 입을 연 대안은 말한다. "나는 더러운 곳은 안 갑니다." 할 수 없이 조정의 대신들은 대안이 있는 시궁창으로 가 간곡히 부탁했다. 대안은 잠깐 보는 듯하더니 경의 순서를 맞추어냈다. 그리고는 말했다.

"이제 어서 원효에게 강설토록 하시오. 다른 사람은 절대로 안 됩니다." 이에 원효가 경에 대한 글귀를 풀이한 소를 5권 짓게 된다. 그러나 원효를 시기하는 무리들이 이것을 훔쳐가버리자 원효는 할 수 없이 사흘의 말미를 더 받아 이번에는 3권의 소를 지었으니 이것을 약소(略疏)라 했다. 이렇게 작성한 약소에 따라 『금강삼매경론』을 막힘없이 설하니 원효를 찬양하는 소리가 하늘을 찌를 듯했다. 그때 원효는 따끔하게 일침을 놓는다.

"옛날 백 개의 서까래를 구할 때에는 그 축에 낄 수가 없었는데 오늘 아침 하나의 대들보를 가로지르는 마당에 오직 나만 그 역할을 하는구나."

그 자리에 있던 고승 대덕들은 얼굴이 흙빛이 되어 쥐구멍을 찾았다 한다. 만약 원효성사가 지금 이 시대에 나타났다면 우리라고 예외일까. 아마 우리 역시 원효를 파계승이요 땡초라고 놀렸음직하다.

원효의 교우관계를 보면 걸작이다. 온통 사회에서 냉대를 받는 이들의 집합이다. 늘 술에 취해 서라벌을 누비던 대안, 남의 집 머슴을 살며 우물 속을 잠자리 삼았던 혜공, 지체부자유자이면서 애비 없는 자식이라는 놀림만 받고 살던 뱀복, 그들 모두가 원효의 벗이었다. 중생계의 서러움을 결코 외면하지 않으면서 참 삶의 의미를 밝힌 원효야말로 시대의 별이었다.

원효는 30부 200여 권이나 되는 방대한 저술을 남겼다. 그러면서도 하나 같이 주옥같은 명저이다. 아마 그와 같은 열정적인 저술가는 다시 태어날 수 없을 것이라는 생각까지 해본다. 다행히 절반 정도는 아직까지 전해져서 원효 사상의 방대함과 해박함을 엿보게 한다. 반야·유식·법화·화엄 등 원효의 관심이 미치지 않은 분야가 없으나 대체로 대승불교의 진수를 망라했다고 볼 수 있다.

황룡사·고선사·오어사 등은 그의 발길이 자주 미쳤던 곳이며, 입적 후에는 분황사에 그 진영(眞影)을 모셨다. 신라 말엽에 이르러 신라 십성(十聖)으로 추앙되어 흥륜사 외벽에 그 초상이 모셔진 적도 있다.

일승불교의
완성자

원효의 저술은 크게 보면 다음과 같은 세 종류로 나눌 수 있다.

첫째는 대승 문헌에 대한 해설서이다. 당시의 사상가들은 특정한 교리, 예를 들어 화엄이나 법화정토 등을 선호해서 집중적으로 관심을 보이는 예가 허다했다. 반면 원효의 경우는 대부분의 대승불전을 총망라

하는 사상의 총화성(總和性)을 보이고 있다. 반야·유식·법화·열반·화엄에 걸쳐 골고루 사상적 관심을 기울이고 있는 점이 특징이다. 두 번째는 에세이류의 저술이다. 깨달은 경지를 쉬운 필치로 써내려 간다. 『발심수행장(發心修行章)』, 『유심안락도(遊心安樂道)』가 그 예에 속한다. 원효의 문장은 아름다울 뿐 아니라 논리적 정연성을 띠고 있다. 대구(對句)가 꼭 맞아떨어지면서도 엄밀한 논리를 추구하는 명문장이다. 세 번째는 신앙고백서이다. 첫째의 경우가 교학 관계의 논문이라면, 이 경우는 열렬한 신앙 관련서이다. 이를테면 미륵관계의 저술, 미타신행에 관련된 글들이 바로 그것이다.

결국 저술을 통해 본 원효는 '일승(一乘)'정신의 완성자라는 결론을 내릴 수 있다. 중생의 근원을 일심으로 파악하고 그 일심을 회복하는 수행과 절차를 철학의 요체(要諦)로 삼고 있다. 원효의 철학을 집약한다면 귀일심원(歸一心源)·이익중생(利益衆生)이라고 말할 수 있다. 일심의 원천으로 되돌아간다는 것이 철학적 성찰이며 중생을 이롭게 하라는 것이 실천의지이다. 원효는 학관의 길을 '궁구조명(窮究照明)'이라는 네 마디로 압축한 바가 있다.

궁(窮), 인과지원류(因果之源流) 하고……. 즉 인과의 명에가 안고 있는 근원을 파헤친다는 뜻이다. '궁'이라는 표현은 궁극적인, 본질적인 접근이라는 뜻이다. 이 세상의 모든 존재는 인과의 결합이다. 따라서 그 근원을 깨닫기 위한 노력이다.

구(究), 범성지시종(凡聖之始終) 하며…… 밝힌다. 범인과 성인의 처음과 끝을 논구한다. 모든 생명은 불성을 가진 존재이지만 누구는 성인이고 누구는 중생이다. '왜 그런가'라는 의문으로 인간을 이해해야 한다는 가르침이다.

　조(照), 천수지삼라(千修之森羅) 하며…… 비추어 낸다. 삼라만상이 간직하고 있는 갖가지의 현상을 본질적으로 응시한다는 의미이다. 삼라만상을 겉모습만으로 판단하는 것이 아니라 근원에서부터 파악하려 시도하는 예지라는 뜻이다.

　명(明), 일미지공통(一味之共通)…… 밝히어 알아야 한다. 온 누리를 관통하는 일심의 알파와 오메가, 즉 처음과 끝을 드러낸다는 의미이다. 깨달은 자의 입장에서 보면 만물은 오직 한 맛, 하나의 진실을 간직하고 있다. 그것이 무엇일까?

　따라서 원효의 학문 귀결은 여래장사상으로 나타난다. 『금강삼매경론』에서 보이는 완벽한 이론은 바로 중생을 여래의 존재로 파악하는 사상적 원융성이다. 신라 사회에 과연 종파(宗派)불교의 특성이 있었느냐 하는 문제는 좀 더 검토해야 할 문제이다. 그러나 현존의 자료로는 남산종(南山宗)·신인종(神印宗)·화엄종(華嚴宗)·정토종(淨土宗)·섭론종(攝論宗)·삼론종(三論宗) 등 여러 종파의 개념들이 산견(散見)된다. 그러나 원효는 이와 같은 종파적 분류의 어디에도 소속시킬 수가 없다. 따라서 그의 불교관을 통불교(通佛敎)라고 표현한 선학(先學)들의 의견에 동의하지 않을 수 없는 것이다. 아마 통불교가 비빔밥 같은 혼돈의 특성이 아니라는 점은 분명히 밝혀야 한다. 원효는 대승불교, 아니 불교마저 초월하려 했던 천애의 자유인이었던 것이다.

이익중생

무릇 철학이라는 것은 이성적 사유 기능의 집합이다. 따라서 철학적 사고와 그 행동은 반드시 일치되지 않을 수도 있다. 철학과 종교의 분기점이 바로 여기이다. 그러나 종교에서는 언제나 실천의지가 강조된다. 유교에서는 언행일치를 말하고 불교에서는 보살정신의 함양과 실천을 강조한다. 원효에게 있어서 철학적 관심은 귀일심원(歸一心源)이었다. 이 우주의 생명들이 일심(一心)의 원천에서 비롯되었음을 깨닫고 그리로 환원하려는 노력을 해야 한다고 보았다. 그 실천의지는 요익유정(饒益有情)으로 표방된다. 중생들에게 이로움을 가져다주는 방향으로 질적 전환을 요구하고 있는 것이다. 이러한 이론의 뒷받침이 되는 윤리서가 바로 『보살계본지범요기(菩薩戒本持犯要記)』와 『범망경소(梵網經疏)』 등 일련의 논서들이다. 그 서문에서 원효는 이렇게 말한 적이 있다.

> 무릇 계(戒)란 고해를 건너는 선한 나루가 된다. 그런데 계의 지범(持犯)은 결코 그 행동에 달려있기만 한 것은 아니다. 마음속은 어지러우면서도 겉으로는 근엄한 도덕가인 양 행세하는 경우도 있다. 반면에 행위는 오염된 듯 보이지만, 그 내면은 맑고 깨끗할 수도 있다.

이 언급에서 보이는 대로 원효는 형식적으로 윤리를 신봉하는 자를 가장 경멸했다. 오히려 행위의 개차(開遮)보다 순일(純一)한 마음의 경지에서 그 지범을 밝혀야 한다고 보았다. 그리고 그러한 가치판단의 기준도 결코 오계의 준수 여부를 논하는 일반적 상식이어서는 안 된다고 보았다. 얼마나 생명들에게 유익하냐 하는 것이 기준이 되어야 함을 역설한다. 일심과 화쟁(和諍) 이론의 완성자라는 점에서 원효는 정녕 위대한 철학자이다. 계목(戒目)의 해석과 이해에 있어서, 독창적 사상 전개를 보인다는 점에서 동시에 윤리사상가이다. 또 무애의 달인으로 일세를 풍미하면서 귀족불교의 모순을 통렬하게 비판했다는 점에서 원효는 뛰어난 사상가였다.

그러나 모든 개척적 지성인들이 그러했듯이 원효는 불우한 삶을 살았다. 당시의 지식인들에게 따돌림과 경멸을 받았다. 원효의 진면목이 제대로 알려진 것은 그의 사후였다. 특히 대각국사 의천·보조국사 지눌 등 고려의 명승들은 한결같이 원효의 큰 덕을 흠모했다. 모든 불교 학파가 원효를 개산조(開山祖)내지는 중흥조(中興祖)로 섬기는 까닭도 여기에 있다. 실로 원효는 우리 불교계의 빛나는 별일뿐 아니라 한국인의 자랑이다.

09 혜공
탁류를 거슬러 오르는 의지

출가를 결심한

노비

원효 스님 주변에는 유달리 둥글둥글한 사람이 많다. 모나고 뾰족하고 자신의 출세만을 생각하는 소아적(小我的) 인물들로 사회가 뒤덮이면 삭막하고 경직된 일들이 터지게 마련이다. 어찌 보면 멍청한 것 같기도 한 '자유인'들이 많으면 훨씬 진보적이고 활발한 분위기가 된다. 혜공(惠空)은 7세기 중반의 신라 사회에 있어서 이러한 자유인 그룹의 멤버였으리라고 짐작된다. 혜공은 원래 노비 출신이었으나 이적(異蹟)이 연발하면서 출가를 결심한다.

출가 이후에도 도무지 형식이나 질서 따위에 얽매임이 없이 구름처럼 흘러 다니기를 좋아했다. 유유상종이라는 말이 있지만 원효와는 특별한 교분을 맺고 있었다. 아마 이 두 분의 인격적 교감(交感)이 가능할 수 있었던 점은 바로 그 호탕한 개방성 때문이었으리라고 본다. 원효도 형식주의자를 싫어한 분이다. 밥그릇 수를 따지고, 근엄한 율의(律儀)를 앞세우는 권위주의에 대한 묘한 저항의식이 있었다.

그러나 이들의 지부심리는 결코 '비판을 위한 비판'이 아니었다. 확실한 논리적 근거와, 그에 걸맞는 실천의지가 있었다. 원효와 혜공은 도도한 탁류(濁流) 앞에서 의연히 저항했으며, 그 연면한 자유의 물결이 바로 우리의 정신사를 관통하는 핵심이었다. 오어사에 얽힌 일화는 바로 이들 삶의 궤적을 상징화시킨 설화라고 생각한다.

내 고기
절

포항의 동남쪽 기슭에 오어사(吾魚寺)라는 절이 있다. 직역하면 '내 고기'라는 뜻이 되는데, 이 절의 창건은 혜공과 원효의 기행(奇行)에서 인유한다. 어느 때 혜공과 원효 두 분은 이 일대를 지나가신 적이 있다. 시냇가에서 두 분은 물고기를 잡아먹었다. 불가에서 금하는 계율을 어긴 것도 모자라 민망한 추태까지 부렸는데, 두 분이 멱살을 쥐어잡고 육탄전을 벌인 것이다. 보다 못한 마을 사람들이 싸움을 뜯어 말리고 사연을 물었다. 그랬더니 하시는 말씀이 두 분이 물고기를 잡아먹고 난 다음에 방변을 했단다. 그런데 대변을 눈 것이 아니라 물고기를 누었다는 것이다.

이 물고기가 물살을 거슬러 올라가자 혜공이 원효를 희롱했다. 원효더러 "물고기 잡아먹고 똥을 눈 놈"이라고 놀리자, 원효가 성을 내면서 "그것은 내 고기"라고 맞받아쳤다. 그 문제의 물고기를 놓고 두 분이 서로 자기 고기라고 우기다가 급기야 주먹다짐이 오고가게 된 것이다.

기행이라고 하기에는 어처구니가 없고 황당무계한 일이다. 그러나

이 설화에는 그냥 웃어넘기기에 짜릿한 여운이 담겨있다. 바로 물고기가 물살을 거슬러 올라갔다는 대목이 클라이맥스다. 즉 원효와 혜공은 당시의 세상사를 역류(逆流)한 분이라는 뜻이다. 세상을 그냥 흘러 다닌 것이 아니다. 적당히 타협하고, 세속의 번잡을 외면하면서 혼자만의 안일을 탐하지 않았다는 뜻이다.

원래 연기(緣起)를 유전(流轉)과 환멸(還滅)로 나누어 해석하는 전통이 있다. 유전연기는 중생의 삶을 가리킨다. 무명(無明)이 하자는 대로 이 덧없는 육신을 살찌우는 삶의 태도이다. 반면에 환멸이란 거슬러 올라간다는 뜻이다. 무명을 극복하고 천박한 이기심의 쇠사슬을 끊어버리기 위해서 노력하는 삶의 태도이다.

이를테면 이 설화는 환멸연기의 삶을 살았던 두 분을 은유적으로 나타내는 이야기이다. 이 설화는 동시에 화엄의 무애연기관(無碍緣起觀)을 나타내기도 한다. 즉 중중무진(重重無盡) 법계를 사사무애(事事無碍)니 이사무애(理事無碍)니 하는 표현으로 설명하는 경우가 있다. 이(理)는 진여(眞如)의 세계, 법계(法界)를 가리킨다. 반면에 사(事)는 세속적 지(智), 연무(緣務)를 나타낸다. 진여의 세계를 증득한 이는 세속에 걸림이 없어야 된다. 저 혼자만의 세계에 침잠하는 자폐증 환자는 특히 종교 안에 많다. 저만 옳고 남은 그르다는 폐쇄적 배타주의 환자들 말이다. 이 두 분은 그것을 극복한 분이다. 적당히 세속의 물결에 휩쓸려 사는 평범한 인생이기를 거부했다. 인간의 본성을 회복하는 일, 남을 위한 헌신이 올바른 길이라는 것을 몸소 보여주었다. 말 그대로 무애의 자유를 실천했다는 상징성이 생생하다.

무루 속의 집

혜공은 우물 속에 들어가서 잠을 잔다. 아침녘이 되면 푸른 옷을 입은 동자가 짤랑짤랑하는 요령 소리를 내어 스님이 나타나신다는 신호를 보내곤 했다. 이 이야기 또한 의미심장하다. 나는 사람이 우물에 들어가서 잔다는 말을 그대로 믿을 만큼 어리석지는 않다. 그때의 우물은 바로 진여(眞如)의 보고(寶庫)를 가리킨다고 생각한다. 또 옷이 물에 젖지 않았다는 상징성은 앞서 말한 오어사의 경우와 마찬가지라고 본다. 즉 진흙 속의 연꽃처럼 더러운 이 세상의 악에 빠져들지 않았다는 표현이다.

혜공이 살던 시대에도 불의는 없지 않았다. 편한 삶에 대한 유혹 또한 있었으리라. 그러나 혜공은 그와 같은 탁류 속에 핀 결연한 연화였다는 의미이다. 요즘 우리 사회의 여러 병리현상들을 사회적 환경 탓으로 돌리려는 경향이 있다. 물론 그것이 간접적 원인이 될 수는 있다. 그러나 모두 사회적 책무라고만 해석하면 죄와 죄의 행위 자체가 정당화될 수밖에 없다. 죄의 주체가 바로 인간임을 잊어서는 안 된다. 혜공은 바로 그 점을 지적하고 있는 것이다. 제아무리 악의 유혹이 거세더라도 의연히 자신의 길을 걸었던 분이고, 이 세속의 어두움이 칠흑 같을 때에도 언제나 자신의 목소리를 지녔던 분이라는 상징성이, 이 두 설화를 관통하고 있는 것이다.

10 의상
청렴한 수행의 길

해동화엄의 초조

의상(義湘)은 경주 사람이다. 본명은 김한신(金韓信), 고귀한 왕족 출신이다. 당시 골품사회의 전통으로 보면 출세가 보장된 명문가인 셈이다. 그러나 의상은 당시의 지성인들처럼 불가의 길을 택했다. 29세 때 낭산(狼山) 기슭의 황복사(皇福寺)에서 출가했다. 지금 황복사의 옛터에는 아담한 삼층석탑과 십이지신상(十二支神像)의 일부가 남아있다. 절 이름에서도 왕실과의 깊은 관련이 엿보이는 것으로 보아 아마 왕실의 복을 기원하는 도량이었던 것 같다.

의상이 어떠한 인연으로 원효와 도반을 맺었는지는 확실하지 않다. 다만 기이하다 싶을 정도로 이 두 분은 강하게 대조된다. 원효는 자유분방했으나 의상은 청렴결백했다. 원효는 육두품 출신이나, 의상은 진골이다. 원효는 다작(多作)이었으나 의상은 저술이 거의 없다. 원효는 평생을 무애의 달인으로 살았으나, 의상은 태백산에서 후학(後學)을 양성하는 일에 전념했다. 실제로 일본 고산사(高山寺)에 있는 『화엄연기

(華嚴緣起)』라는 두루마리 시화첩에 의하면, 원효는 우락부락하게 생겼다. 사나이답고 기골이 장대한 모습이다. 반면에 의상은 단정하고 청아한, 이를테면 미남형으로 묘사하고 있다. 나는 이 초상이 거의 두 분의 본래 모습이었다고 본다.

의상은 그 모습대로 일생을 청빈과 검약 속에서 단정하게 사신 분이다. 어려운 도당 유학길에 원효는 되돌아간다. 그러나 의상은 결연히 중국행을 결행한다. 자신은 해골바가지 물을 마시지 못했고 마음을 깨치지도 못했기 때문이다. 의상은 평생의 도반이자 스승인 중국 화엄의 2조 지엄(智儼)의 문하에 투신한다. 그리고는 만 11년 동안 화엄의 요지를 논구하고, 연찬하며 평생 한눈을 팔지 않았다. 그래서 의상에게는 해동화엄(海東華嚴)의 초조(初祖)라는 영광된 이름이 붙게 된다.

선묘와의 만남

의상은 중국 땅에 도착했을 때 머물던 신도의 집에서 선묘(善妙)라는 여인을 만난다. 그녀는 의상에게 연정을 느꼈으나 견고한 도심(道心) 앞에서는 무력할 수밖에 없었다. 그러자 선묘는 맹세했다.

"저는 세세생생 스님께 목숨을 바쳐 의지하며 대승을 배워 큰일을 이루겠어요. 그리고 후원자가 되어 스님이 하시는 일을 돕겠습니다."

의상이 공부를 마치고 신라로 되돌아가려할 때까지도 선묘는 의상을 기다렸다. 귀국하기 앞서 의상은 그 집을 찾아가 그동안 베풀어준 갖가지 편의에 감사를 표했는데, 그 자리에 선묘는 없었기 때문에 그녀는 의상의 모습을 보지 못했다. 나중에야 소식을 듣고 선묘가 선창가로 달려갔지만 의상을 실은 배는 저만치 부두를 떠나고 있었다. 선묘는 끝내 자결하고 만다. 세세생생 스님을 모실 수 있었으면 하는 원(願)은 그녀를 용으로 화현시킨다. 그 이후 의상에게는 이 선묘룡의 화신이 그림자처럼 붙어 다닌다.

뱃길을 지키는 수호신도 선묘룡이었으며, 태백산 부석사(浮石寺)를 창건할 때 산적을 물리친 것도 선묘룡이었다. 나중에 일본 땅에 화엄불교가 전래된 후로 선묘는 여신(女神)으로 지극한 존숭을 받기도 한다.

이 선묘와의 설화 속에서 의상의 인품을 엿볼 수 있다. 의상이 싸늘한 성품이라 선묘를 멀리 했다고는 결코 볼 수 없다. 의상의 선묘에 대한 연민은 그가 부석사에 선묘각을 짓는 것으로 나타난다. 자신을 위해 목숨을 버린 여인에 대한 연민의 정이겠지만 의상 또한 선묘를 사랑했다고 생각한다. 다만 부처님을 사모하는 마음이 그보다 훨씬 깊고 넓었기 때문에 이 세속적 사랑을 포기할 수밖에 없었다고 본다.

의상은 미타신행의 신봉자였다. 아미타여래에 대한 사모는 선묘에 대한 것과 비교할 때 마치 태양과 반딧불 같은 것이었으리라.

의상의 세속적 관심 또한 마찬가지였다. 바위 같은 불심은 번뇌의 태풍 앞에도 움직임이 없었다. 흔히 서양 사람들은 에로스니 아가페니 하는 표현들을 쓰지만, 의상에게는 오직 부처님을 향한 믿음이 삶을 관통하고 있었던 것이다.

태백산
부석사

의상이 서둘러 귀국한 것은 당나라의 침공 소식을 알리기 위해서였다. 교통통신이 발달되지 못했던 시대였으니만큼 정보를 사람이 전달하는 수밖에는 없었다.

신라가 삼국을 통일한 후, 당나라는 여전히 한반도에 머물면서 신라를 넘보고 있었다. 당과의 결전이 임박한 시점에서 당나라의 대군이 신라 침공을 결정했던 것이다. 의상의 첩보를 확인한 문무왕은 곧 신인종(神印宗)의 명랑(明朗)으로 하여금 주술(呪術)로 당나라 군사를 격퇴시켰다.

의상은 곧이어 화엄 십찰(十刹)을 지어 전교의 도량으로 삼았다. 부석사, 범어사, 화엄사, 해인사, 비마라사, 옥천사 등이 화엄의 도량이었다. 특히 태백산 부석사는 의상이 가장 오래 머물던 곳이다. 그곳에서 의상은 자신의 명저 『화엄일승법계도(華嚴一乘法界圖)』를 강론했고, 제자들은 그 비의(秘意)를 토론하는 대학습장을 만들어가고 있었다. 문답을 정리한 『추동기(錐洞記)』 등이 그 대표적 실례다. 의상에게는 뛰어난 제자들이 열 명 있어서 그들을 의상 문하의 십대덕(十大德)이라고 하지만, 대략 그를 따르는 이들을 삼천문도라고 부른다. 원효에게 스승도 없고, 제자도 없었던 것과 비교하면 엄청난 차이가 있는 것이다.

의상은 실로 신라 땅에 학문불교를 정착시킨 장본인이다. 무릇 종교에는 이론과 실천의 양면이 있다. 물론 이론에만 치우친 현학적 관념론은 비판의 대상이 될 수밖에 없다. 그러나 동시에 논리의 뒷받침 없이 맹목적 신앙만을 강조하게 되면 독선(獨善)과 맹신(盲信)이 되고 만다. 따라서 가장 바람직한 길은 종교의 이 양면성이 조화를 이루는 것이다.

■ 부석사

이 원칙은 개인에 있어서나 국가 사회에 있어서나 모두 필요한 덕목이라고 본다.

　의상은 바로 학문불교의 논리적 기반을 뿌리내리게 한 인물이다. 신라인들로 하여금 왜 부처님의 가르침을 따라야 하는지 웅변으로 제시한 것이다. 또 의상은 청빈과 검약으로 일관한 진정한 수도자였다. 평생 삼의일발로 살았으며 시중을 염려하여 수건을 쓰지 않을 정도로 검소했다. 문무왕이 하사한 밭 몇 마지기를 마을의 가난한 이들에게 나누어 준 일은 스님의 성품을 드러내는 기사이다. 이와 같은 강직함이 당시 신라인들에게 귀감이 되었다. 바로 그와 같은 면에서 의상의 자세는 돋보인다. 원효와 더불어 한국불교의 자존심을 굳건히 세우는 위대한 봉우리로서의 면모가 약여한 것이다.

법성게의 철학
화엄일승법계도

　　　　의상 스님이 중국 유학에서 얻은 것은 화엄의 대지였다. 7세기 중국에서는 화엄교학이 일세를 풍미했다. 지엄과 의상의 만남은 바로 화엄교학의 찬연한 발전을 예고하는 전주곡이었다. 물론 아직 당역(唐譯, 혹은 新譯) 80권본이 나오기 이전이기 때문에 의상은 주로 진역(晉譯)에 의해서 수학했다. 이 60권본 화엄학을 섭렵한 연구결과가 바로 화엄일승법계도이다. 칠언삼십구(七言三十句), 전문 210자에 불과한 도인(圖印)이지만 그것에 담긴 뜻은 무궁무진하다. 생명의 실상에 대한 통찰이 있고 실상에 대한 논구가 있으며 반야의 근원과 실천의지가 담겨 있다. 요컨대 이 법성게는 의상의 철학적 사고와 실천의지를 압축한 오도송(悟道頌)이라고 말할 수 있다. 태백산에서 후배들을 양성할 때도 마찬가지였고 의상은 언제나 이 법성게를 통해 그의 철학을 토로했다.

　　법성게에 대한 해설 및 토론서가 바로 『법계도기총수록(法界圖記叢隨錄)』이다. 주로 의상의 열분 제자들의 이름이 열거되지만 간혹 도반이었던 원효의 이름도 나온다. 더구나 이 법성게는 도인(圖印)이라는 특이한 형태를 갖추고 있는 점이 주목된다. 전체가 사면대칭 54각으로 이루어진다. 도인의 중앙 '법(法)'자에서 시작하여 '불(佛)'로 끝나기 때문에 교묘한 뉘앙스를 풍기고 있다. 54각은 53선지식을 상징한다. 즉 입법계품(入法界品)의 선재(善財)동자 구법을 표현해 본 것이다. 53 다음에는 대각이기 때문에 54번을 구부렸다고 했다. 4면은 사섭(四攝)과 사무량(四無量)을 표현한다는 것이다. 또 길이 외길인 까닭은 여래의 일음(一音)이 갖가지 우여곡절 끝에 끝내는 일성(一性)으로 성불한다는 의미이

法性圓融無二相　諸法不動本來寂
無名無相絕一切　證智所知非餘境
真性甚深極微妙　不守自性隨緣成
一中一切多中一　一即一切多即一
一微塵中含十方　一切塵中亦如是
無量遠劫即一念　一念即是無量劫
九世十世互相即　仍不雜亂隔別成
初發心時便正覺　生死涅槃常共和
理事冥然無分別　十佛普賢大人境
能仁海印三昧中　繁出如意不思議
雨寶益生滿虛空　衆生隨器得利益
是故行者還本際　叵息妄想必不得
無緣善巧捉如意　歸家隨分得資糧
以陀羅尼無盡寶　莊嚴法界實寶殿
窮坐實際中道床　舊來不動名爲佛

■ 화엄일승법계도

다. 실로 글자와 도인은 다 파내기 힘든 사색의 원천인 듯하다. 의상은 이 법성게 한 편만으로도 위인의 반열에 끼일 수 있는 명성을 얻은 것이다.

아미타신앙의 구현자

의상 스님은 화엄학승이었지만 동시에 미타왕생사상의 구현자였다. 의상의 행적과 관련 있는 낙산사, 부석사, 그 모든 곳에는 아미타신앙의 흔적이 남겨져 있다. 특히 부석사는 구품왕생(九品往生)의 구도에 따라 설계된 정토신앙의 본산이다. 또 의상의 저술 『백화도량발원문(白華道場發願文)』이나 『일승발원문(一乘發願文)』 등은 서방정토에 대한 간곡한 믿음을 토로한 일종의 신행수기일 수 있다.

원래 정토신앙과 화엄교학에는 유사성이 있다. 즉 우주의 근원, 법신(法身)이신 화엄주존불 비로자나는 서방이라고 해서 그 모습을 못 나타내실 리 없다. 또 서방정토라는 개념 또한 화엄사상과 결코 무관하지는 않다. 그러나 엄정(嚴淨)융합을 사상적으로 정착시켰다는 데에 의상의 위대함이 있는 것이다. 의상은 결코 관념적 불교인이 아니었다. 정토에 왕생하려는 비원(悲願)을 품은 채 평생을 청빈과 검약으로 보낸 수도자였다. 낙산사 창건에서 보이는 것과 같이 의상은 아미타부처님의 협시였던 관음보살의 가피를 입은 인물이기도 했다. 따라서 관음신앙 또한 각별한 바가 있었다. 의상의 관음신앙은 곧바로 불국토사상으로 연결된다. 즉 관음보살을 경전적 근거로서만 이해한 것이 아니라 바로 신라의 관음이라는 자부심을 신라인들에게 심어주었던 것이다.

불교 또한 당시로 보면 외래 종교였다. 이질적인 요소가 일반인들에게는 막연한 거부반응 같은 것을 불러 일으켰다고 보여진다. 불교가 외래종교라는 탈을 벗고 전통문화와 습합하려면 논리적 공감대가 필요하다. 낙산사의 관음보살은 바로 그 가교 역할을 하고 있다. 신라인들은 관세음보살 보문품을 독송하면서 관음보살을 남섬부주 어딘가에 있는 이상적 존재로만 생각했음직하다. 그러나 관음보살은 우리나라의 동해변에 나타나신다. 바로 의상의 지극한 발원에 응답하는 현실적 존재로 부각되기에 이른다. 그 불국토사상이야말로 신라불교 발전의 밑거름이 되었다.

의상의 후예들

의상문하의 십대덕 가운데 가장 주목을 모으는 인물은 역시 표훈(表訓)과 진정(眞定)이다. 표훈은 불국사의 초대 주지를 역임한 인물이다. 표훈이 스승의 가르침을 따라 〈오관석(五觀釋)〉이라는 시를 지은 것도 의미심장하다. 칠언절구로 화엄일승법계도의 가르침을 부연한 것이다. 현재 남아 있는 시 이외에도 많은 자료들이 있었겠지만 전체가 일실된 것은 안타까운 일이다. 진정은 참다운 효선의 선행을 보인 인물이다. 홀어머니를 두고 출가를 결심하는 장면, 나중에 노모의 죽음을 듣고 천도를 이루는 고사 등은 불교적 효행의 모범이 되는 사례들이다. 불교를 향한 세속적 비판에 대한 '응답'이라고 이해해도 좋을 듯하다.

의상의 제자들은 스승의 유지에 따라 화엄십찰을 중심으로 전법의 기틀을 다졌다. 사실 교종 가운데서 이 화엄종만큼 번성을 이루었던 학파도 드물다. 그뿐만 아니라 어떤 학파이건 간에 이 화엄의 가르침을 선호하는 경향이 생긴 것 또한 의미 있는 일이다. 신라 하대에 등장하는 선문구산(禪門九山)은 우리나라 선종의 효시이지만 당시 중국 유학을 떠났던 선사들은 대부분 부석사 등 화엄종 출신 승려들이었다. 따라서 한국의 선문구산은 거의 화엄적 기반을 가졌다고 봐야 한다. 신라 말엽에 이르러 남악과 북악의 분파가 있기는 했지만 고려에 들어서면 균여(均如) 같은 위인이 출현해 이러한 화엄의 대의를 더욱 현양하게 된다. 실로 의상은 이 해동화엄의 비조(鼻祖)였으며 한국 지성을 대표하는 철학자였다.

11 문무왕
호국의 화신

문호왕

법민

문호왕(文虎王)은 문무왕(文武王)이란 이름으로 세인에 많이 알려져 있다. 문무왕의 본명은 법민(法敏). 『삼국유사』에는 〈문호왕 법민〉조로 소개되어 있다. 호(虎)나 무(武)는 같은 뜻으로 쓰였다.

삼국통일의 영주 문무대왕은 태종(太宗) 무열왕(武烈王)의 맏아들이다. 선덕, 진덕, 두 여왕의 치세를 끝으로 신라 성골(聖骨) 출신의 왕위 계승은 종지부를 고한다. 김춘추(金春秋)가 왕위를 계승하면서 박(朴)·석(昔)과 더불어 김씨계(金氏系)가 등장하기 시작한다. 어머니는 김유신 장군의 여동생이기 때문에 명장 김유신과는 숙질관계이다. 또 바로 밑의 아우가 김인문(金仁問)이다.

문무왕은 7백여 년 이상을 끌어오던 반도의 분열을 종식시킨 장본인이다. 중국의 신흥세력인 당나라와의 선린관계를 유지했고, 백제와 고구려의 내부분열을 교묘히 이용해 통일이라는 숙원을 이루어낸 것이다. 그러나 통일이라는 대명제 속에는 이름 없이 죽어간 병사들, 패배의 서러움 등 엄청난 감정의 활화산들이 잠재해 있었다. 통일보다 더 험난했던 것은 그 이후였으리라 짐작된다. 찢기고 헤진 상처의 아픔을 달래는 일이 더욱 험난했을 것이다.

문무왕이 경주 암곡(暗谷)에 무장사라는 절을 창건한 것은 바로 그와 같은 맥락으로 이해된다. 그는 전쟁포기 선언을 한다. 어떠한 명분으로든 다시는 칼을 들지 않겠노라고 맹세한다. 그래서 갑옷, 투구 등 병장기를 땅에 묻었다는 뜻에서 무장사를 세운 것이다. 인도의 아쇼카 대왕도 전쟁 포기 선언을 하고 불교에 귀의한다. 아마도 그와 같은 사상적 공감의 예가 아닌가 한다.

대왕암

문무왕은 언제나 입버릇처럼 죽어서 용이 되고 싶노라고 말했다. 그래서 우리나라를 지키는 호국의 대룡이 되겠노라고 발원했다. 그는 또 자신의 장례를 불교식으로 치러줄 것을 유언으로 남겼다. 시신을 다비한 곳은 낭산기슭이고 그 뼈를 묻은 곳은 동해의 바위였다. 훗날 사람들은 이곳을 대왕바위라고 부르게 되었다.

문무왕이 불교식 화장법을 선택한 이유에 대해서는 스스로의 유훈이 있다.

"나는 세속의 영화를 버린 지 오래이다. 무엇 때문에 살아 있는 이를 번거롭게 한단 말인가. 모름지기 검약과 절제로서 장의를 치를 것이며 내 뼈는 동해에 뿌려주기 바란다."

요즘 호화분묘에 대한 시비가 끊이지 않고 있다. 또 국토가 묘지로 뒤덮히리라는 불길한 예측들도 있다. 만약 봉분을 만들기로 했다면 그는 태산만큼은 쌓아야 할만큼 위대한 인물이었다. 태종의 능, 김양(金陽)의 묘 등을 연상해 보라. 그러나 문무왕은 그와 같은 행위들을 부질없는 일이라고 일축해버린다. 뚜렷한 자기 신념과 철학이 있었다. 우리나라의 사상 최초로 화장을 한 임금이 되었다. 그 이후로 두 분이 더 화장하는 아름다운 전통을 남겼다. 일찍이 미술사학자 고유섭 선생은 감포읍 대본리의 대왕바위를 주목하고 있었다. 우리 학계에 보고된 것은 1967년이었다.

넘실거리는 동해의 물결을 보면서 우리는 문무대왕을 연상한다. 천군만마를 호령하던 영웅의 기개 때문만은 아니다. 가야할 때를 알았던 사람, 삶의 무상(無常)을 음미할 줄 알던 사람, 그리고 자신의 불교 신앙을 행동으로 표출한 그 거룩한 넋을 되새겨보는 것이다.

■ 문무대왕릉, 대왕암이라고도 한다.

문무왕의 넋은 환생하여 용이 되었다. 그래서 만파식적(萬波息笛)의 고사를 만들어 내고 신라인들에게 자부와 긍지를 심어 주었다. 문무왕으로 말미암아 신라는 삼국을 통일했다. 우리는 그 위대한 정신의 숨결로 말미암아 지도자의 귀감을 보게 된다. 자신의 영화만을 생각하는 소아(小我)적 자세 대신에 참 삶의 길이 무엇인가를 보여준 새로운 지평을 열게 된 것이다.

감은사

신문왕은 부친인 문무왕이 지으려다 마무리 짓지 못한 감은사(感恩寺)를 완공시켰다. 신문왕은 이 감은사 법당의 밑바닥으로 수로(水路)를 열어 놓았다. 용이 되신 부왕께서 부처님 설법을 듣게 하려는 배려 때문이었다. 이와 같은 법당구조로는 낙산사의 홍련암이 있을 뿐이다. 지형적으로도 감은사 둔덕의 밑으로는 민물이 흐른다. 강이라기에는 부족하고 시내라기에는 조금 넉넉한 물줄기가 곧바로 바다로 흘러들어가는 것이다.

지금 절은 없어졌지만 장중한 석탑의 기(基)는 그 옛날의 영화를 상징한다. 아마 고선사(高仙寺)에 있던 탑(지금은 경주박물관으로 옮겨짐)과 더불어 신라석탑의 대표격으로 꼽을 수 있으리라고 본다. 장중하면서도 빼어난 풍취, 그리고 멋들어진 체감의 조화가 돋보이는 작품이다. 지금도 그 마을 촌로들은 이승만 대통령 시절, 모 고관이 이곳 감은사의 탑을 도굴하려는데 마른하늘에 벼락이 떨어지더라는 이야기를 자랑삼아 말하곤 한다. 영산강에도 이와 비슷한 이야기가 전해져 오는 바, 그

■ 감은사지 탑

진위를 파악하기는 무척 어렵다. 또 사실이라 하더라도 이미 해저에 깊이 묻혀버린 성보(聖寶)이기 때문에 더욱 안타까울 뿐이다. 문무왕이 간지 벌써 천삼백여 년. 그의 육신(肉身)은 무너졌지만 고귀한 숨결은 여전히 우리의 가슴을 적셔주고 있다.

만파식적

문무왕의 넋을 굽어보는 대왕바위의 북편 절벽을 이견대(利見臺)라고 부른다. 바로 이곳이 그 유명한 '피리'의 고사를 만든 곳이다. 아드님 신문왕이 이곳에 와서 용이 된 부왕과 김유신 장군을 만나고 피리를 얻었다는 전설이다.

　신문왕은 어느 날 '동해 가운데 작은 바위산이 감은사를 향하여 떠오르는데 물결을 따라 왕래한다'는 보고를 받는다. 일관(日官)에게 점을 치게 하여 알아본즉 '문무왕이 해룡(海龍)이 되어 삼한(三韓)을 제압하고, 김유신이 33천(天)의 한 아들이 되어 그 대신 노릇을 하고 있습니다. 이 두 사람이 덕을 합하여 호국의 보배를 내려주시려 합니다. 직접 해변으로 가서 그것을 얻으십시오'라는 내용이었다.

　왕이 감은사 앞의 이견대에 가서 그 떠오르는 산을 보니 산 모양이 거북이 머리와 같고 그 위에 대나무가 있는데, 낮에는 둘이 되고 밤에는 합하여 하나가 되었다. 갑자기 천지가 진동하고 폭풍우가 일어 7일 동안 날이 어둡더니 그달 16일에 가서야 비로소 바람이 자고 물결이 잔잔해졌다. 왕이 배를 타고 그 산에 들어가니 용은 왕에게 검은 옥대(玉帶)를 바쳤다. 왕은 "이 산의 대(竹)가 무슨 까닭으로 혹은 갈라지고 혹은 합치는가" 하고 물으니 용이 말하기를,

　"이는 비유로 들건대 한 손으로 치면 소리가 안 나고 두 손으로 치면 소리가 나는 것과 같으오. 대는 합쳐져야만 소리가 나는 법이오. 성왕이 소리로써 천하를 다스릴 징조이니 이 대를 가져가 피리를 만들어 불면 천하가 화평해지리라. 지금 왕의 부친은 바다의 대룡이 되시고 유신은 천신이 되어 있소. 이 두 성인이 합심하여 무상의 커다란 보배를 내어 나로 하여금 바치게 했소." 하였다.

　이 말을 들은 왕은 기뻐하면서 대를 베어가지고 나오니 산과 용이 홀연히 사라졌다.

왕은 그날 아침을 감은사에서 자고 다음 날 기림사(祇林寺) 서쪽 시냇가에 와서 수레를 멈추고 점심을 들고 있을 때, 태자(효소왕)가 이 소식을 듣고 옥대를 살펴보고는 아뢰기를, "이 옥대의 여러 쪽은 모두 참 용(龍)입니다" 하였다. 왕이 가로되 네가 어찌하여 아느냐 하니, 태자가 한 조각을 떼어 시냇물에 넣어보라고 했다. 그러자 그 한 조각의 대는 용이 되어 하늘로 올라가고 그 곳은 못이 되었다.

왕이 궁궐로 돌아와서 그 대로 피리를 만들어 월성(月城)의 천종고(天宗庫)에 두었다. 이 피리를 불면 질병이 물러가고 병이 나았으며 가물 때는 비가 오고 비 올 때는 날이 개였다. 바람도 잠들고 물결도 잔잔해졌다. 그리하여 이 피리를 '만파식적'이라 부르고 국보로 삼았다.

- 『삼국유사』권2 만파식적

이 이야기에는 문무왕의 호국대룡과 연결되어 신라를 지키고자 하는 염원이 담겨 있다. 여기에서 부처님의 인연이 서린 불국정토를 보존코자 하는 신라의 정신을 엿볼 수 있다. 만파식적은 황룡사 9층탑과 진평왕 천사옥대(天賜玉帶)와 더불어 신라를 지키는 신라 삼보로 불리게 되었다.

12 경흥

영험담으로 남은 유식학의 대가

문수보살의

경책을 받다

경흥(憬興)은 신라 통일기의 뛰어난 유식학승(唯識學僧)이다. 문무왕이 임종 시에 그를 국사(國師)로 삼으라고 유언을 남길 만큼 큰 재목이었다. 그러나 몇 편의 저술과 기이한 영험담만 남아 있을 뿐, 삶의 전모를 알 길이 없다. 『삼국유사』에는 두 편의 사례가 전해 온다.

스님은 삼랑사(三郎寺)에 계실 때 병을 얻었는데 백약이 무효했다. 어느 날 비구니 스님이 찾아와서 "이 병을 고치려면 크게 웃기는 방법밖에는 없으리라" 하고 말했다. 비구니 스님은 즉석에서 열한 개의 가면을 만들어 춤을 추는데, 그 기이한 모습이 하도 우스워서 모인 이들이 다 폭소를 금치 못했다. 경흥 스님도 따라 웃다 보니 부지불식간에 병이 나았다는 것이다. 요즘 식으로 말하면 일종의 우울 증세였던 것 같고, 또 그에 대한 카타르시스를 시도한다는 점에서 흥미로운 기사이다. 비구니 스님은 관세음보살의 화현으로 간주되고 있다.

한 번은 스님이 대궐을 출입할 때 겪은 일이다. 경흥은 언제나 말을 타고 출입했는데 하마대 아래에 초라한 모습의 스님이 광주리를 멘 채 쉬고 있었다. 광주리 안에는 마른 물고기가 있었다. 경흥의 시자가 꾸짖어 말하기를 "어째 승려가 불가에서 금하는 물건을 갖고 있느냐" 했다. 그가 대답했다.

"두 다리 사이에 산 물고기를 갖고 다니는 것보다 마른 고기를 갖고 있는 것이 어찌 잘못인가?"

경흥이 깜짝 놀라 시자들로 하여금 그의 뒤를 쫓게 하니 그 스님은 남산 분수사 앞에서 자취를 감추었다. 지팡이는 문수보살상 앞에 놓여 있고, 마른 물고기는 소나무 껍질이었다. 시자들의 보고를 받고 경흥은 길이 탄식했다.

"이것은 문수대성께서 내가 말 타는 일을 꾸짖으심이다."

이후로 경흥은 죽을 때까지 다시 말을 타지 않았다.

문수보살의 영험담은 언제나 짙은 해학을 동반한다. 위선과 근엄한 형식주의 대신에 푸르고 청순한 이미지로 나타난다. 따라서 문수의 경

책이 언제나 동자로 나타나는 것은 아닐까. 듣기에 따라서는 음담패설이 될 수도 있다. 그런 면에서 『삼국유사』는 지독히 에로틱한 책이다. 이것은 동시에 자유분방한 당시의 사회분위기를 엿보게 하는 은유이기도 하다. 말 타는 비구의 원문은 '기마비구(騎馬比丘)'이다. 요즘 식으로 말하면 고급 승용차. 일종의 사치, 권위를 상징한다. 이 두 가지 기사는 경흥의 인품이 무애자재 했다기보다는 근엄하고 고고한 성품이었음을 암시한다고 본다. 포용력이나 멋스러움은 다소 덜했겠지만, 경흥에게는 언제나 진지한 학문적 체취가 서려 있다.

신라 유식의
대맥을 잇다

경흥은 드물게 나타나는 정력적인 저술가이다. 의천의 『신편제종교장총록』에 의하면 그에게는 『인명논의초(因明論義鈔)』 1권 등 총 32부 164권의 저술이 있다. 불행하게 현재 남아 있는 책으로는 『미륵상생경소』 1권, 『미륵성불경소』 1권, 『무량수경연의술찬』 3권뿐이다.

저술 목록을 통해 볼 때, 경흥은 유식학의 대가였음을 알 수 있다. 또 신행 면에서는 미륵신앙·정토신앙의 신봉자였음을 알게 한다. 미륵신앙은 화랑의 사상적 토대가 된 사상으로서, 특히 미래불에 대한 확신이 기조를 이룬다. 미륵의 세계에 왕생하려는 상생신앙, 용화(龍華) 세계를 이루려는 하생신앙 등의 구분이 있을 수 있지만, 요컨대 불국토 건설을 염원하는 신앙이다. 특히 전란이나 사회의 혼란기 등을 틈타,

민중들의 가슴을 파고드는 묘한 특성이 있다. 정토신앙은 주로 사십팔원(四十八願) 십념(十念) 등에 대한 해석이 주종을 이루고 있는데, 미타정토에 왕생하는 것을 목표로 삼는다. 신라 정토 교학에 있어서 경흥의 위치를 밝힌 중요한 저술로는 고(故) 안계현(安啓賢) 교수의 〈신라 경흥의 미타정토왕생사상〉이라는 값진 글이 있다.

경흥의 유식학 관계 저술이 일실되어서 안타깝지만 사상적으로는 원측의 유식교학을 계승한 것이라고 생각한다. 앞서 원측의 항에서 고찰한 대로 중국 법상종에서는 원측을 이단시하려는 경향이 있다. 따라서 그의 교학은 경흥을 거쳐 대현(혹은 太賢)으로 이어지는 신라 법상종의 한 주류를 형성했으리라고 본다.

유식불교에서는 그 개조를 미륵(Maitreya)이라고 본다. 물론 아직까지 학계에는 이 미륵을 역사적인 실재 인물로 보느냐, 아니면 상징적 존재

■ 용장사 탑

로 해석할 것이냐 하는 양론이 있다. 금세기 초 일본의 우이하쿠슈(宇井伯壽)는 미륵의 비(非)역사성을 주장했다.

한편 벨기에의 라모트(E. Lammotte) 교수는 그에 대한 반론을 제기해 실제로 미륵보살에 의해 창시되었다는 주장을 펴기도 했다. 따라서 유식학승들에게 있어서 미륵신앙이란 퍽 자연스럽고, 당연한 신행 형태였다고 말할 수 있다. 『삼국유사』 현유가(賢瑜伽)라는 항에는 대현에 관한 기록이 있다. 대현 스님은 경주 남산의 용장사(茸長寺)에 살고 있었다. 그 절에는 미륵장육존상이 모셔져 있었는데, 대현이 예배할 때면 그 상도 또한 얼굴을 돌렸다고 했다. 따라서 경흥의 신앙 대상도 미륵이었음을 짐작하게 한다. 이 용장사는 조선 초기 설잠비구 김시습이 머물렀던 곳으로도 유명하다. 지금은 절터와 원형의 이중기단 위에 모신 불상이 남아 있을 따름이다.

경흥의 뛰어난 학덕은 신라 말엽까지는 이어졌다. 그러나 한국의 유식종이 서서히 쇠락의 길을 걸으면서, 경흥의 가르침 또한 망각의 늪으로 빠져들고 말았다.

13 표훈
천기를 누설한 스님

불우한 시대의 지성

표훈(表訓)은 의상의 고제(高弟)였다. 의상 문하의 십대덕 가운데서도 스승의 뜻을 가장 잘 이어받은 제자였다. 표훈은 경덕왕(景德王, ?~765) 때 활약했던 인물이다. 경덕왕은 신라 최전성기의 군왕이다. 8세기 중후반을 통치했는데 신라의 문화 전성기로 특히 손꼽히던 때이다. 삼국이 통일된 지 1백여 년, 전쟁의 불안은 말끔히 가시고 태평성세를 구가하고 있었다. 불국사와 석불사(石佛寺, 석굴암) 등 굴지의 사찰을 완공했고, 현란한 불교예술의 백미를 보이고 있었다. 그러나 경덕왕에게는 한 가지 고민이 있었다. 자신의 뒤를 이을 후사가 없다는 점이었다. 드디어 경덕왕은 당대의 고승 표훈에게 고충을 털어놓고 아들을 낳게 해달라고 빌었다.

표훈이 옥황상제에게 올라가서 자초지종을 이야기한즉 딸은 낳을 수 있으나 아들은 안 된다고 말한다. 그대로 왕께 말하자 그 딸을 아들로 바꿔달라고 간청한다. 표훈이 다시 하늘에 올라가서 말한즉 만약 그렇

■ 불국사. 751년, 김대성이 발원해 시작했던 불국사와 석굴사(석굴암) 창건공사가 끝났다. 김대성은 표훈과 신림, 두 스님을 불국사로 모셨다.

게 된다면 나라가 위태로울 것이라고 충고한다. 경덕왕은 나라가 위태
롭더라도 반드시 아들로 해주면 좋겠노라고 말했다. 표훈이 이 사실을
고하자 옥황상제는 말한다.

"그렇다면 아들로 바꾸어 주겠지만 다시는 천상에 오르내리지 마시
오. 왜냐하면 천기를 누설하기 때문이오."

이 우여곡절 끝에 얻은 아드님이 바로 혜공왕이다. 일연은 이 이야기
의 말미에 다음과 같은 코멘트를 붙여 놓았다.

<blockquote>
그래서인지 혜공왕은 어렸을 때부터 여자아이들이 가지고 노는 장난
감을 즐겨했으며, 혜공왕 때부터 나라가 어지러워졌다. 도적이 벌떼처
럼 일어나고 권좌는 피로 얼룩진다. 그리고 표훈 이후에는 다시 신라 땅
에 성인이 나지 아니하였다.
</blockquote>

이 설화는 매우 흥미로운 상징성을 띠고 있다. 표훈은 옥황상제와 거
래를 할 정도로 신이로운 인물이라는 점이 우선 강조된다. 또 표훈은
신라의 마지막 성인이며 혜공왕 때부터 신라는 사양길을 걷게 된다는
점이다. 예나 지금이나 부귀와 득남(得男), 장수(長壽)를 희구하는 인간
심리는 변함이 없는 모양이다. 물론 그와 같은 이기심을 뿌리치는 삶이
바람직하다. 그러나 그와 같은 심리적 욕구에 대해서 무작정 거부하는
길만이 능사는 될 수 없다. 열등한 희구심리에 대해서도 불교는 '응답'
하지 않을 수 없다. 다만 낮은 근기의 중생을 얼마나 고양(高揚)시키느
냐 하는 데에 그 시대 정신성의 빼어남이 달려있을 뿐이다.

이런 관점에서 보면 표훈은 불우한 시대의 지성이었다고 볼 수밖에

없다. 무열, 문무, 신문 등 뛰어난 불교관을 지녔던 군주에 비해 볼 때 매우 초라한 불교관을 지녔던 군왕과 만났기 때문이다. 표훈이 신라의 마지막 성인이었다는 대목도 시사적이다. 영웅은 난세에 출현한다지만 시대의 흐름 자체를 바꿀 수는 없는 노릇이다. 원효와 의상이 떠오르는 태양의 전야를 살았다면 표훈은 기울어져가는 저녁노을의 시대에 태어난 차이가 있을 따름이다.

금강산

표훈사

금강산 팔만 구암자마다 모두 지극한 신심이 배어 있을 터이지만 표훈사도 그중의 하나이다. 백탑동에서 배재령(拜再嶺)을 넘으면 바로 표훈사이다. 원래 '정양사'였으나 신림·표훈 스님이 중수표훈사라 했다. 표훈사의 본당은 반야도량(般若道場)이다. 이곳에는 『화엄경』 법기(法起)보살의 장육상이 안치되어 있었다. 지금은 그 자취를 확인할 길이 없지만 해방 직전까지는 분명히 모셔져 있었다.

금강산은 법기보살의 주처(住處)이다. 그래서 표훈사의 동북쪽 높은 봉우리를 '법기진신봉'이라고 한다. 아마도 표훈사는 그와 같은 금강산 신앙의 중심지였던 것 같다. 그래서 표훈사의 법당은 특수한 구조로 설계되었다. 불상을 법당의 정면으로 모시는 것이 아니라 동쪽을 향하도록 했던 것이다.

『화엄경』에는 이러한 언급이 있다. '동북방해중(東北方海中) 유처명왈금강(有處名曰金剛)…… 어중지주(於中止住) 현유보살(現有菩薩), 명왈

법기(名曰法起)', 즉 이곳 표훈사를 중심으로 바로 법기보살의 진신이 상주한다는 믿음을 고대의 우리 선조들은 갖고 있었던 것이다. 따라서 그 가르침대로 동방의 그 봉우리를 향해서 법당을 건축한 것이다. 추측 컨대 이 법기봉에 대한 고유한 제사의식도 이곳에서 행해졌으리라 짐 작된다. 그러나 그 시기와 절차 등에 대해서는 상세한 자료가 없어서 밝히지 못하는 점이 아쉽다.

표훈사 부근에는 옛부터 전설적인 암자가 많았다고 한다. 경순왕비의 개창이라고 전해 오는 순도암(順道庵), 그리고 신라 고탑이 있는 신림암(神琳庵) 등이 바로 그곳이다.

남북 불교 교류에 대한 논의가 있었을 때 얼마나 가슴 설레이며 북측의 응답을 기대했는지 모른다. 다행히 개성, 평양 등 일부가 공개되고 묘향산과 금강산도 출입이 허용되었다. 그러나 북한 불교유적지의 전모는 여전히 오리무중이다.

우선 북측에 있는 불교 문화재의 현황을 확인하고 싶다. 그 역사의 고향에서 부처님의 숨결을 느껴보고 싶었던 것이다. 사람의 몸에야 남북의 차별이 있겠지만 부처님 체취에 그와 같은 분별이 어이 있으랴. 숱한 구도자들이 신심을 불태웠을 불교 유적지를 참배하지 못한다는 것은 불교를 공부하는 이로서는 정녕 가슴 아픈 일이 아닐 수 없다. 하루빨리 원만한 타협이 이루어져서 남북 간의 불교 학술대회라도 열었으면 하는 간곡한 바람이다. 금강산 표훈사는 지금 어떠한 모습으로 무상한 시공을 굽어보고 있을지 자못 궁금하기만 하다.

14 무상
중국 선맥의 또 다른 줄기

**법맥의
흐름**

　선종은 특히 법맥을 중시한다. 스승과 제자 사이에 구전으로만 전해지는 그들의 사자전승(師資傳承)은 흔히 혈맥론(血脈論)이라고 일컬어진다. 선종의 강인한 생명력도 이 혈맥에서 그 유래를 찾을 수 있다. 이것은 사상의 전수와 발달이라는 면에서는 긍정적일 수도 있으나, 문중(門中)의식의 배타성이라는 점에서는 부정적일 수도 있다. 보리달마 이래 육조혜능에 이르기까지 이 법맥의 계승은 매우 신비하고 의미 있는 과정을 겪는다. 특히 육조혜능과 신수(神秀)의 대립은 드라마틱하면서도 당시의 정통성 주장이 얼마나 격렬했는가를 단적으로 드러내는 기사이다.

　현재의 정설은 홍인(弘忍)→혜능(慧能)→신회(神會)로 이어지는 법맥을 정통으로 보고 있다. 그러나 『역대삼보기』에는 그러한 주장을 뒤엎는 이색적인 기록이 있다. 즉 홍인→지선(智詵, 609~702)→처적(處寂)→무상(無相)이 올바른 법맥이라는 주장이 그것이다. 특히 무상의 법계를 정중종(淨衆宗)이라 하여 이색적인 법통(法統)이 강조되고 있다. 1990년에 민영규 교수에 의해 다시 재조명된 바 있다.

무상대사에 관해서는 정확한 전기 기록이 남아 있지 않다. 다만 앞서 언급한 『역대삼보기』에 편린이 전해올 따름이다. 무상대사의 속성은 김씨, 신라 왕족이었다. 어렸을 때 출가했고, 곧 당나라로 유학했다. 널리 천하의 선지식을 역방하다가 자주(資州)의 덕순사(德純寺)에 있던 처적의 문하에 투신했다.

당 현종과는 각별한 인연이 있었다고 한다. 현종이 난을 피해 촉(蜀)의 사천성에 왔을 때 무상을 두 번 내전으로 모셔 법을 들었다는 것이다. 스승인 처적이 무상에게 마납가사를 전수했는데, 그것이 바로 보리달마 이래 전수해 온 의발이었다고 한다.

구도와 신이의 화신

무상은 두타행(頭陀行)을 닦았다. 깊은 산속에서 좌선했으며, 초근목피로 연명하기도 했다. 『송고승전』의 무상대사전에는 이와 관련한 신이로운 일화들이 무수히 기록되어 있다.

어느 날 무상은 굶주린 맹수들에게 둘러싸인다. 무상은 곧 몸을 보시할 생각으로 짐승들에게 다가섰다. 그러나 맹수들은 냄새를 맡을뿐 접근하지 않은 채 몸을 피해버렸다고 한다. 훗날 세간에 몸을 드러내기는 했으나, 낮에는 무덤에서 밤에는 나무 밑에서 좌선 정진하는 일을 거듭했다. 세간에서는 신인(神人)이라고 여겨 다투어 공양했으나 무상대사는 끝내 받지 않았다고 한다.

　바위 아래서 열심히 좌선을 닦을 때는 식량은커녕 풀뿌리도 구할 수 없을 때가 있곤 했다. 무상대사는 흙을 파먹고 연명했다고 한다. 이와 같은 기사는 물론 무상의 인품이 고결하다는 것을 다소 과장해서 묘사한 일화들일 수도 있다. 그러나 동시에 무상대사의 구도가 얼마나 치열했었는가에 대한 간접적 시사가 될 수 있다. 또 맹수들도 조복했다는 언급은 그의 교화가 얼마나 폭넓었느냐 하는 상징적 표현이라고 이해할 수 있다. 당시의 선사들이 주로 관념적 오도(悟道)의 세계 속에 노닐고 있었음을 감안할 때, 무상의 태도는 다분히 그에 대한 비판적인 일면도 있다. 출가가 무엇인지, 도를 얻는 과정이 어때야 하는지에 대한 무언의 충고가 담겨 있기 때문이다.

티베트 불교를
예언하다

　또 다른 기이한 인연은 무상이 티베트 불교의 법난(法難)을 예견했다는 기록이다. 티베트는 중앙아시아의 소수민족이었으나 불교를 도입한 후 문화국가로 성장한다. 그러나 몇 차례의 법난을 겪으면서 불교세가 크게 위축된 적도 있다. 티베트의 쿠첸왕(704~754)은 중국으로부터 불교의 정수를 배우고자 '산시' 등 네 사람을 중국으로 파견했다고 한다. 산시 등은 중국황제의 접대를 받고, 아울러 천권의 불전(佛典)을 얻었다고 한다.

　그들은 돌아오는 길에 무상대사를 만났다. 그러나 무상은 지금 본국으로 돌아가면 파불(破佛)이 자행되리라는 점과 잠시 불교가 위축되겠지만, 이 법보(法寶)를 잘 간직하면 반드시 중흥의 계기가 마련되리라고 예언한다. 이들이 반신반의하면서 수도인 라싸(Lhasa)로 되돌아왔는데 이미 쿠첸왕은 죽고 없었다. 곳곳에서 파불이 자행되어 불교 박해가 벌어지고 있었다. 산시 일행은 무상대사의 예언을 생각하며 경전을 동굴에 감추고 때를 기다렸다. 이후 티베트는 평화를 되찾았고, 산시 등이 중국에서 가져온 불전을 전하자 도속(道俗)이 다투어 귀의했다는 것이다.

이 기사는 무상대사의 예언자적 기능보다는 티베트 불교와의 관련을 암시해주는 중요한 기록이다. 무상대사가 티베트 불교에 대해서 상당히 깊숙이 알고 있었다는 증거이며, 또 티베트의 입장에서도 그의 교화가 절대적이었음을 암시하는 기사이다.

실제로 티베트 대장경 안에는 김선사(金禪師), 즉 무상대사의 선록(禪錄)에서 인용한 기록이 보인다는 최근의 연구 성과도 있다. 앞서 언급한 대로 원측의 저술이 티베트 장경에 입장되었다는 점과 함께 한국 고승들의 행적이 이들에게 존중되었음을 알 수 있다. 중국 선종의 법맥에 대한 논의는 매우 복잡다단하기 때문에 생략했지만, 그와 함께 이 티베트 불교와의 관련은 좀 더 신중하고, 객관적으로 연구해야 할 과제라고 생각한다. 한국불교는 육조혜능 문하의 남종선을 정맥(正脈)이라고 보기 때문에 이와 같은 학설은 이단시 되기 쉽다. 그러나 학문의 길은 결국 '비판 수용'이라고 본다. 우리가 알고 있는 지식, 철석같이 믿는 상식을 부정해 보는 비판정신이야말로 학문의 진정한 힘이다.

15 진표
온몸을 던진 참회정진

미륵과의 인연

　진표(眞表)는 완산주(完山州, 지금의 전라북도 전주 지방) 사람이다. 신라 경덕왕 때 활약했던 인물로 스승은 순제(順濟, 혹은 崇濟) 법사였다. 스승은 진표에게 이렇게 당부했다고 한다.

　"그대는 계법(戒法)을 지니고 미륵과 지장 두 보살 앞에 지성으로 참회하라. 성인들께 계법을 받게 되면 널리 세상에 펼치도록 하라."

　진표는 스승의 당부대로 미륵상 앞에서 참회 정진을 거듭했다. 그러나 3년이 지나도록 아무런 감응을 받지 못했다. 스스로의 나약함을 꾸짖으면서 바위에 몸을 던지니 동자가 나타나서 목숨을 구해준 적도 있다. 진표는 다시 3·7일을 기약한다. 온몸으로 바위를 두드리며 참회를 거듭하여 손발이 부러졌으나 개의치 않고 정진을 계속했다. 7일 되던 날 지장보살이 나타나서 상처를 아물게 해준다. 드디어 21일이 되던 날 천안(天眼)을 얻어 도솔천궁이 내려오는 모습을 보았고, 미륵보살로부터 계법을 전수받았다. 때는 경덕왕 21년(762)이었다.

위의 기록에는 상식적으로 납득하기 어려운 참혹한 수행정진이 그려져 있다. 팔다리가 부러진다거나 돌에 몸을 던지는 등의 참회의례는 '사신(捨身)'에 대한 상징이다. 즉 불도를 추구하는 이들의 반석 같은 의지를 드라마틱하게 표현하고 있는 것이다. 이와 같은 참회의례는 당시의 시대상황과 밀접한 관련이 있다고 볼 수 있다.

통일 이전의 신라불교는 '통일'이라는 대명제로 뭉쳐져 있었다. 화랑과 미륵신앙, 진흥왕의 야심, 무열왕의 등극 등이 모두 이 통일을 위한 발판이었다. 그 사상적 밑거름이 된 것은 『법화경(法華經)』의 회삼귀일(會三歸一), 『대승기신론』의 일심론(一心論) 등이었다. 그러나 통일 이후의 불교는 철저히 미타신앙이 주류를 이루어간다. 또 사회 기강이 해이해지는 경향이 두드러지게 되고, 귀족불교 양상을 보이기도 한다. 문무왕 때 이미 '함부로 재화전토(財貨田土)를 사찰에 기증하는 일을 금'할 정도로 당시의 불교계는 세속적 모습을 보이고 있었던 것이다. 종교의 세속화, 즉 상업화 경향은 심각한 문제를 야기시킨다. 종교의 타락은 곧 국가의 멸망으로 이어지기 때문이다. 이 종교 세속화에 대한 경종이 처절한 구도의지로 나타나고 있다. 진표의 참회정신은 바로 이와 같은 윤리 해이에 대한 반발로 이해될 수 있다.

타락한 윤리에 대한 반성
점찰법회

진표가 전개한 점찰법회는 독특한 순서로 진행되었다. 미륵의 간자(簡子)라고 믿어지는 나무토막을 열 개 펼친다. 그 각면은 편편하게 깎아서 십악(十惡)의 죄목을 써넣는다. 그 간자를 허공을 향해 던지면 제켜져 나온 경우와 거꾸로의 경우가 있다. 땅에 떨어진 죄목을 보고, 전생에 지은 죄를 알 수 있다고 했다. 연후에 그 지은 죄를 참회하는 정진을 거듭한다. 간자를 만드는 법과 던지는 법식에 관해서는 『점찰선악업보경』에 그 전말이 실려 있다.

우리는 여기서 윷놀이의 유래가 바로 점찰법회였음을 쉽게 짐작할 수 있다. 물론 그와 같은 방식으로 전생의 업보를 짐작한다는 일이 다소 건전하지 못하다는 느낌을 가질 수도 있다. 그러나 점찰법회의 주된 목적은 죄목을 아는 일에 있는 것이 아니다. 그 죄를 참회한다는 데 기본 목적이 있는 법회이다. 더구나 근엄한 참회의례에 적절히 '놀이'가 들어 있다는 점이 이채롭다. 윷놀이와 흡사한 '놀이'를 통해 참회의지

■금산사

를 고취하고 있지 않은가. 따라서 진표의 점찰법회는 타락한 윤리에 대한 반성임과 동시에 대중교화의 한 방편이었음을 알 수 있다.

나중에 진표는 이 점찰간자로서 승지(勝地)를 가려 절을 세운다. 앞서 말한 미륵과의 만남은 금산사(金山寺)에서 이루어졌지만 법주사(法住寺), 동화사(桐華寺) 등이 모두 이 미륵간자에 의하여 점지된 땅이다. 원래 점찰보를 주도했던 이는 원광이었으나 그로부터 3백여 년 후인 진표의 시대에 이르러 점찰보는 새롭게 조명된다. 그리고 원광의 사상성이 윤리의식의 건립이었다면 진표는 오히려 그 재건이었다는 점이 다를 뿐이다.

진표의 후예들

진표는 명주의 해변에서 고기와 자라 등을 교화했다는 설화가 있다. 이 부분은 『화엄경』 입법계품을 연상시킨다. 즉 선재의 구도행각 첫머리에 문수보살과의 만남이 있다. 이때 문수보살이 용왕을 비롯한 바다의 고기들에게 불법을 전하는 장면이 나온다. 진표의 법은 축생에까지 고루 미칠 수 있다는 점을 강조한 것으로 보인다.

진표에게 법을 얻으려고 많은 이들이 모였으나 모두 성공하지 못했다. 드디어 일단의 젊은이들은 나무 위에서 몸을 떨어뜨리면서 계법을 간구했다고 한다. 이들 젊은이들이 진표의 법제자들인 영심(永深)·융종(融宗)·불타(佛陀) 등이다. 진표는 제자들에게 이렇게 당부한다.

"그대들은 간자를 갖고 속리산(俗離山)으로 돌아가라. 그 산의 길상초(吉祥草) 나는 곳에 절을 세우고 후세에 유포하라."

영심 등이 속리산의 길상초 있는 곳에 절을 세웠는데 그 액호를 길상사라고 했다. 영심은 이곳에서 비로소 점찰법회를 개설했다. 이 일화를 통해 점찰법회가 신라 말엽까지 상당히 번성했으리라 짐작할 수 있다. 중국의 경우 점찰법회는 삼계교(三階敎)의 테마였다. 삼계교는 일종의 말세신앙으로서 말법의 도래, 도덕성의 회복 등을 부르짖는 불교 종파이다. 당나라 후반부터 상당한 세력을 얻은 것으로 보인다. 우리나라의 미륵신앙이 이에 해당한다. 그러나 중국의 경우에는 말세에 대한 경고의 의미가 있었음에 반해, 신라는 오히려 그 현세적 의의를 강조하고 있다. 바로 그 점이 신라불교의 독창성이자 진표의 사상적 탁월성이다.

16 혜초
구법의 방랑아

진리를 찾아
떠나는 길

　불법의 진리를 찾는 구도의 여정을 구법(求法)이라고 한다. 특히 『화엄경』이 소개되면서부터 선재동자의 선지식 역방은 하나의 모델이 되었다. 문헌자료에 의하면 우리나라 최초의 구법승은 각덕(覺德)이었다. 이후 백제의 겸익(謙益), 고구려의 승랑(僧朗), 신라의 자장·원광·의상 등이 모두 구법 여정을 성공적으로 마친 인물이다.

　불교의 고향, 인도를 찾는 일은 험난한 길이었다. 특히 삼국통일 이전에는 불가능에 가까운 일이었다. 물론 겸익 같은 특출한 예외가 있기는 하다. 그러나 대체로 신라인들의 천축 여행은 통일 후에 이뤄진다.

　중국을 기점으로 잡을 경우를 생각해본다. 낙양에서 서안을 거쳐 정주, 란주를 지나 돈황에 이른다. 고비사막을 넘고 천산산맥을 가로지른다. 세계의 지붕 히말라야를 넘고, 카라코람의 연봉을 질러 길깃트를 넘게 된다. 독충과 맹수, 미개인들이 들끓는 이 험난한 실크로드를 넘나든다는 것은 거의 기적에 가깝다. 아마 편도만으로 적어도 3년 반이상이 소요되어야 하는, 말 그대로 '목숨을 건 구법' 여행이었다. 그나마 살아 돌아올 확률은 만에 하나도 될까 말까이다. 무엇이 구법승들을 이 천애의 방랑으로 몰아갔을까. 그것은 바로 반석 같은 신심 때문이었다.

부처님의 고향을 찾고, 그곳에서 불은의 향기를 느끼려는 간곡한 원력이 그토록 험난한 여행을 가능하게 만든 요인이었다. 『대당서역구법고승전(大唐西域求法高僧傳)』에는 신라인으로서 이 천축에 뼈를 묻은 거룩한 이들의 이름을 열거하고 있다. 아리야발마(阿離耶跋摩)·혜업(慧業)·현태(玄太)·현각(玄恪)·혜륜(慧輪) 등이 바로 그 장본인이다. 이 가운데 현태 스님 한 분을 제외하고는 모두 천축에서 세속의 인연을 마감했다. 이들 망향의 한을 푼 인물이 바로 구법의 화신 혜초(慧超)였다.

인도 구석구석을 누비다

혜초 스님이 어느 때 인도로 떠났는지는 확실하지 않으나, 대략 그 분의 나이 20세 전인 성덕왕 무렵이라고 본다. 혜초는 인도의 전역을 샅샅이 누비면서 『왕오천축국전(往五天竺國傳)』이라는 위대한 기행문을 남겼다. 이 책은 법현의 『불국기(佛國記)』, 현장의 『대당서역기(大唐西域記)』와 더불어 고대 인도사회와 불교문화를 알게 하는 삼대 명저로 손꼽히고 있다. 당시의 구법승들이 주로 인도 중부의 나알란다 사원에서 공부한 데 비해, 혜초 스님은 그런 흔적이 없다. 오히려 전 인도를 구석구석 누비면서, 당시의 상황을 극명하게 붓으로 묘사했다. 혜초는 인도 국내 뿐 아니라 이웃한 네팔·티베트·간다라 일대도 답사했다.

서북쪽으로는 우디야나(Udyana)·치트랄(Chitral)·트루케스탄(Turkestan) 등에 대해서도 언급하고 있다. 5년 가까운 시간에 이만큼 넓은 지역을 다녀올 수 있었음은 퍽 놀라운 일이 아닐 수 없다. 혜초가 다시 중국으로 되돌아온 것은 개원(開元) 15년(727) 11월 상순이었다. 혜초의 구법 여행기는 다음과 같은 면에서 매우 주목된다.

첫째 여행 루트가 특이하다. 앞서 말한 중국의 여행기들이 해로 혹은 육로인데 반해, 혜초는 해로로 가서 육로로 돌아왔다는 점이다. 둘째, 8세기 중후반의 인도 불교 사정을 알게 하는 유일한 객관적 자료라는 점이다. 셋째, 당시의 불교문화는 물론이고 풍속과 전통까지 망라한 일종의 종합견문록이라는 점이다. 혜초는 중국으로 돌아간 후 밀교의 대부격이었던 금강지(金剛智)의 문하에 투신한다. 주로 장안(長安)에 머물면서 밀교 경전을 연구했고, 만년에는 중국 오대산에서 밀교 경전을 번역하는 일에 몰두했다. 끝내 그리던 조국 계림은 밟지 못했다.

그대는 티베트 길이 멀다고 하나
나는 동쪽 길이 먼 것을 한탄하노라
눈 쌓인 거친 고개 넘기도 어려운데
험한 골짜기에는 도둑이 성하구나
나는 새도 놀라 넘는 험한 묏부리
외나무다리 건너가긴 진정 어려워
평생토록 눈물 한 번 흘린 적이 없는데

오늘만은 천 갈래 눈물이 끊이지 않누나

君恨西竺遠 余嗟東路長

道荒宏雲嶺 險澗賊途倡

烏飛驚峭嶺 人去難偏樑

平生不悁淚 今日灑千行

-『왕오천축국전』티베트에서 五行詩 3

신인종의 대가

　　혜초의 스승, 금강지는 밀교 계통의 스님이었다. 원래 밀교라는 종파는 대승불교 후기에 크게 발전한다. 신비적 체험을 바탕으로 하는 독특한 종파인데 우리나라에도 삼국 정립의 초기에 수용된 바 있다. 인도 여행을 마친 혜초는 스승과 더불어서 일련의 밀교 경전을 번역하기 시작했다. 그러나 스승이 죽고, 이 사업은 중단될 수밖에 없었다. 혜초는 곧이어 금강지의 제자였던 불공삼장(不空三藏)과 함께 이 일에 종사했다.

　　중국 신인종에서는 금강지→불공→혜초로 이어지는 법통을 설명한다. 실제로 혜초는 불공으로부터도 강의를 들은 적이 있다. 만년에 혜초는 오대산으로 칩거한다. 이곳의 건원보리사(乾元菩提寺)에 머물다가 입적하신 듯하다.

　　실로 혜초의 삶은 자유분방했다. 어떤 형식의 틀에 얽매여서 도인을 자처한 것이 아니라 온몸으로 불법을 홍포하는 천애의 방랑아였다. 혜초가 남긴 발자취를 따라 천축을 걸으면서, 우리는 그 구도의 집념을 느낄 수 있다. 위대한 선각자로, 모험가이기도 했던 그가 추구하려 했던 것은 '걸림 없는 자유'였다. 인간성의 무한한 가능성을 실증으로 전개시켜 보려 했던 것이다. 무심한 구름이 흘러가는 창공을 보면서 덧없는 우리의 삶을 반조해본다.

17 도선
풍수의 달인

동리산파

신라 말엽에 활약했던 고승으로 도선(道詵)이라는 인물이 있다. 고려의 건국과 더불어 신인으로 추앙받는 기이한 인연의 주인공이다. 속성은 김씨, 영암 사람이다. 열다섯 살 때 출가해 화엄사에서 각종 경론을 공부했다. 스무살 때 혼자 생각하기를 "장부가 세속을 떠나 출가한 뜻은 마땅히 도속을 초월하는 것이어늘 어찌 문자에 매달려 있으랴" 하고 탄식했다.

이후 동리산에 가서 혜철(惠哲) 스님의 문하에 투신하여 선법을 닦게 되었다. 신라에는 여러 불교학파가 번성했는데, 교종(敎宗)으로는 화엄종·신인종·남산종·섭론종 등이 크게 위세를 떨치고 있었다. 물론 이 때의 종파라는 개념은 오늘날 우리가 쓰는 섹트(Sect)라는 의미와는 다르다. 부처님의 가르침이 방대하고 그 가운데서 핵심이라고 이해되는 부분을 소의(所依)로 삼는다는 포괄적인 뜻이다. 따라서 불교사상의 다양한 전개였지 결코 분파와 대립을 뜻하지는 않는다. 그러나 시대가 흐름에 따라 서서히 각 종파 간에 이론의 대립들이 생겨난다. 특히 현실적으로 사원이 소유하던 장원(莊園) 전답 등의 문제가 야기되면서 눈에 보이지 않는 골이 파여지기 시작하는 것이다. 이와 같은 양상 속에서 신라 말엽에 선종이 신라에 수입된다.

특히 당시에는 육조의 남종선뿐 아니라 조동선·북종선 등 여러 선파(禪派)가 모두 수입되었다. 대부분의 신라 선종 개산조(開山祖)들은 중국 유학을 다녀온 경험이 있고 그들 나름대로의 독특한 선풍을 지니고 있었다. 또 고려 초기에 이르면 확고한 선맥을 지니고 한국 선을 표방하는 데 고려 말엽에 이르러 임제선(臨濟禪) 일색으로 바뀌게 된 것은 퍽 안타까운 일이다. 도선은 이 한국선의 맥을 잇는 공부를 했으나 예기치 못한 인연으로 도참(圖讖) 공부에 빠지게 된다.

음양학

스님은 23세 때 비구계를 받았다. 그 후 운봉산 태백암 등에서 칩거하며 선을 닦았다. 그러던 어느 날 지리산에 있을 때 어떤 이가 스님께 방술(方術)의 비책을 전하겠다고 찾아왔다. "제게 술책(術策)이 있사온데 스님께 바치려 하오니 다음 날 남해가에서 드리겠습니다."

도선은 다음 날 약속한 장소를 찾아갔다. 그 사람은 모래를 모아 서 산과 강 등으로 표식을 하고 그 지리의 역순에 대한 이치를 설명하기 시작했다. 이윽고 도선은 그 깊은 이치를 터득했고, 대의를 파악하게 되었다. 도선이 방술을 배웠다는 장소가 바로 화엄사 밑에 있는 사도촌이다. 그 후에도 스님은 끊임없이 이 관계의 연구를 거듭하여 음양학에 관한 독특한 경지를 열어나가게 된다. 도선은 주로 도참사상에 근거한 풍수지리설을 내세웠다. 산세와 지세, 수세(水勢)를 종합하여 인물이 나고 죽는 것 등을 예고했다. 도선은 고려 태조 왕건의 출현을 예언한 바 있는데 이것이 나중에 고려의 건국과 더불어 도선이 신격화되는 결정적 원인이 된다.

이리하여 왕건은 도선이 명한 지역 외에는 사원 건축을 금했다. 도선의 풍수설을 거역하면 지덕(地德)이 오래가지 못하리라고 왕건은 믿었다.

도참설에 의하면, 사람의 몸에 병이 있을 때 혈맥을 찾아 침을 놓고 뜸을 떠서 낫게 하듯이, 산천의 병도 지맥을 찾아 사찰을 창건하고 탑을 건립함으로써 낫게 할 수 있다고 한다. 결국 산수의 순역(順逆)과 길흉을 정확히 꿰뚫어 사찰이나 탑을 창건하면 모든 일이 대통하여 오래간다는 것이다. 이것이 고려시대 이래로 비보(裨補) 사찰이라는 사고로 정착하게 된다. 즉 한반도를 큰 배로 보고 그 중심부에 사찰을 세워야 나라가 편안해진다는 논리이다. 운주사(雲住寺)의 창건이 이에 해당한다. 또 국가적 안위를 염려할 때 이와 같은 비보 사찰의 건립을 매우 중

요시했던 것이다.

요즘 식으로 말하면 풍수란 일종의 지리철학이다. 한국에 있어서 본격적인 지리철학서로 꼽히는 것은 이중환의 『택리지(擇里志)』를 들 수 있다. 그는 실학의 중기 사상가이다.

『택리지』는 한국의 산수·명승·토묘(土墓) 등을 논한 종합적인 한국 지리 연구서이다. 그러나 이전에도 이미 『동국여지승람』, 『동사강목』 등에는 지리에 대한 관심이 고조되고 있음을 알 수 있다. 현재 도선의 사상을 알 수 있는 구체적인 자료가 남아있지는 않지만 한국의 풍수사상은 대개 도선으로부터 연유된 것으로 보인다.

그러나 다른 경우와 마찬가지로 풍수 또한 운명론적으로 이해되어서는 안 된다. 풍수의 순역에 따른 인간의 창조적 노력이 문제되어야지 단순히 승지(勝地)만을 탐하는 어리석음을 범해서는 안 되겠다는 뜻이다. 불행히도 도선의 풍수설은 다분히 운명적 경향을 띠고 발전해간다. 이렇게 되면 풍수는 주력(呪力)이 되고 만다. 모든 것을 풍수에 의한 것으로 보는 불행한 지경에 빠져 들고 만다.

도선은 또 그와 같은 이유 때문에 상당히 신비화된 인물이기도 하다. 생애 여러 부분이 안개 속에 감추어져 있고 단편적인 기록들도 신빙성 없는 자료들이 많다. 아마 신이로움만을 강조하는 후세의 풍수가들에 의해서 왜곡되어진 결과라고 본다.

이를테면 고려 때 가장 유행하던 『도선비기』라는 문헌이 있다. 도선이 점지해 놓은 몇몇 택지(擇地) 승지 등으로 가면 장수·복락·무병(無病)한다는 식의 유토피아적 환상이다. 이것은 사회 불안과 개인적 신행심의 타락이 맞물려 빚은 결과이다. 사회의 아노미 현상이 심화될 때

종교는 이와 같은 구원의 논리로 현세의 괴로움을 잊으려 하는 것이다.

도승이냐
요승이냐

    도선은 헌강왕의 부름을 받고 그에게 심인(心印)을 준 적이 있다. 효공왕 때 입적했는데 요용(了瑢)선사라는 시호를 왕실에서 하사했다. 도선에 대한 후세의 평가는 극단적이다. 방술에 정통한 도승(道僧)으로 볼 수도 있지만 혹세무민의 설을 제창한 요승(妖僧)으로 평가절하 할 수도 있다. 모든 지성인에게는 개인의 완성도 필요하지만 그 사회적 책무 또한 지대하다.

  도선은 그가 원튼 원하지 않든 간에 이 땅에 풍수지리의 새 장을 연 인물이다. 다만 그의 풍수지리가 황당무계한 궤변으로 변전하지 않는다면 풍수는 나름대로의 논리 기반이 선다. 우리는 풍수지리설을 보다 객관적이고 합리적인 지혜로 수용해야 하리라고 본다.

고려시대

18 제관
천태의 중흥조

송나라에서 꽃피운
천태 사상

고려 초기의 명승(名僧) 가운데 제관(諦觀)이라는 인물이 있다. 생멸연대는 미상이고 고려 광종 때 송나라로 건너간 흔적이 보인다. 당시 송나라는 오월왕(吳越王)이라는 인물이 다스리고 있었다. 오월왕은 천태학(天台學)에 심취해 관계 서적들을 보내달라고 간청했다. 이에 광종은 제관 스님으로 하여금 천태논서를 들고 송나라로 건너가게 했던 것이다.

　제관은 송나라에서 천태종의 대가였던 의적(義寂)을 만난다. 그와 함께 천태(天台)의 대의를 연구했고, 10여 년 동안 같이 머물렀다. 그리고는 끝내 고려로 돌아오지 못한 채 중국의 나계사(螺溪寺)에서 입적했다. 불후의 명작으로 꼽히는 『천태사교의(天台四敎儀)』는 그곳에서 집필한 것으로 보인다. 제관의 송나라 유학은 중국 천태종의 부흥을 이루는 전기가 된다. 그러나 고려 천태종은 오히려 전맥(傳脈)이 끊어진다. 제관 스님의 입적 직후 대각국사 의천이 송나라를 방문했다. 그때 의천은 제관의 저술들을 구했고, 해동 땅에 다시금 그 가르침을 계승한다.

천태종의 대맥

중국불교는 종파지향적이었다. 그것은 물론 불교의 가르침이 방대하다는 이유도 있겠지만, 중국인들의 기질 자체와도 무관하지 않으리라고 본다. 또 시대에 따라서 선종과 교종 등이 번갈아 득세하면서 반목의 인연을 심기도 했다. 중국에서는 새로운 경전이 번역될 때마다 새로운 종파가 생겨나곤 했다. 이를테면 『섭대승론(攝大乘論)』 등 일련의 문헌들을 소의로 삼아 섭론종이 생긴다. 또 율전의 번역이 활발할 때 남산종이 생긴다. 천태종은 『법화경』을 소의로 하는 종파이다. 특히 회삼귀일(會三歸一) 등 법화의 주요 이론을 현실 조화의 원리로 삼으려 했다. 중국에서 이 천태종을 개립(開立)한 인물은 천태대사 지의였다. 그후 8세기 후반에는 교종의 대표적 종파로 성장해 송나라에 이르게 된 것이다.

대각국사 의천은 중국 유학 시에 이 천태의 가르침을 배우게 된다. 그리고 선교 융합의 이론적 가능성을 천태에서 찾게 되었다. 제관에 관련된 기록은 앞서 인용한 『고려사』의 기록과 함께 『불조통기(佛祖統記)』 등에 단편적으로 언급될 따름이다. 그 사상의 전모를 알 수 없는 것은 유감이지만, 중국 천태종의 중흥조로서 언급되고 있다. 하마터면 잊혀질뻔한 그의 업적이 대각국사 의천에 의해 재조명된 점은 그나마 불행 중 다행이라고나 할까.

흔히들 중국불교가 한국에 끼친 영향을 천착하곤 하지만, 거꾸로 한국불교가 중국 대륙에 끼쳤던 막대한 영향력도 헤아릴 줄 알아야 한다. 신라시대에는 단연 원측을 꼽을 수 있다. 현장과 대립된 이론을 전개했고, 규기와는 다른 학풍을 지녔던 당대의 고승이다. 고려시대에는 바로 이 제관이 그에 해당하는 인물이다.

완벽한 불교개론서
천태사교의

『천태사교의(天台四敎儀)』는 일종의 불교학 입문서이다. 부처님의 팔만사천 법문을 어떻게 이해하느냐는 주관적인 문제이다. 그러나 가르침을 이해하려면 먼저 대장경을 독파해야 한다. 그러나 엄청난 양과 논리의 현란성 때문에 불교에 입문한다는 것은 그리 단순한 일이 아니었다. 그래서 중국의 불교인들은 이 방대한 부처님 가르침을 체계적으로 정리하는 작업에 몰두했다. 가르침을 분류하는 공부 또한 엄청난 노력과 해박한 지식을 요하는 일이었다. 이것을 교상판석(敎相判釋)이라고 한다. 부처님 가르침의 모습을 판단하고 해석한다는 의미이다. 그 말을 줄여서 교판(敎判)이라고 하는데 이러한 전통을 세운 이도 천태대사 지의이다. 부처님 가르침을 시대적으로 분류하고, 아울러 내용 분석을 시도한다. 부처님 가르침에야 깊고 얕음이 있을 수 없다. 그러나 그 가르침을 배우는 이들에게는 지적인 수준의 우열이 있을 수밖에 없다. 그것을 고증과 신행의 면으로 분류하는 작업이다.

『천태사교의』는 가장 완벽한 분류서라는 평을 얻고 있다. 흔히 사시

팔교판(四時八敎判)이라고 하는데, 말씀의 순서를 '때'로 나눈다. 이어서 가르침의 내용을 여덟 가지 단계로 나누어 분석했던 것이다. 『천태사교의』는 물론 『법화경』을 소의로 하기 때문에 그 가르침을 우위에 놓는다. 그러나 본질적으로 부처님 가르침은 방편(方便)이다. 따라서 방편에 따르는 적절한 분류 방법을 시도하고 있다. 초기불교는 인과(因果)의 법문을 위주로 한다든지 대승에서는 반야를 천명한다는 등의 표현을 과학적이고 실증적으로 정리한 것이다.

일본의 경우에 『천태사교의』를 불교학개론 시간에 강의하는 경우가 많다. 엄청난 불교 교리의 체계를 일목요연하게 정리하고 있기 때문이다. 그러나 우리나라에서는 아직도 이 저술의 중요성을 인식하지 못하고 있다. 여전히 조선 중기 이후에 세워진 전통이라고 믿어지는 중국 선서(禪書) 위주의 강원교육을 고집하고 있다. 그러나 불교학개론·불교사개설 등을 필수과목으로 생각한다면 『천태사교의』는 가장 충실한 입문서가 될 수 있으리라고 본다. 다만 과판(科判)이 복잡하기 때문에 그냥 읽는 것은 의미가 없고 장과 절을 적절히 나누어서 보는 방법을 선택해야 한다. 문화는 지킬 능력이 있는 이들에 의해서만 계승되고 발전할 수 있다. 이제부터라도 젊은 세대들에게 『천태사교의』의 중요성을 인식시켜야 하리라고 본다.

19 의천
고려대장경의 주역

구도의

집념

의천(義天)은 고려 문종의 넷째 아들이다. 본명은 후(煦)이며, 나중에 대각국사라고 불린다. 고려의 불교는 국교로서 튼튼한 기반을 갖고 있었다. 아들 셋 있는 집이면, 출가를 허용한다는 국법이 있을 정도였다. 의천은 스스로 출가했고, 곧이어 도송(渡宋)의 꿈을 불태운다. 문화선진국인 송나라 유학을 통해 불교사상의 섭렵을 목표로 한다. 그러나 실질적 이유는 대장경 관계문헌의 수집에 있다고 보여진다. 부처님의 방대한 가르침을 대장경으로 편집해서 발간하고픈 염원 때문이었다.

원래 대장경은 패엽경이라고 해서 나무이파리에 새긴 형태였다. 그러나 중국에 불교가 전래되면서 그와 같은 형태로는 도저히 대장경을 보존할 수 없었다. 그래서 등장한 것이 석경(石經)이다. 화엄사 각황전의 외벽도 이 석경이다. 그러나 석경은 새기기도 어렵고 움직일 수 없다는 단점이 있다. 그래서 고안한 것이 목판대장경이다. 이 목판대장경의 발명은 인류의 정신문화를 뒤바꾼 획기적 사업이었다고 볼 수 있다. 역사적으로 최초의 목판대장경 완간은 중국인들이 주도했다. 그러나 몇 차례 전란으로 대장경이 모두 없어져버리고 지금 해인사에 보존된 고려대장경이 인류가 보유한 가장 오래된 대장경이다. 중국에서는 이미 그 방대한 작업을 마무리하여 송판(宋版) 대장경(혹은 官版)을 완간한 바 있다. 그러나 이 대장경판은 전란으로 불타버리고 곧이어 거란장경이 간행된다. 이 거란장경 또한 몽고의 침입으로 없어지게 된다. 의천은 송판대장경을 모본(母本)으로 하고 기타의 장류들을 수집하려 했던 것이다. 그러나 몸이 허약하다는 이유로 부왕은 그의 중국유학을 거듭 만류했다. 의천은 드디어 잠행을 결정하고 시자만을 대동한 단독 여행길에 오른다.

의천은 중국 황실의 융숭한 영접을 받으며, 10개월 남짓 송나라에 머문다. 의천은 방대한 대장경을 수집하는 데 성공했는데 고려 조정의 간곡한 청이 있어 이듬해 귀국했다. 뒤이어 일본·요나라에까지 사람을 보내어 회귀한 불서(佛書)들을 수집했다. 곧 이를 주축으로 하는 대규모의 불경목록집을 간행하게 된다. 그것이 바로 『신편제종교장총록(新編諸宗敎藏總錄)』이다. 불경목록집으로는 가장 완벽하다고 평가받는 이 책은 없어진 불경 목록까지 망라되어 있어 희유의 자료집으로 우리들 곁에 남아 있다.

천태종 개립의 사상사적 의의

귀국한 의천은 대장도감(大藏都監)을 세우고 불서를 간행한다. 막강한 왕실의 후광을 업고도 치부와 입신영달에 눈이 팔려 있던 이들과 비교해보면 말 그대로 '가치 있는' 삶을 살았던 사람이다.

의천의 또 다른 사상적 업적은 천태종의 도입이다. 중국에서 이 천태종을 일으킨 인물은 천태대사라는 법호가 있는 지의 스님이었다. 그는 『법화경』의 중요성을 깊이 인식한 인물이었다. 특히 회삼귀일의 논리를 통해 불교의 제파(諸派)를 융합할 수 있는 근거를 확인한 것이다. 따라서 『법화경』을 소의경전으로 하는 새로운 불교운동을 전개한다. 의천은 고려 초기의 종파가 오교구산(五敎九山)으로 나뉜 현실을 안타까워했다. 마치 물과 불처럼 다툰다는 표현대로 이념에서 실제에까지 이들의 대립은 심각한 병폐였다. 이들을 하나로 회통시키기 위해서는 기반이 필요하다.

의천 역시 그 해답을 『법화경』에서 찾은 것이다. 그가 개성에 세운 국청사(國淸寺)라는 절은 바로 이 천태종의 본산이었다. 여기서 우리가 주목해야 할 점은 이 선교융합(禪敎融合)의 논리가 아니라 그 실제이다. 즉 한국불교는 사상적으로 언제나 불이(不二)의 토대 위에서 있다. 그러나 고려 중기 이래로 늘 그것은 선의 입장에서 주도되어 왔다. 선 우월의 사고경향 아래에서의 선교합일이다.

지눌이나 서산은 이와 같은 사상 경향을 그대로 답습한다. 따라서 의천의 경우에는 그 거꾸로의 사상이라는 점이 돋보인다. 의천은 교의 입장에서 선을 융섭하려고 노력했다. 천태종은 이후 비약적인 발전을 이루었으나 무신난(武臣亂)을 맞아 매우 위축된 경우도 있다. 최충헌의 무신정권에 비판 입장이었기 때문에 몇 차례나 탄압을 당한다. 그러나 조선 초기까지 교종의 큰 분파로 이어져오게 된다.

일심과
원융을 잇다

의천은 원효와 의상에 대한 존경의 염(念)이 각별했다. 해인사에서 머물 때 각별한 사모의 생각들을 정리하여 찬시(讚詩)를 남기기도 했다. 그가 원효와 의상을 존경했던 까닭은 그들이야말로 한국불교의 일승(一乘) 사상을 확립한 분들이라고 믿었기 때문이다. 사실 한국불교의 흐름은 이 '하나되자는' 운동의 물결이었다고 말할 수 있다. 세속과 열반이 하나되며 번뇌와 보리가 하나가 된다. 나고 죽음이 하나되며, 끝내는 너와 내가 하나되려는 기쁨을 누리려는 데 있다. 일반적으로 우리는 대칭을 당연시 한다. 그래서 대립을 정당화하는 것을 넘어서, 오히려 이기는 테크닉을 가르쳐온 것이 사실이다. 그러나 불교는 언제나 조화와 협력의 당위성을 역설해 왔다. 이와 같은 사상 전통의 밑바탕에 바로 원효의 일심사상과 의상의 원융(圓融)사상이 있다는 것을 깨달은 것이다.

당시는 아직 선종(禪宗)이 일세를 풍미하지 못하던 시대였다. 따라서 교학적인 논쟁이 교단 내부를 휩싸고 있었다. 물론 그 논의는 이념적이라기보다는 현실적인 면이 강했다. 의천은 분파(分派)를 지양하는 일을 목표로 한다. 그 이상적 모델을 원효와 의상으로 상정하는 것이다. 따라서 의천 시대 이후부터 우리 불교에는 이들 원효, 의상을 잇는다는 사상적 자부심을 갖게 된다. 일승(一乘)을 추구하는 사상적 맥락을 갖게 되는 것이다.

의천은 오십도 안 되는 짧막한 삶을 살았다. 그러나 사상의 향기와 대장경 주조라는 위대한 업적을 남김으로써 고려 초기에 불교를 빛낸 위대한 선각자로 기억된다. 실로 의천은 불교를 사상으로 정립한 고려 초기의 명승이었다.

불교와 관련 있는 이야기는 아니지만 『대각국사문집』에 따르면 의천 스님은 우리나라에 화폐를 처음 도입한 인물이다. 즉 중국에서 유통되는 동전을 본떠 화폐유통을 시켰다고 한다. 또 그 동전을 '돈'이라고 지칭했는데, 그 까닭은 '돌고 돌아야 하기 때문'이라고 했다. 돈의 유용성과 효용성까지 간파한 의미 있는 설명이다.

20 균여
화엄교학의 명승

너무 못생긴
아이

　나말여초(羅末麗初)의 혼란기를 살다간 지성인 가운데 균여(均如)라는 화엄학승이 있다. 흔히 신라 향가 11수의 저자로 널리 알려져 있지만, 사실은 한국 화엄학의 대맥을 이은 위대한 교학승려이다.
　고려 태조 2년(923) 황해도 황주에서 태어났다. 속성은 변씨(邊氏), 휘(諱)가 균여이다. 어머니가 60세 때 임신을 하여 얻은 아들이라고 한다. 그러나 기대가 컸던 만큼 실망도 컸다. 용모가 하도 추악해서 도저히 키울 엄두가 나지 않았기 때문이다. 부모는 아이를 길바닥에 내다 버렸다. 그런데 어디서인지 큰 새가 날아들어 두 날개로 아이를 감쌌다고 한다. 이를 보고 놀란 부모는 다시 아이를 데려다 키웠다. 외모에 대한 콤플렉스는 균여의 일생을 관통한다. 언젠가 중국 사신들이 균여의 인품을 흠모하여 꼭 한번 뵙고자 했으나, 균여는 끝내 모습을 드러내지 않았다는 일화도 있다.
　15세 때 식현(識賢)에게 머리를 깎았다. 곧이어 영통사로 거처를 옮겨 화엄의 대가 의순(義順)의 문하에 투신했다. 균여의 화엄학 조예는 바로 이때 다듬어진 것이라고 볼 수 있다. 또 그는 큰 이적을 많이 일으킨 인물로 전해진다. 비를 그치게 한다든지, 병을 고치는 등의 숱한 영험담이 있다.

아마도 그것은 균여의 신이로움에 대한 일반인들의 외경심리를 구상화한 일화들일 것으로 본다. 고려 광종은 특히 균여를 깊이 신뢰해 늘 스님으로부터 법을 배웠다고 한다. 균여는 만년에 귀법사(歸法寺)에 머물면서 강론과 저술에 몰두했다. 그리고 끝내 귀법사에서 삶을 마감했다. 세수(世壽)는 51세, 법랍(法臘)은 36년(973)이었다.

화엄교학의
대맥을 잇다

한국의 화엄학은 자장으로부터 비롯된다고 본다. 비록 자장의 저술이 남아 있는 것은 아니지만, 자장의 생애를 관통하는 것은 화엄사상이다. 그가 중국 유학시절 문수보살과의 인연을 맺었다든지, 또는 집 뜰에 오십삼선지수(五十三善知樹)를 심었다는 등의 기록이 이를 뒷받침한다. 그러나 본격적인 화엄종의 성립은 의상이 그 효시이다. 의상은 중국 화엄종의 2대조였던 지엄으로부터 사사했고, 3대조 법장(法藏)으로부터는 스승과 같은 존경을 받았던 인물이다. 따라서 의상은 흔히 해동화엄의 초조라고 일컬어진다.

그러나 신라 말엽에 이르러 화엄학은 크게 둘로 나뉜다. 관혜(觀惠)를 중심으로 하는 남악파(南岳派)와 희랑(希朗)이 주축을 이룬 북악파(北

岳派)가 그것이다. 남악은 주로 견훤이 지원했고, 북악은 왕건이 도움을 주었다는 기사도 흥미롭다. 당시는 불교가 국교처럼 존숭을 받았기 때문에 권력자들이 다투어 후원자 역할을 하고 있음을 본다. 균여는 출신별로 보면 북악계통이다. 그러나 이 두 학파를 융합시키는 데 앞장섰고, 그 결과 신라 화엄종을 크게 계승하고 발전시켜 고려 화엄종을 일구어냈던 것이다.

앞서 말한 향가 11수의 제목은 〈보현행원가(普賢行願歌)〉이다. 『화엄경』의 보현행원품에 나오는 보현보살의 십대행원(十大行願)에 대한 노랫말인 셈이다. 보현은 불교수행의 궁극적 완성을 상징한다. 지적인 접근을 완성한 다음, 우리가 추구해야 할 체계는 결국 불교 교설의 실천이라는 뜻이다. 또 향가라는 친숙한 방언으로 노래를 지었다는 대목도 유의해야 한다. 비록 불교의 진리가 고매하다 할지라도 당시의 사람들에게 이해될 수 없다면, 그것은 그림의 떡일 따름이다. 균여는 이 점에 착안해 쉬운 불교노래를 만들어 보급했다는 점이 중요하다.

법계도원통기

한국 화엄학에 있어서 가장 기본적인 텍스트가 되는 서적은 의상의 법계도이다. 7언 30구 210자에 불과하지만, 그 담겨 있는 의미는 무궁무진하다. 도인(圖印)은 해인삼매(海印三昧)의 표현이며, 우리들 마음의 구상화(具象化)이기도 하다. 60권 화엄경이 담고 있는 무한의 우주관과 법신진여(法身眞如)를 가장 간명하게 표출한 명저이다.

균여의 『원통기(圓通記)』는 이 의상의 법성게에 대한 해설서라고 볼 수 있다. 그는 이 30구를 일일이 주석하고, 그 의의를 선양했다. 따라서 법계도 뿐 아니라 화엄학의 연구에 있어서 필수불가결한 자료로 평가되고 있다. 균여는 10부 65권에 해당하는 방대한 저술을 남겼지만 현존하는 것은 단 5부 18권뿐이다.『원통기』에는 지엄·법장 등 중국사상가는 물론 원효·표훈 등 신라 화엄사상가들의 견해를 폭넓게 소개하고 있다. 따라서 신라 화엄사상의 미진한 부분들이 이 저술을 통해 메꿔질 수 있는 중요한 사상적 교량의 역할을 담당하고 있다고 평가된다.

문하에 많은 제자들이 있었으나, 특히 담림조(曇琳肇) 등이 꼽힌다. 균여는 학술적으로는 화엄을 표방했고, 신행으로는 보현의 행원(行願)을 닦아나간 인물이다. 이념과 실천의 괴리를 최소화한 바람직한 삶을 꾸려 나갔던 것이다. 사실 관념적 삶과, 실천적 인생을 조화시키는 것은 무척 어려운 일이다. 그러나 위대한 종교인은 극단의 대립을 적절히 조화시킨 삶을 누린다. 이상과 현실, 어느 쪽에도 치우치지 않고, 그들 사이에 긴장을 유지하면서 진(眞)과 속(俗)을 하나로 어우러지게 하는 멋있는 삶의 주인공이 되는 것이다. 균여는 바로 그와 같은 삶을 살다 간 화엄학승이었다.

21 지눌
일승운동의 실천적 계승자

부처님과
약속한 출가

지눌(知訥)의 고향은 황해도 서흥, 어렸을 때부터 병약했다. 어머니는 아들과 함께 부처님께 간다. 이 아이를 건강하게 키울 수만 있다면 당신께 바치겠다는 맹세를 한다. 아이는 다행히 건강을 회복했다. 어머니는 부처님과의 약속을 이행하기 위해 출가를 시킨다. 타의에 의한 동진 출가인 셈이다. 아마 운명적으로 지눌은 불연(佛緣)을 타고 태어난 인물인 모양이다.

당시의 고려불교는 국교로서 튼튼한 기반을 갖고 있었으나, 동시에 타락의 양상이 노골적으로 드러나던 시점이었다. 일부의 승려들은 불도를 호구지책의 방편으로 삼는가 하면 귀족과 결탁하여 눈살을 찌푸리게 하는 각종 비리를 저지르기도 했다. 스님은 출가 이후 늘 이 문제를 고민해왔다. 어떻게 하면 그릇된 풍조를 바로잡고, 그 본무(本務)를 실현할 것인가를 골똘히 생각했다.

지눌이 승시(僧試)에 합격하고 도반(道伴)들과 더불어 나눈 법담 또한 정풍(淨風)에 관한 내용이다. 어떻게 하면 타락한 불교를 바로 잡고, 부처님의 본뜻을 이 세상에 펼 수 있는가 하는 것이 바로 지눌의 '화두(話頭)'였다. 그의 명저『권수정혜결사문(勸修定慧結社文)』은 바로 이와 같은 신행결사의 이념을 밝힌 글이다. 결사문에 서술되어 있는 당시의 시대상을 보자.

우리들이 날마다 하는 소행을 돌이켜 보면 어떠한가. 불법을 빙자하여 나와 남을 구별하고, 이양(利養)의 길에서 허덕이며, 풍진 속에 골몰하여 도덕은 닦지 않고 옷과 밥만 허비하니, 비록 출가하였다고 하나 무슨 덕이 있겠는가.
애닯다. 삼계를 벗어나고자 하면서도 세속을 뛰어넘는 수행이 없으니, 다만 사내의 몸을 받았을 뿐, 대장부의 뜻은 어디에 있겠는가. 위로 도를 넓히는 일에 어긋나고 아래로 중생을 이롭게 하지 못하며, 다른 한편 네 가지 은혜를 저버렸으니 실로 부끄러운 일이다. 나는 오래전부터 이를 한심스럽게 여겨왔다.

정혜결사

불교계의 타락과 더불어 또 다른 문제점의 하나는 선(禪)과 교(敎)의 대립이었다. 사실 선종이란 부처님의 마음을 깨달아야 한다는 혁명적 가르침이다. 반면 교(敎)는 어디까지나 그 지고하신 가르침을 익혀야 한다는 '언어의 길'이었다. 따라서 본질적으로 말하면 언어와 마음은 별개일 수 없다. 즉 선이든 교이든 별개일 수 없다. 그것이

선이든 교이든 모두 불도에 이르는 '길'이자 방편일 뿐이다. 그러나 당시의 불교계는 서로의 우열을 논하는 끝없는 다툼들이 있었다.

지눌은 이 양자를 조화시켜보려 했다. 지눌의 정혜(定慧)는 이를테면 선교의 요체를 핵심적으로 정리한 어휘이다. 정은 산란한 마음을 가라앉히는 공부이다. 즉 외부지향적인 마음의 고삐를 집중시키는 공부이기 때문에 선을 대변한다. 반면에 혜(慧)는 반야를 가리킨다. 즉 사물의 실상을 파악하는 근원의 예지로서 팔만사천의 교학체계를 가리킨다. 따라서 정혜결사는 곧 선교쌍수(禪敎雙修)와 동의어가 될 수 있다. 실제로 이 모임에 동참한 이들은 좌선과 교학을 동시에 섭렵하는 공부 방법을 썼던 것이다.

생각하기에 따라서는 이 정혜결사가 다분히 소극적으로 느껴질 수도 있다. 그러나 본질적으로 종교는 내면세계에 천착해야 한다. 그래서 그 내면의 완성이 저절로 우러나오는 것을 '사회화'라고 규정지을 수 있다. 더구나 종교운동이 혁명과 폭력의 수단이 되는 것은 결코 바람직스럽지 않다. 오늘 우리 사회의 혼란도 따지고 보면 도덕적 기반의 붕괴와 밀접한 관련을 지니고 있지 않은가. 따라서 지눌의 정혜결사는 가장 적극적인 사회교화의 방편일 수 있다.

지눌은 입신출세가 보장된 길을 외면한다. 그리고 정혜결사의 이상을 펼치려는 대원을 세우게 된다. 이와 같은 사상경향은 한국불교가 추구해온 일승(一乘)정신과 결코 무관하지 않다. 오히려 세속과 열반, 번뇌와 보리, 생과 사의 이원론적 사고를 불식시키고 예토의 현실을 정토로 화현하는 위대한 노력이었다고 본다. 지눌은 이것의 실천도량을 거조암(居祖庵)으로 정했다. 팔공산의 동편 기슭, 은해사(銀海寺)의 부속

암자로 알려오지만 원래 고려 때에는 수행도량으로 안성맞춤인 곳이었다. 지눌은 이곳에서 뜻이 맞는 이들과 함께 정혜결사의 이상을 실천해 나갔다. 결사문에 드러난 결사의 정신을 들어보자.

이 모임이 끝난 후 우리는 세속적인 명예와 이익을 버리고 산 속에 은거하면서 결사를 만들어 항상 선정을 익히고 지혜를 닦기에 힘쓰자. 예불하고 독경하고 운력하는 일에 이르기까지 저마다 소임에 따라 수양하여 한평생을 구속 없이 지내면서 진인달사(眞人達士)의 높은 행을 따른다면 이 아니 기쁘지 아니한가.

조계산
송광사

거조암에서 정혜결사를 도모한지 몇 해 지나지 않아서 도저히 더 인원을 수용하지 못하게 되었다. 이제 그들은 새로운 보금자리를 찾아야 했다. 지눌은 장소를 물색하던 중 지리산의 상무주암(上無住庵)에서 한철을 지내기도 했다.

지눌이 멈춘 곳은 조계산의 길상사(吉祥寺)였다. 그는 이곳에 대규모의 도량을 짓고 새롭게 정혜결사 운동을 펴나가게 된다. 이곳이 바로 송광사이다. 그가 산명(山名)을 조계산(曹溪山)으로 바꾼데는 내력이 있다. 앞서 말한 대로 새벽과 밤늦은 시각에는 좌선을 닦고, 낮 시간은 주로 울력으로 노동의 모범을 보였다. 그들의 교학 공부는 주로 『금강경』, 『육조단경』에 의지했다. 특히 『육조단경』에 심취하여 그 요지를 널리 선양했다. 육조혜능이 머물던 산 이름이 조계(曹溪)였기 때문에, 지눌은 송광사의 주봉을 조계산이라고 명명하기에 이르렀다.

실제로 지눌은 조계종의 정통을 잇는 중흥조로 이해해야 한다는 주장도 있다. 여태까지는 주로 중국 유학을 통해 임제 법손(法孫)을 이은 태고 보우 같은 인물을 그 중흥조로 여겨왔다. 이 문제는 아직도 조계종사에서 해명되지 않은 미제의 숙제로 남아 있다. 입실제자로 받아들이고 전법게(傳法偈)를 전하는 등의 형식적 논리로 본다면 지눌은 결코 논의의 대상이 될 수 없다. 다만 사상적으로 본다면 그는 분명한 조계종의 중흥조다. 『육조단경』과 『금강경』을 소의경전으로 삼았고 선교융합을 표방했기 때문이다. 사실 이 조계종조에 대한 논쟁은 한국불교를 중국불교의 아류로 보려는 그릇된 인식들이 깔려 있을 수 있기 때문에 철저한 학술적 고증만으로는 증명하기 어려운 점이 많다.

지눌은 희종(熙宗)으로부터 수선사(修禪社)라는 액호를 하사받기도 했다. 지눌을 필두로 송광사에서 십육 국사가 배출되었기 때문에 송광사는 우리나라 불교사상 초유의 승보종찰(僧寶宗刹)로 그 명성을 드높이게 된다. 사실 송광사의 명성은 바로 지눌에서부터 비롯된다고 해도 과언은 아니다. 지눌에게는 많은 문도가 있었지만 진각국사 혜심(慧諶)이 법을 이은 상수제자로 꼽힌다. 지눌이 입적한 후 왕은 그에게 불일보조국사(佛日普照國師)라는 시호를 내린다. 그리고 영골을 모신 부도를 송광사에 건립했다.

돈오냐,

점수냐

　　　지눌의 주저로는 단연 『진심직설(眞心直說)』이 꼽힌다. 독특한 선의 입장을 표방하면서도 교에 대해서 결코 배척하지 않는다. 이것이 그의 사상적 특성이다. 지눌에 의하면 우리들 중생은 바로 '진심(眞心)'의 존재이다. 그런데 우리가 진심을 갖고 있다는 사실을 모른다. 마치 어둠 속의 그림자와도 같고 땅 밑을 흐르는 수맥과도 같다. 보이지 않는다고 해서 그것들을 부정할 수 없는 것처럼 진심을 느끼지 못한다고 부정할 수는 없다는 논리이다.

■송광사 대웅전

따라서 우리의 일거수일투족이 모두 진심의 작용 아닌 바가 없다. 가령 걷는 행위를 예로 들어보자. 무엇이 우리를 걷게 하는가. 걷고자 하는 의지 때문이다. 그런데 우리는 발이 움직여서 걷는다고 착각한다. 입을 움직여 말을 한다고 생각한다. 그러나 이 모든 작용은 진심으로부터 비롯된다. 그렇다면 우리에게는 어떻게 이 진심을 회복하느냐 하는 문제가 남은 셈이다. 그것이 바로 마음공부이다. 그는 『진심직설』에서 열 가지 무심공부(無心功夫)를 말한다. 주관을 부정하는 방법, 객관을 부정하는 방법, 양자를 초월하는 법 등이 상세히 설명된다. 그러나 그 핵심은 바로 마음 찾는 공부이다. 지눌이 스스로 목우자(牧牛子) '소를 놓아먹이는 이'라는 호를 붙인 까닭도 마찬가지이다.

십우도(十牛圖)라고도 하고 또 혹은 심우도(尋牛圖)로 나타나기도 하지만, 이때의 '소'는 바로 우리들의 불성(佛性), 여래의 씨앗을 상징하고 있다. 목동은 소를 타고 앉아서 소를 찾아달라고 한다. 옆에 있던 노인이 소는 네가 타고 있다고 가르쳐 준다. 우리는 구원이 외부에 있다

고 생각한다. 그래서 자주 바깥을 향해 달린다. 이것을 심리학에서는 외향성(外向性) 콤플렉스라고 한다. 그러나 깨달음은 바로 우리의 내면에 있다.

"가련한 이여, 소를 타고 소를 찾는구나!"

원효는 그것을 '일심(一心)'이라고 했다. 의상은 '법계(法界)'라고 불렀다. 표현은 같지 않지만, 지눌의 '진심' 또한 마찬가지이다. 영원한 마음의 고향, 중생과 부처의 지극한 본원(本源)을 우리는 잊고 사는 것이다. 따라서 지눌에게 있어서 가장 관심 있었던 일은 바로 이 본성의 회복이었다.

깨달음의 길

선과 교의 이론적 대립은 실천수행으로까지 이어진다. 선의 기본입장은 돈오(頓悟)이다. 우리의 마음을 깨닫는 지혜는 '불현듯' 다가온다. 마치 잠에서 깨듯이 무명(無明)을 홀연히 없앨 수 있다고 본다. 반면에 교의 입장은 철저한 점수(漸修)다. 아이가 자라서 어른이 되는 것처럼, 열매가 무르익어 떨어지는 것처럼, 언젠가는 성불의 인연을 기약할 수 있다는 입장이다. 이 두 방편은 서로의 정당성을 입증하기 위한 논리를 구축했으며, 서로의 부당성을 격렬히 지적하기도 한다.

역사적으로 보아 이 돈오·점수의 논쟁이 가시화된 것은 10세기 초반의 일이다. 당시 돈오를 표방하던 중국 선종의 선사(禪師)들과 점수를 부르짖는 인도 유식학파는 티벳의 수도 라싸에서 만난다. 격렬한 대론

(對論)은 끝내 결론을 맺지 못하고 만다. 그 다음에 선종 내부에서 문제가 되는 것은 돈오돈수(頓悟頓修)냐 돈오점수(頓悟漸修)냐 하는 문제이다. 즉 깨달음을 얻은 이후에도 계속 닦아나가야 된다면, 그것은 깨달음이 완전하지 못하다는 의미와 상통한다. 반면에 깨닫고 나면 그만이라면, 그 교설 안에는 창의력 내지 인격적 노력이 결핍될 수밖에 없다. 과연 깨달음 이후에는 어떠한 수행이 필요한 것인가? 지눌은 선종의 입장에서 이 양자를 조화시켜보려 했다. 즉 깨달음을 얻는 방법으로는 돈오·점수가 모두 합당하다고 본다.

돈오라고 하지만, 그 돈오가 되기 위해서는 한량없는 수행의 계위(階位), 즉 점차(漸次)를 밟아나가지 않으면 안 된다. 그러나 어떠한 계위라 할지라도 깨달음의 순간만은 돈오일 수밖에 없다. 마치 바람이 구름을 걷어내고 밝은 태양빛이 드러나는 것과 마찬가지이다. 따라서 선과 교는 대립이 아닌 상호보완의 입장으로 보아야 한다. 부처님의 말씀과 마음이 다르지 않듯이 수행방편에 있어서도 근기에 따른 차별일 뿐이라고 보았다.

한편 깨달음 이후의 수련에 대해서는 돈오점수를 주창했다. 깨달은 이후에도 우리는 수행해야 한다. 그것은 깨달음 자체가 완벽하지 못하기 때문이 아니다. 완벽한 깨달음이지만 또다시 물러서는 경우를 방지하기 위해서이다. 왜냐하면 전생의 습기(習氣) 때문이다. 전생부터 쌓아온 악업(惡業)과 구습(舊習) 때문에 자칫 또다시 중생의 자리로 떨어질 위험이 있기 때문이다.

사실 깨달음을 객관적으로 증명한다는 일은 불가능하다. 동시에 그 깨달음이 영속적이냐 아니냐에 대한 문제는 형이상학의 범주에 속한다. 중생들도 깨달을 수 있다. 그러나 그 깨달음의 특성은 찰나적이요, 일회적이다. 반면 부처님의 깨달음은 영속적이며 항구적이다. 만약 일순의 깨달음으로, 일대사 인연을 다했다는 생각을 갖게 되면 곧바로 교만하게 우쭐대는 증상만(增上慢)에 빠져버릴 따름이다.

따라서 지눌은 돈오점수만이 그 편협한 수도를 바로잡을 수 있다고 주장했다. 지눌은 선의 입장에서 교를 융섭하려 한 것에 더해, 선의 대립 또한 지양시키려고 노력했다. 물론 그의 노력이 반드시 성공했느냐는 차치하고라도 사상적 회통의 계기를 이루었다는 점은 높이 평가되어야 한다. 즉 한국적 일승운동의 정신적 계승자로서 지눌은 영원히 기억되어야 하는 것이다.

22 요세
백련결사의 주역

무신정권과
고려 불교계

　보조국사 지눌의 정혜결사와 더불어 뛰어난 신행결사의 역사적 흔적으로 요세(了世)의 백련결사(白蓮結社)를 들 수 있다. 혼탁한 사회의 청풍(淸風)운동이자 불교의 새로운 이념정립을 위한 결사운동은 사상적으로 보아 매우 의미 있는 일이었다고 평가된다.

　고려의 무신정권은 12세기 후반에 수립된다. 문종 이래 지속되어온 문치(文治)정치는 무관에 대한 폄하를 초래했고, 그 불만의 폭발이 의종의 폐위로 이어진다. 정중부·이준의·이의방으로 이어지는 무신정권의 알력은 최충헌 시대에 이르러 막을 내린다.

　그러나 초기의 무신정권에 대해 불교, 특히 교종의 반발은 극심했다. 『고려사』에는 무신정권에 대한 승군의 저항이 얼마나 극렬했는지에 관해 상세히 언급하고 있다. 어떤 경우는 쌍방의 사상자가 무려 600명이 넘는다고 기록했다. 이것은 거의 정규전의 양상을 띤 다툼이다.

　당시의 불교는 국교로서의 튼튼한 기반을 갖고 있었다. 따라서 불교의 지지를 얻지 못하는 정권은 결코 권력을 유지할 수 없었다. 최충헌은 교종에 비해 상대적 열세였던 선종을 적극적으로 지원함으로써 교단의 지지를 유도한다. 그 결과 정권 연장에는 성공했으나 선교의 대립은 갈수록 심화될 수밖에 없었다. 결국 무신정권은 정치적 기반을 공고히 하기 위해서 불교계를 개편할 수밖에 없었다. 교종이 서서히 퇴락하면서 선종이 두각을 나타낸다. 더구나 기성 교종 교단의 타락상을 못마땅히 여기던 지방호족들이 합심하여 이와 같은 선종 우대정책은 확고하게 뿌리내리게 되었던 것이다.

요세의 삶

요세는 의종 17년(1163) 신민(新懲, 경남 합천)에서 태어났다. 속성은 서씨(徐氏), 자는 안빈(安貧)이다. 12세 때 향리의 천락사(天樂寺)에서 균정(均定)을 은사로 출가한다.

균정은 천태종의 승려였기 때문에 요세는 그에게서 천태교학을 공부하게 된다. 이후 지눌의 결사운동에 동참을 권유받고, 직접 수선사(修禪寺)에 참여하기도 한다. 그러나 요세는 천태교학자답게 선교융합의 정혜결사에 대해서는 이론(異論)을 갖고 있었다. 따라서 이념적으로는 지관(止觀)의 터득, 실천적으로는 참회의식을 강조했다.

요세의 참회 행적은 매우 경건하고 격렬했던 것 같다. 한파와 폭염에도 굴하지 않고, 매일매일 적극적인 참회를 계속했다. 당시 수선사에 있던 이들이 스님을 가리켜 '서참회(徐懺悔)'라고 불렀다는 기록이 이를

■ 백련사

뒷받침한다. 참회의 사상성은 단순히 업장을 소멸한다는 소극적 의미만을 띠고 있는 것이 아니다. 경건한 삶의 태도는 바람직럽지 못한 현실에 대한 비판이자 정화(淨化)의 의미를 갖고 있기 때문에 적극적이기도 한 것이다.

고종 3년(1216) 요세는 만덕산으로 거처를 옮긴다. 1221년에는 백련사를 설치해 수행에 몰두했다. 그의 제자 천의(天頤)가 찬술한 〈백련결사문〉에는 이 백련결사의 의의가 상세히 천명되고 있다. 1245년 문도들에게 유훈을 설했다.

"제법(諸法)의 실상은 청정한 것, 말한다 해도 이치를 잃고, 보여준다 해도 종지(宗旨)를 어긴다. 우리들 법화종도들은 수분묘해(隨分妙解)의 길 이외에는 없도다."

그후 며칠을 계속해서 원효의 '징성가(澄性歌)'를 외우다가 입적했다. 세수는 83세. 승랍은 70세였다. 고종은 요세의 죽음을 애도하여 '원묘국사(圓妙國師)라고 시호를 내렸고, 탑명을 중진(中眞)이라고 했다. 물론 요세에게는 법화만을 예찬한 사상적 결점이 있다. 다시 말해서 불교를 회통(會通)하는 안목은 지눌에 비해 뒤떨어진다고 할 수 있다. 그러나 철저한 수도와 참회정진의 이상은 매우 존경할 만한 모범이다.

정토사상

요세 스님의 사상은 염불왕생(念佛往生)이었다. 또 참회의례는 철저히 법화참법이었다. 즉, 천태대사의 지관수선법(止觀修禪法)을 닦으면서 『법화경』을 염송한다. 틈틈이 법화삼부(法華三部)의 일부를 독송하고 준제신주(準提神呪)를 천 번, 미타불(彌陀佛)을 일만 번 부르는 일이 일과였다.

또 극도로 청정한 생활을 영위한 것으로도 유명하다. 요세는 말 그대로 삼의일발(三衣一鉢)로 평생을 마쳤다고 한다. 세속의 일을 결코 말하는 법이 없었으며, 어느 때나 방석없이 좌정했다. 거처에는 등불을 밝히지 않았고, 간혹 시주를 받으면 모두 빈궁한 이들에게 나누어 주었다. 따라서 세상에서는 요세를 천태대사의 적손(嫡孫)이라고 부르기도 했다. 이와 같은 청빈한 삶이야말로 승가 본연의 자세가 아닐 수 없다. 요세는 보살의 기개로 평생을 살다간 보기 드문 불교인의 한 사람이었던 것이다.

불행하게도 요세의 저술은 남아 있는 것이 없다. 기록에 의하면 천태대사 지자저술의 강요(綱要)를 간추려서 『삼대부절요(三大部節要)』라는 제목으로 간행했다고 하나 현존하지 않는다. 요세의 문도들로는 천인(天因, 1205~1248)·천의(天頤, 1206~?) 등이 꼽힌다. 지눌의 정혜결사와 쌍벽을 이루면서 이 백련결사는 고려불교의 큰 기둥으로 이어져 온다. 귀족적인 불교, 대중들과 유리된 채 현학적 논쟁을 답습하는 기성교단에 대해서는 날카로운 감시의 역할을 한다. 아울러 학대받아온 민중들에게는 양심의 보루가 되어 불교의 이상을 지향한 위대한 사상성을 드러내 보인 것이다.

23 혜심
간화선 전통의 원류

십육국사를 배출한

송광사

　지눌의 정혜결사는 초기에는 팔공산(八公山) 거조사(居祖寺), 후기에는 송광사(松廣寺)를 배경으로 이루어진다. 송광사의 제2대 국사가 바로 혜심(慧諶)이다. 그로부터 연이어 16국사가 배출됨으로써 송광사는 승보사찰의 명성을 얻게 된다. 혜심이 살던 12세기 후반에서 13세기 초반은 고려정치의 일대 혼란기였다. 무신정권의 수립, 여진·원나라의 침공, 그리고 몽고의 지배가 서서히 노골화되던 즈음이다. 특히 전후 30여 년 동안 무려 6차례나 되는 몽고의 침입은 고려 강토를 거의 초토화시키고 말았다. 당연히 사회경제적으로는 궁핍이 극에 달하고, 윤리문화적으로는 퇴폐현상이 팽배해질 수밖에 없었다.

　암울한 시대분위기 속에서 정혜결사의 이념을 계승한다는 것은 결코 쉬운 일이 아니었다. 더구나 전쟁이라는 극한상황 속에서 종교적 무력감이 무겁게 짓누를 때, 불자로서의 현실참여 문제 또한 지난한 것이었다. 혜심은 스승의 학풍을 계승하고 정혜결사를 정착시킨 인물이다.

십육국사를 배출한 송광사 전경

또 사상으로는 간화선(看話禪)의 전통을 이음으로써 한국선종의 대맥을 잇게 하는 중요한 역할을 이루어냈다. 이후의 한국선종이 철저히 돈오(頓悟)를 이상으로 하는 전통도 혜심으로부터 시작되는 사상경향이다.

무애한 삶의 흔적

스님의 고향은 나주 화순현이다. 휘는 혜심(慧諶), 자호는 무의자(無衣子)라고 했다. 속성은 최씨(崔氏)로 명종 8년(1178)에 태어났다. 어렸을 때 아버지를 잃고 편모 슬하에서 자랐다. 어머니는 유학을 공부하도록 권했고, 그 영향으로 사마시(司馬試)에 합격하고 태학(太學)에서 공부했다. 그러나 혜심의 학문적 관심은 불교에 끌려 있어서 늘 출가 의지를 지니고 있었다. 어머니가 세상을 떠난 직후, 출가를 결행해 송광사에서 지눌의 문하에 투신했다.

지눌은 혜심을 각별히 아꼈는데, 이들 사이에는 인상적인 법담이 전해온다. 어느 날 지눌이 짚신을 가리키면서 혜심에게 물었다.

"신발은 여기 있는데 사람은 어디 있는가?"

"왜 그때 보시지 않았습니까?"

물론 범상한 대화는 아니다. 신발과 주인을 찾는 물음 속에는 진심(眞心)을 찾는다는 은유가 깃들어 있다. 그때 보지 않았느냐는 답변 속에는 진심이 항상 변재(遍在)한다는 재치가 번쩍인다. 이후로 지눌은 혜심을 '큰 그릇'으로 여기게 된다. 어느 날 지눌은 "개에게는 불성이 없다"는 화두를 들어 대중에게 이르니 오직 혜심만이 만족하게 대답했다.

이에 지눌은 그를 불러 말했다. "나는 그대를 얻었으니 한이 없네. 그대는 불법을 임무로 삼아서 원을 바꾸지 말라."

혜심은 이렇게 지눌의 심인을 전해 받았다. 1208년 지눌은 혜심에게 수선사 법석(法席)을 이어줄 것을 권했으나 혜심은 끝내 사양하고 스승이 입적한 후에도 단속사(斷俗寺)에서 칩거할 뿐 나오지 않았다. 그러나 칙명과 문도(門徒)들의 간곡한 청 때문에 희종 6년(1210) 수선사의 제2대 법주(法主)가 된다. 그때 나이가 33세였다.

보조국사로부터 기틀을 다진 송광사의 수선사는 갈수록 번창했고, 수행 또한 여법(如法)하게 진행되었다. 혜심은 당시의 실력자 최우(崔瑀) 등과도 긴밀한 교분을 맺고 있었으며, 뒷날 그의 두 아들을 맡아 출가시키기도 했다. 고종 21년(1234) 57세로 입적했다. 고종은 진각국사라고 시호를 내렸으며, 탑비(塔碑)에 '원소지탑(圓炤之塔)'이라고 하사했다. 청허 몽여(淸虛夢如)가 혜심의 뒤를 이어 수선사의 3대 법주가 되었다.

선문염송의 가치

혜심에게는 『선문염송(禪門拈頌)』이라는 중요한 저술이 있다. 간화(看話)라고 부르는 각종 선문답의 모음집이다. 공안(公案)의 사례, 오도(悟道)의 기연(機緣), 그리고 나름대로의 진단과 해석을 곁들인 이 저술은 선문의 강요를 요약한 뛰어난 저술이다. 특히 고대로 이어지는 선의 일화 1,125측을 모두 섭렵했기 때문에 선을 수행하는 이들에게 올바른 나침판을 제시하는 명저 가운데 하나이다.

혜심의 사상은 지눌과 비교할 때보다 간화선의 특징이 농후하다고 하겠다. 지눌은 물론 정혜쌍수를 주장하고 선교합일의 입장을 취한다. 또 돈오점수에서 보이는 것처럼 상당히 포괄적인 사상 형태를 갖추고 있다. 그러나 혜심은 간화에 의한 수선(修禪)을 특별히 강조하고 있다. 그것은 혜심의 시대정신과도 무관하지 않으리라고 본다. 선교의 대립이 무신난 이후 역전된 상황임을 감안해야 한다. 따라서 선종 우월적인 입장에서 교종을 융섭하려는 경향이 농후하게 발견되곤 한다.

여기서 혜심의 선종 사상사적 입장을 재정립할 필요가 있다. 한국의 불교는 선종적 경향이 강하다. 최대의 종단 대한불교조계종도 선종의 사상을 표방하고 있다. 물론 그 중흥조가 태고 보우냐, 지눌이냐 하는 쟁점은 여전히 거론되고 있다. 그러나 한국의 선종은 철저히 간화선 일변도의 임제선이라는 점에 주목해야 한다. 조동선(曹洞禪) 계통도 있었지만, 한국불교에서는 결코 주류로 이어지지 못했다.

고려 말의 대표적 선승 가운데, 나옹 혜근·태고 보우·백운 경한 등도 한결같이 임제선을 표방하고 있다. 시대를 건너뛰어 조선 중엽의 서산·사명에 이르기까지도 이와 같은 사상은 변함없이 고수된다. 이 전통의 연원이 바로 혜심이었다고 말할 수 있다. 특히 그 유명한 무자공안(無字公案)은 혜심 이래, 우리 불교사의 가장 큰 테마였음을 상기할 때, 그의 사상적 영향은 매우 지대했다.

24 일연
불우한 시대에 민족혼을 일깨우다

민족의 자존심을 지킨

삼국유사

일연(一然)의 자는 회연(晦然) 법명은 견명(見明)이다. 속성은 김씨이고, 경주 장산군(현재의 경산군) 사람이다. 어렸을 때부터 남달리 영민했으며, 아홉 살 때 무량사(無量寺)에서 득도(得度)했다. 열여덟 살에 상상과(上上科)에 합격했고, 훗날 대선사(大禪師)의 칭호를 얻게 된다. 나중에 인각사(麟角寺)에서 대법회를 열어 선풍을 드날렸는데, 미증유의 대성황을 이루었다고 전한다.

일연이 활약한 13세기 초반은 몽고의 압제가 노골화되던 시기였다. 노나라를 세운 몽고는 전후 십여 차례에 걸쳐 고려를 침략했다. 세계의 절반이 몽고의 말발굽 아래 무너졌으나 고려는 끈질긴 항쟁을 거듭했다. 특히 강화도로 파천한 후에도 이십여 년이나 싸움은 계속되었다. 그러나 강토가 유린당하고, 이어지는 기근과 전쟁의 폐해 때문에 드디어 고려는 몽고와 강화조약을 맺게 된다. 이때부터 고려는 몽고의 영향 아래 명맥을 이어나가게 된다. 당시의 실력자였던 최씨 무신정권도 무

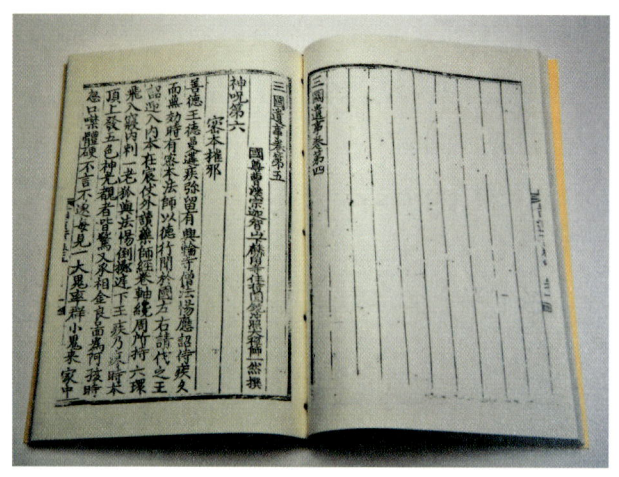
■ 삼국유사

너졌으며, 백성들로서는 암담한 고통의 날들이 계속되었던 것이다.

　이와 같은 시대분위기 속에서 무엇보다도 중요한 일은 민족 자존심을 회복하는 일이었다. 이규보(李奎報)가 지은 고려 대장경의 '군신기고문'에는 극명하게 당시의 상황이 묘사되어 있다. 비록 힘에 굴복하기는 했지만, 문화적 우수성을 강조함으로써 민족의 자존심을 회복하려는 노력이 역력한 것이다. 『삼국유사』 또한 이와 같은 사상적 맥락의 소산이다. 일연이 나타내려 했던 것은 끈질긴 민족혼의 부활이었다. 문화적 힘은 야수적 폭력을 이길 수 있다는 확신의 제고(提高)였다. 단군신화를 실어서 민족의 유구성을 일깨우고, 숱한 신라 고승들의 영험 사례를 통해 보살의 의지를 천명하려 했다.

　일연의 탁월한 식견은 오늘의 상황을 통해 증명되고 있다. 세계를 지배했던 몽고는 지금 어떠한가. 인류문명의 근본이었던 고대 그리스, 로마의 영화는 어디로 갔는가. 폭력은 결코 최종 무기가 아니라는 사실을 일연은 통찰하고 있었던 것이다.

민족혼의 재조명

『삼국유사』는 매우 특이한 편제를 갖고 있다. 정사(正史)는 주로 연대순으로 기록하는 편년체(編年體) 형식이지만, 『유사』는 주제별 모음이다. 제일 앞부분의 왕력(王歷)에는 신라, 고구려, 백제뿐 아니라 가야(伽耶) 등의 단편적 역사를 수록했다. 기이편(紀異編) 등 후반부는 모두 불교에 관련된 자료들이다. 이 대체적인 순서는 흥법(興法)·탑상(塔像)·의해(義解)·신주(神呪)·감통(感通)·피은(避隱)·효선(孝善)의 순이다. 불교에 관련된 고승들의 일화를 여러 가지 각도에서 새롭게 조명한 글들이다. 그래서 일연은 겸손하게『유사』의 자(字)를 '사(史)'라고 붙이지 않았다. 뒤안길의 이야기라는 뜻에서 일 '사(事)'자를 쓰고 있는 것이다.

현재까지의 연구결과를 종합하면『삼국유사』는 불교학뿐 아니라 국문학·민속학·인류학·비교종교학·신화학·심리학 등의 모든 분야에 걸쳐 관심을 끌고 있다. 향가(鄕歌) 25수를 수록했다는 점 외에도 고도의 상징성을 내포하고 있다는 점에서 실로『삼국유사』는 민족의 보배라고 해도 과언이 아니다. 전편에 흐르는 사상은 불교정신을 통한 사회정의 건설이다. 즉 바람직스럽지 못한 현실 속에서 불교는 어떻게 활용되어야 하는가를 진지하게 접근하고 있다는 뜻이다. 불교가 결코 출세간(出世間)의 도가 아니라 탁악(濁惡)의 중생계를 이끄는 나침판이라는 점이 강조되고 있다.

『삼국유사』에 등장하는 불교인들의 모습은 바로 우리가 지향해야 할 이상향의 모델인 셈이다. 문필가답게 일연은 기사의 말미에 언제나 찬

탄의 시를 붙여 놓았다. 자신의 소회(所懷) 내지는 평(評)을 붙여놓은 것이다. 이차돈 성사의 순교를 기록한 후에 스님은 이렇게 아름다운 노래를 지었다.

> 의를 위하여 삶을 가벼이 여김도 오히려 놀라운 일이건만 하늘에서 꽃이 뿌리고 흰 피가 솟았다 함은 더욱 다정하구나. 어느덧 한칼에 몸이야 없어졌건만 절마다 울려 퍼지는 쇠북소리는 서라벌 장안을 뒤흔드는도다.
>
> 徇義輕生已足驚 天花白乳更多情 我然一劍身亡後 院院鐘聲動帝京

『삼국유사』의 또 다른 놀라운 점은 철저한 고증과 현장답사가 있었다는 점이다. 간혹 탑이나 절의 거리, 혹은 황룡사의 경우처럼 탑의 주심부(柱心部)에 대한 설명이 나오는데, 그것은 한 치의 오차도 없이 정확하다. 현장 확인이 없다면 이와 같은 고증은 불가능하다고 볼 수밖에 없다.

물론 비판도 있다. 『삼국유사』가 지나치게 신라 중심적이고 경주 중심적이라는 것이다. 그러나 역사는 언제나 이긴 자의 기록이라는 아이러니를 품고 있다. 패자는 변명의 기회마저 박탈당한다. 고려 후기사회에서 일연이 쓸 수 있는 자료 또한 승자 위주라는 한계를 느껴볼 수 있다.

일연은 드물게 장수를 누린 분이다. 또 효성이 지극하여서 노모(老母)를 극진하게 모신 분이기도 하다. 절의 주지 자리를 마다하고 효도를 실천한 장본인이다. 그는 만년에 청도 운문사에서 칩거했는데 그때 구순의 노모를 그곳에서 봉양했다고 전한다. 출가자로서 세속의 인연을 끊지 못했다는 비판도 있을 수 있지만 지극히 인간적인 면모를 보여주는 기사이기도 하다. 『삼국유사』의 말미에 효선(孝善)편을 수록한 일과도 무관하지 않은 일이다. 일연은 이미 일기 시작하는 불교에 대한 비판을 은연중에 자각하고 있었다. 불교를 믿어도 역시 효도할 수 있다는 점을 강조하고 있는 것이다. 일연의 노력으로 고대의 불교사가 공백을 면할 수 있다는 사실 하나만으로도 우리는 큰 행운을 얻은 셈이다.

조동선의 대가

전통적으로 한국의 선종은 선문구산을 표방해왔다. 신라 말엽부터 도입된 이 구산선문은 고려 초기에 접어들면서 종파로서의 확실한 기반을 지니게 된다. 그러나 고려 말엽에 이르게 되면 이 전통적인 선문구산 대신에 임제종의 선풍이 일세를 풍미하게 된다. 태고 보우·백운 경한·나옹 혜근 등 대선사들은 모두 중국 유학을 경험한 이들이다. 또 한결같이 임제종 계통의 선법(禪法)을 이어온다. 이때부터 한국의 불교는 육조혜능의 남조선, 임제종 풍으로 일관하게 된다.

그러나 일연은 드물게 전통 선문구산을 표방하고 있다. 그의 저술 『조동오위(曹洞五位)』는 바로 이 전통선의 대맥을 잇는 값진 저술이다. 그 전모가 밝혀지지 않은 것은 유감이지만, 일연에 의해 선문구산의 법이 이어진다는 사실은 특기할 만하다.

앞에서 말한 대로 일연은 대선사의 법계(法階)를 얻은 인물이다. 고

■ 인각사

려 때의 승시(僧試)는 과거제도처럼 선과 교로 나누어 실시하는 것이 상례였다. 물론 이론상으로는 선과 교를 나눌 수 없다. 선은 부처님의 마음이며, 교는 그 말씀이기 때문이다. 그러나 현실적으로 이 둘을 통달한다는 것은 어려운 일이다. 비유가 정확할지 모르겠으나 마치 인문과학과 자연과학의 학위를 다 갖고 있는 경우나 마찬가지이다. 불가능한 일은 아니겠으나 매우 어려운 일임에는 틀림없다.

이 둘을 통달한 이에게 붙여주는 칭호가 화상(和尙)이다. 그러나 고려 중후기까지는 아직도 선문구산이 선종을 대변하고 있었다. 그래서 일연이 인각사에서 선법을 펼 때에도 이 전통선의 현양에 역점을 두었던 것이다.

선의

논리

　　임제선에서는 대체적으로 화두(話頭)를 중요시한다. 화두라는 것은 '근원적인 의문'을 가리킨다. 구자무불성(狗者無佛性, 개에게는 불성이 없다)이나 정전백수자(庭前栢樹子, 뜰 앞의 잣나무니라) 부모미생전 본래면목(父母未生前本來面目, 부모에게 태어나기 전의 본래 모습) 등이 그 대표적 실례이다. 도저히 풀리지 않는 근원적인 의혹을 부여잡고, 그 의혹의 안개를 돈오(頓悟)의 방법으로 초월해 나가는 것이다.

　엄밀한 의미로 말하면 이 화두선은 초논리(超論理)이다. 사실 "달마가 어째서 서쪽에서 왔는가" 하는 질문에 대한 대답이 "뜰 앞의 잣나무이니라" 하는 것은 동문서답이다. 상식적이고 이성적인 대답으로서는 이해할 길 없다. 여기에 임제선의 함정이 있다. 즉 논리적 접근이 닿지 않는 세계, 감각적이고 피상적인 인식의 대상을 넘어선 곳에 있는 진여(眞如)에 대한 암시인 셈이다. 그런데도 우리는 상식과 이성의 늪에서 허덕이고 있다. 그것을 깨뜨려야 한다. 부숴뜨려야 한다. 할, 방망이, 동문서답, 이 모든 것들이 모두 방편인 점이다. 간혹 임제선을 기괴한 언행으로 착각하는 것도 이 까닭이다. 그러나 모든 일이 그러하듯이 임제선 또한 부정과 긍정의 양면성을 띠고 있다.

　임제선의 긍정성은 무애의 달관으로 대변된다. 바람직스럽지 못한 현실 속에서 그윽한 피안(彼岸)으로의 전이(轉移)가 가능할 수 있다. 그러나 그 부정성이란 애매모호하다. 현실파기와 파계의 허무행을 초탈의 경지로 착각하게 하는 것이다.

　역사적으로 볼 때 우리는 이 양면성을 동시에 경험하고 있다. 적극적인 현실참여보다는 기피를 정당화한 적도 있다. 무식한 침묵을 유마의 태도와 혼동한 적도 있다. 그것은 모두 선의 논리를 부정했기 때문에 빚어지는 결과였다. 논리를 벗어나기 위해서는 논리가 필요하다. 우리가 지금 허망한 색신(色身) 세계 속에 살고 있다는 것 자체가 벌써 수수께끼이다. 따라서 임제선이 아니기 때문에 이단(異端)이라는 주장은 매우 위험한 발상이다. 돈오돈수냐 돈오점수냐 하는 것이 문제가 될 수 없는 것이다. 문제는 우리가 표방하는 진리에 얼마나 가까우냐 하는 것이어야 한다.

조동선의 논리는 그런 뜻에서 조사선과는 맥락이 다르다. 무념무상을 이상으로 삼는다는 뜻에서 묵조선(默照禪)이라고도 한다. 분별없는 세계를 증득하려면 먼저 내 스스로가 분별없음에 들어야 한다. 그때의 묵조는 대립과 편견을 극복하는 절대적 경지를 가리키는 용어가 된다.

사상적
기여

일연에게는 많은 저술이 있었다. 그러나 아이러니컬하게도 인각사의 비문에 적혀 있는 저술목록에는 없는 『삼국유사』만이 현재 유일한 저술로 전해오고 있다. 일연은 암울한 시대 속에서 문화의 유구성을 설득력 있게 펼쳐간 인물이었다. 동시에 전통 선문을 세상에 높이 세워 민족의식을 고취시킨 이였다. 그런 뜻에서 보면 일연은 민족주의자였다. 그는 몽고의 통제 속에서 잊혀져가는 한국적 정체성을 우려한다. 그리고 그 회복 가능성을 불교정신에서 찾았다.

사실 불교라는 외래 종교가 한국의 전통 종교로 자리 잡기까지는 '수용과 전개'라는 이중 단계를 거치지 않을 수 없었다. 그것이 가능했던 까닭은 불교교리가 가진 '유연성' 때문이었다. 즉 기성의 틀을 무너뜨리려는 욕구 대신에 점진적으로 수용하여 병행시키려는 의연함을 지녔기 때문이다. 서양 종교가 외래 문명을 대하는 태도를 연상해 보라. 무조건 열등한 것, 부숴뜨려야 할 것으로 치부한다. 그 이단적 문명의 파기 위에 십자가를 세우는 일로부터 전교의 첫걸음을 내디딘다. 중세의 십자군 전쟁, 최근의 세르비아 내전 등이 모두 비슷한 사상적 맥락을 지니고 있다. 그러나 불교는 세계의 위대한 종교 전통 가운데 유일하게 종교전쟁이나 종교재판을 겪지 않았다. 오히려 이질적 문명을 융성함으로써 그것의 불교화를 시도했다. 예컨대 산악숭배를 생각해 보라. 불교가 도입되기 이전, 한국의 선조들은 산악숭배를 지켜왔다. 불교는 도입 이후 그 산악숭배사상을 배격하지 않았다. 그러면서 왜 산악이 신성한가를 설명한다. 불보살이 머무는 대지이기 때문에 존경받아야 한다고 가르쳤다. 명산대찰에 불보살의 이름이 새겨지는 것이 바로 이 과정이다. 이윽고 그 불보살은 산속에만 있는 것이 아니라 바로 우리들 마음속 깊은 곳에 스며 있다고 말한다. 그것은 불교의 독특한 역사의식이다. 불교의 가르침을 통한 내면적 성숙, 그리고 그 분위기의 사회화야말로 불교가 가진 함축성 있는 역사인식의 태도였다. 일연은 바로 그와 같은 불교관을 펼친 고려 말의 위대한 봉우리였다.

25 태고 보우
임제선을 전하다

석옥의
후예

태고 보우(太古普愚, 1301~1382)는 고려 말엽의 대표적 선승이다. 삼각산 중흥사에 오래 머물렀고, 젊었을 때 중국 유학 길에 올랐다. 호주(湖州)의 하무산에서 석옥(石屋)화상을 만나 심인(心印)을 전수받는다. 석옥화상은 중국 임제종의 법사(法嗣)이기 때문에 태고 보우는 그 대를 잇는 적사가 되는 셈이다. 당시로서는 신학풍에 속하는 임제선이 태고 보우를 통하여 드디어 우리나라에 소개된다. 임제선은 주로 화두(話頭, 혹은 公案)를 수행요체로 삼는 독특한 선풍을 지니고 있다. 스님은 특히 조주(趙州)의 무(無)자 화두를 즐겨 인용한 분이다.

미타신앙

태고 보우는 미타신행의 신봉자였다. 다만 타력(他力) 신행의 대상으로서가 아니라 자성미타(自性彌陀)를 지녔다는 점이 이채롭다. 스님은 이렇게 말한다.

> 부처님의 일생 가르침은 오직 인간이 갖춘 성품을 자각하게 한 방편일 따름이다. 요컨대 오직 마음이 정토요, 자성이 미타임을 알아야 한다.
> 佛說一大藏敎 指示人人了覺性立方便也 以要言之則唯心淨土 自性彌陀

이와 같은 사상경향은 당시의 선승들에게 거의 공통된 것이었다. 만약 아미타불이 서방에 있는 초월적 실재라고 한다면, 윤회의 공성(空性)은 입증할 길이 없다. 모든 생명은 공이기 때문에 인연에 따르는 것이라고 본다. 따라서 아미타불은 일체중생심(一切衆生心) 속에 있다고 파악한다. 이와 같은 사상을 우리는 자성미타라고 한다. 사실 한국의 불

■ 태고사 원증국사탑비

교신앙 가운데 가장 보편적인 것으로서는 미타신앙·관음신앙·미륵신앙 등을 꼽을 수 있다. 특히 신라통일 직후에는 이 미타신행이 거의 주류를 이루어 왔다. 의상법사에 의해 선양된 이래 의적(義寂)·경흥(憬興)·태현(太賢) 등 거의 모든 학승들이 이 미타신행의 이론적 근거를 마련해왔다. 그때의 미타신행은 다분히 타력적(他力的) 경향이 강하다. 그러나 고려 말엽에 이르면 오히려 자력으로서의 미타신행이 호응을 얻게 되는 것이다.

생사의
뛰어넘기를

태고 보우의 수행은 돈오돈수를 강조한다. 물론 돈오라는 것은 그것을 가능하게 하는 전인(前因)을 필요로 한다. 돈오의 가교는 '용맹심'이다. 즉 불퇴전(不退轉)의 기개로 생사의 바다를 뛰어넘으려는 원행(願行)을 지녀야 하는 것이다. 무상은 화살처럼 엄습한다. 젊음은 일순, 누구에게나 반드시 늙고 죽음은 다가서게 마련이다. 따라서 오도(悟道)를 향한 집념을 한시도 놓쳐 버려서는 안 된다는 것이다. 그것을 참 수도자라고 하며 진선인(眞禪人)이라고 한다.

장부의 기개란 결코 천군만마를 호령하는 세속적 영화를 누리는 것이 아니다. 이 홍진의 중생계 속에서 초탈의 기쁨을 얻는 것이 바로 출가인의 본분이라고 했다. 돈오의 경지란 바로 '무명(無明)이 불성임을 깨닫는' 경지라고도 했다. 무명을 극복하고 따로 불성이 있는 것이 아니다. 그 둘은 대칭이 아니라 서로 다른 모습으로 나타나는 본원일 따름이다. 그런데도 중생은 무명을 벗어나려 한다. 부처라는 이상향이 서쪽 하늘 어딘가에 있다는 망념(忘念)에 사로잡힌다는 것이다. 그러나 색신(色身)을 떠난 법신(法身)은 없다. 이 철저한 불이(不二)의 증득을 보우는 돈오라고 불렀다.

태고 보우의 주장은 물론 독창적인 아이디어라고는 보기 어렵다. 다만 그의 주장 속에는 당시의 불교계에 대한 날카로운 비판의식이 담겨 있음을 눈여겨보아야 한다. 즉 출가를 이윤추구의 방편으로 삼는 일부 불교인들에 대한 통렬한 비판을 그는 은유적으로 나타내려 한 것이다. 기울어가는 국운처럼 당시의 불교 또한 사양의 길을 걷고 있었다. 그러면서도 현실을 계도하려는 의지보다는 현실과 야합하는 경향이 두드러지고 있었다. 역대 제왕들은 조탑불사(造塔佛事)에만 정신이 팔려 있었다. 태고 보우는 그것을 비판하고 있는 것이다. 불교의 본래 모습은 '수도(修道) 정신'에 있다. 만약 이 수행의 기풍이 사라진다면 불교는 결코 존재의 당위성을 인정받을 수 없다는 설명이다.

한국선의 중흥조

한국불교를 선종으로 규정짓는다면 태고 보우는 중요한 법맥의 전수자가 된다. 즉 그로부터 환암 혼수를 거쳐 서산에서 사명으로 이어지는 법통을 상정할 수 있기 때문이다. 조계종에서는 아직도 이 법통의 종조 시비가 해결된 것은 아니다. 태고 보우로 보느냐, 보조국사 지눌로 보느냐 하는 문제는 첨예한 감정대립으로까지 치달고 있다.

이 문제는 종파의 개념정립부터 이루어나가야 한다. 대한불교조계종의 연원을 선문구산에서부터 찾는 방법, 지눌의 정혜결사에서 보는 방법 등 임제종의 대맥은 차이에 따라 달리 표현될 수밖에 없다.

한 가지 확실한 점은 사자전승(師資傳承)을 중시하는 선종의 풍조대로 태고 보우는 석옥의 사법제자라는 점이다. 그러나 그 이후 서산까지 이어지는 법맥에는 다소간의 견강부회가 있다. 결국 이 논의는 서산의 문파에 의해 만들어진 것이라고 볼 수 있다. 임란 직전의 극심한 배불정책으로 정상적으로 법맥을 전수하기란 불가능했다. 따라서 서산·사명에 이르기까지의 법맥을 다소 부정확하게 얽은 흔적이 역력하다. 즉 조선 중기의 대표적 선승이었던 서산과 그 문도들이 제창한 하나의 가설일 따름이다.

우리는 오히려 사상적 교류와 신앙이라는 점에서 이러한 법통의 문제를 고려해야 할 것이다. 아무튼 태고 보우의 등장은 고려 말엽의 불교계에 신선한 충격이었으며, 새로운 선풍의 도입이라는 이정표를 세우게 된다.

26 나옹 혜근
무학대사의 스승

출가와 오도

스님의 법명은 혜근(惠勤), 호는 나옹(懶翁)이라고 했다. 머물던 방 이름을 따서 강월헌(江月軒)이라고도 한다. 어렸을 때부터 출가의 뜻이 있었으나 부모의 만류로 뜻을 이루지 못했다. 스무 살 때 벗의 죽음을 목격하고 큰 충격을 받았다. 삶과 죽음에 대한 근원적인 의문을 품고 드디어 입산(入山)을 결행한다. 그는 묘적암에서 요연(了然) 스님을 은사로 머리를 깎았다.

스승이 묻는다.

"지금 내 앞에 와 있는 이 물건은 무엇인고?"

나옹이 대답한다.

"능히 말할 수 있고, 들을 수 있으며 걸을 수 있습니다. 그러나 볼 수 없는 것을 보고 싶고, 찾을 수 없는 것을 찾고 싶습니다. 어떻게 하면 좋으리까?"

"나 또한 그대와 같노라."

이후 스님은 천하를 유람했다. 어느 때 양주 회암사에서 공부할 때 홀연히 깨우친 바가 있었다.

지공과의 만남

스님은 중국으로 유학을 떠나 약 9년 동안 그곳에 머물렀다. 선지식(善知識)을 역방하여 도를 물었으며 끊임없는 자기 정진을 게을리하지 않았다. 나옹 혜근은 중국에서 지공(指空)을 만나는 기연을 얻는다. 지공은 인도 스님이었다. 지공은 종래의 보리달마를 위주로 하는 중국 선종과는 다른 선풍임을 공공연히 선언한 승려이다. 따라서 나옹은 인도 선이라는 특이한 분위기에 매료되었던 듯하다. 지공이 나옹에게 물었다.

"그대는 어디에서부터 왔는고?"

"예! 고려에서 왔습니다."

"배를 타고 왔는가. 아니면 신통력으로 왔는가."

"신통력으로 왔습니다."

"그러면 그 신통력을 나타내 보이게나."

나옹이 곧 두 손을 모으니 지공의 곁에 서 있었다.

이 일이 있은 후로 지공과 나옹은 각별한 사제관계를 유지했다. 공민왕 때 지공이 고려를 방문했던 것도 그 까닭이다. 지공은 금강산 유점사에 머물면서 인도 선을 선양했으며, 그의 부도는 양주 회암사에 세워져 있다. 그래서 회암사에는 지공, 나옹, 그리고 나옹의 제자 무학(無

學) 등 세 분의 부도가 세워지게 되었다.

사상적으로 말하면 나옹 혜근은 자성미타신행과 간화선의 신봉자였다. 당시 중국을 풍미하던 임제선의 가풍을 그대로 답습한 듯이 보인다. 그는 태고 보우보다는 20여 년 아래이기 때문에 각별히 존경한 흔적이 있다. 태고 보우도 그를 아껴서 여러 차례 천거하는 경우를 본다. 그러나 일체의 공직을 사양하고 은둔 생활을 즐겼다. 만년에 신륵사(神勒寺)에서 입적했고, 세수는 57세였다. 제자들을 위한 설법집으로는 『나옹집』이 남아 있고 그 외 시가(詩歌)가 몇 편 전해 온다.

> 깨달음을 향하여
> 태어남은 한줄기 맑은 바람이 이는 것
> 죽음이란 달그림자가 못에 잠기는 것
> 나고 죽고, 오고 감에 걸림이 없으며
> 다만 중생에게 보여주는 그것이 참사람일세
> 生也 一陣淸風起 滅去澄漂月影沈
> 生滅去來無眭碍 示衆生體唯眞人

나옹 혜근의 임종게이다. 그는 깨달음을 얻기 위한 수행방편으로 '불성의 자각(自覺)'을 강조한다. 불성이란 어느 특정한 곳에 있는 신비한 실체가 아니다. 모든 생명이 갖고 있는 본원, 어디에나 펼쳐져 있는 허공과도 같은 것이다. 일종의 범신적(汎神的) 경향인데, 당시의 불교계에는 보편적으로 선양되고 있었다.

깨달음의 성품이란 허공과 같다. 천당과 지옥이 어찌 스스로 있겠는가. 깨달음이란 허공과 같아서 불신은 이 법계에 두루하다. 중생이니 아귀니 하는 차별이 어디에 있겠는가. 그대들 여러 사람은 혹 스님이라고도 하고 혹 속인이라고도 하며 남자니 여자니 구분한다. 태어나서 죽음에 이르기까지 일상생활 가운데서 짓는 모든 일들을 선이니 악이니 하지만 그 모든 것이 진리 아님이 없노라.

覺性如虛空 地獄天堂自何而有 佛身遍法界 汝等諸人 日僧日俗日男日女 從生至死 日用之中 所作所爲 惑善惑爲 階爲之法也

따라서 변형된 것은 다만 그 외형일 뿐이다. 본질은 오직 하나, 마음일 따름이다. 그 마음을 가다듬고 닦아나가는 것이 바로 수도의 요체임을 역설한다.

따라서 나옹 혜근은 자성미타를 강조한다. 시방세계에 있는 초월적 존재를 생각하기보다는 우리들 마음속 깊은 곳에 있는 근본불성을 믿었다. 이와 같은 사상경향은 고려 말의 선승(禪僧)들에게 거의 공통으로 나타나고 있다. 나옹은 선사(禪師)답게 자력성불(自力成佛)을 힘주어 설명하고 있는 것이다.

또 '병(病)'이라는 시가(詩歌)에서는 병 자체를 마음의 병이라고 말한 적이 있다. 사대환신(四大幻身)에서 생긴 병은 사대(四大) 자체를 인정할 수 없기 때문에 병이 아니다. 마음의 병이라고 했지만 마음 또한 실체를 파악할 수 없다. 그렇다면 병이란 결국 우리 스스로가 지어낸 허구에 불과하다고 말한다.

일견 궤변처럼 느껴지기도 하지만, 나옹이 말하려는 것은 '사물의 공성(空性)'이다. 공이기 때문에 병의 실체가 없다. 따라서 인연이 닿는 대로 주어진 시간과 공간 속에서 병을 극복하기 위해 최선을 다해야 한다. 병에 끄달리지 말며 마음을 편안히 하고 정진할 때 병은 사라지기 마련이다.

나옹은 회암사에서 오도하고 신륵사에서 입적했기 때문에 특히 이 두 곳에 일화와 유품이 많다. 금강산 유점사에는 스님께 공민왕이 하사했다는 금란가사가 있었다고 하나 현재는 그 여부를 판단할 길이 없다. 또 나옹은 무학의 은사로서도 명성이 높다. 조선 태조 이성계의 왕사였던 무학에게는 숱한 일화가 있을 뿐 별다른 저술은 전혀 전해오지 않는다. 다만 스승 나옹의 곁에 모셔진 부도로 그 법맥을 살필 수 있을 따름이다.

나옹은 새로운 사상의 도약을 이루었던 인물은 아니다. 그러나 저물어가는 고려의 쇄락한 불교계를 바로잡으려는 원행을 지녔던 인물이다. 나옹 혜근이 요절한 것은 고려불교의 전기를 마련할 수 없었던 불행한 일이었다.

27 백운 경한
사라진 무심선

무심선의
전통

백운 경한(白雲景閑, 1299~1375)은 고려 말엽의 대표적 선승이다. 나옹·태고와 더불어 빛나는 선풍을 진작시킨 인물이다. 다만 백운 또한 석옥으로부터 법을 이어받았기 때문에 선가의 법맥으로 보면 임제의 적손이 되는 셈이다. 그러나 앞의 두 스님이 임제선으로 일관한 반면 백운 경한은 무심선(無心禪)이라는 독특한 선풍을 드날린 점이 이채롭다. 따라서 그는 임제선의 대맥을 이었다기보다는 무심선의 새로운 지평을 연 인물이라고 볼 수밖에 없다.

여래의 무상한 도리를 깨닫는 데 언어로 접근할 길이 없다. 또한 고요함을 묵수하는 것으로 통할 수 없다. 그러므로 말해도 틀린 것이요, 침묵해도 틀린 것이다.
圓悟如來無上妙道 不可以言語造不可以寂默通

그러면 이 절대 진여를 증득하는 것은 불가능하다는 말인가. 백운은 그 묘도(妙道)를 무심(無心)이라고 파악했던 것이다.

> 부처님이 말씀하시기를 세간 출세간의 공덕 가운데 무심만 한 것이 없다고 하셨다. 이제 그대들은 무심한 생각으로 삼매에 드는 공부를 해야 하리라.
> 佛言世出間功德無如無心 如今思惟實無心想而入三昧

물론 이때의 무심은 유·무를 초월한 절대무심을 가리킨다. 돌이나 초목처럼 모든 것을 느끼지 못하는 '무' 아니라 어떠한 유도 접근할 수 없는 '무'라는 뜻이다. 백운에 의하면 무엇을 얻고자 하는 마음 자체가 병이다. 구도를 빙자한 또 다른 집착을 경계한다. 구해도 구한 바가 없고, 얻어도 얻은 바가 없게 되기 위해서는 이 무심과 온전히 계합(契合)하는 도리밖에 없다는 설명이다.

> 그대들은 다만 구함이 없고 집착이 없는 경지를 배워야 하리라. 구하지 않은즉 마음이 생기지 아니하고, 집착하지 않은즉 마음이 없어질 리가 없다. 생김도 멸함도 없으면 그것이 곧 부처님이니라.
> 唯學無求無着 無求則心不生 無着則心不滅 不生不滅卽是佛

요컨대 마음바탕에 아무런 하자가 없는 경지를 증득한다는 뜻이다. 고려 말의 불교가 온통 임제선 위주의 분위기였음에 비추어볼 때, 그의 무심선은 매우 신선한 충격이다. 한 가지 아쉬운 점은 그의 법통이 이어지지 못했다는 것이다. 백운의 입멸 후에 곧 고려는 멸망했다. 억불(抑佛)로 일관한 조선의 불교는 강제로 선·교 양종의 통폐합을 이룬다. 그리고 조선의 선종은 철저히 임제선적인 풍모를 지니게 된다. 따라서 백운의 무심선은 자취를 감추게 되는 것이다.

백운의 사상

세계 최초의 금속활자로 세인의 주목을 끈 바 있는 『직지심체요절(直指心體要節)』이 바로 백운이 쓴 책이다. 백운은 여말의 불교계에 새로운 선풍을 드날린 분이지만 그와 같은 사상적 전통은 몇 가지 점에서 주목을 모은다.

우선 다양한 선풍의 도입이라는 점이다. 그 결과 재래의 선문구산과 임제종, 그리고 무심선에 이르기까지 고려의 불교는 백화난만을 이루게 된다. 또 수도의 자세에 대해서 많은 시사를 준다. 당시의 지성사회는 불교가 주도했다. 그러나 승려의 본분을 망각한 불미스러운 일들도 없지 않았다. 그때 백운이 제창한 무심의 공덕은 통렬한 현실비판의 의지였다. 권력에 아부하고 정치경제의 일선에서 세간 속을 휘젓는 것이 결코 수도자의 본분이 아님을 말하는 것이다.

백운은 77세를 일기로 세속의 인연을 마감했다. 제자들에게 남긴 그의 임종게는 무심선의 대가답게 담담하고 의연하다.

인생 칠십이란 고래로 희유한 일일세

77년에 왔다가 77년에 가는구나

곳곳이 귀로이고 모든 곳이 고도일세

어찌 수고롭게 배를 띄워 특히 고향으로 되돌아갈까 보냐

내 몸은 본디 없는 것이오, 마음 또한 머문 바가 없다네

사방에 재를 뿌릴지언정 시주의 땅을 점유하지는 말지어다

人生七十歲 古來亦希有

七十七年來 七十七年去

處處皆歸路 頭頭是古都

何須理舟損楫 特地欲歸鄉

我身本不有 心赤無所住

作灰散四方 勿占檀越地

앞서 말한 대로 무심이란 결코 소극적인 현실 은둔이 아니다. 오히려 담담하면서도 초월적인 예지를 그와 같은 방편으로 묘사했을 따름이다. 사실 종교와 국가권력의 긴장관계는 언제나 고대사회의 중요한 테마였다. 불교는 출세간을 지향한다. 그러나 교단은 세간에 있는 공동체일 따름이다. 따라서 이념으로는 초월을 지향하지만, 현실은 권력과의 마찰이 불가피하다.

불행히도 고려의 중후기에 들어서면 불교가 권력과 결탁하는 사례가 많이 늘어난다. 특히 무신정권 집권 이후에 그들은 교종을 철저히 탄압했다. 자연히 최씨정권은 선종을 지원하게 되고 그것이 이들 양종의 대립을 초래하게 한 간접적인 원인이 되었다. 더구나 불교승가의 기본요체라고 할 수 있는 수도 정신이 점점 결핍되어 가면서 불교계의 타락이

두드러진다. 그때 팽배해진 것이 바로 의식주의(儀式主義, Ritualism)이다. 즉 천전한 보살정신의 함양과 실천보다는 주술과 주력에 의한 기복신앙이 성행하는 것이다. 이와 같은 병폐를 바로 잡을 수 있는 길은 건전한 수도정신의 확립 이외에는 묘수가 없다.

28 신돈
시대의 희생양

공민왕 시대의
불교

우리의 불교역사 위에는 아직도 해명되어야 할 여러 문제들이 있다. 특히 문헌비판, 사료비판의 관점에서 이와 같은 작업들이 진행되어야 한다. 예컨대 『고려사』나 『조선왕조실록』 등 정사에 나타나는 불교관계 기사를 액면 그대로 믿기에는 곤란한 점이 많다. 왜냐하면 이들 역사기록이 쓰여진 때는 이미 불교 비판을 당연시하던 시대였기 때문이다. 따라서 다분히 고의적인 기사, 심지어 날조된 기사까지 있음을 염두에 두어야 하는 것이다. 당시에는 배불(排佛)의 입장에서 불교의 흐름을 정리했을 따름이다. 그렇다고 해서 전체의 기사를 에누리할 수만도 없기 때문에 결국 학문적 객관성과 불교에 대한 애정을 기대하는 도리밖에 없다.

고려 말의 역대 군왕들은 다분히 기복적 불사에만 매달려 있었다. 충열(忠烈)·충정(忠定) 등의 시대에는 주로 대규모의 조탑불사만이 성행할 뿐 별다른 움직임이 없었다. 다만 공민왕 시대에 이르러 다소 건전한 방향으로 변화가 있었다. 궁중에서 설선법회(說禪法會) 등이 열리고 궁중의 생활도 검소해진다. 다만 공민왕의 북진정책(北進政策)이나 선정(善政) 등이 집권 말기부터 서서히 흐려지는데, 그 까닭은 노국공주의 서거와도 깊은 관련이 있는 듯이 보인다.

공민왕은 노국공주에 대한 애모의 정이 지극했으며 그녀의 죽음 이후 황음무도한 정치를 편 적이 있다. 이때 등장하는 인물이 신돈이다. 『고려사』에서는 그를 가리켜 요승(妖僧)이라고 못 박고 있다. 물론 현존하는 그에 관한 자료를 종합할 때, 요승일 수밖에 없는 기사들뿐이다. 그러나 이것은 악의에 찬 허위선전일 수도 있다. 왜냐하면 조선왕조는 공양왕을 폐위시키고 새 시대를 열었던 바, 그 논리적 근거로는 우왕이 신돈의 아들이라고 주장했기 때문이다. 즉 고려왕실의 정통성을 부정하려면 신돈과 같은 악역이 희생양으로 반드시 필요했을 수도 있다.

신돈의 출세

신돈의 원래 법명은 변조(遍照)였다. 그는 옥천사(玉川寺)의 노비 출신이다. 공민왕이 언젠가 꿈을 꾸었는데, 누군가가 칼로 자신을 해치려는 흉몽이었다. 이때 어떤 스님이 나타나 구사일생으로 목숨을 건진다. 이튿날 아침, 왕은 궁궐망루에서 우연히 변조 스님을 보고 소스라치게 놀랐다. 바로 어젯밤 꿈에 자신을 구해준 그 스님이기 때문이다. 왕은 곧 변조를 불러 사의를 표하고 사부의 예를 갖추었다. 변조는 왕으로부터 청한거사(淸閑居士)라는 이름까지 얻었으며, 이때부터 그의 명성은 사해(四海)를 뒤덮는다. 변조 스님이 법명을 신돈으로 바꾼 것은 공민왕 14년의 일이다. 신돈은 여름철이나 겨울철이나 헤진 누더기 한 벌만을 걸치고 다녔다고 한다. 그래서 더욱 공민왕의 존경을 받았으며, 국정(國政)은 그의 손아귀에서 주물러진다. 언젠가는 문무양반(文武兩班)이 합세하여 신돈을 없애려고 자객을 보낸 적이 있다. 그러나 이 사실을 제보받은 공민왕이 신돈 스님을 피신시켜 목숨을 구한 일도 있다. 이후 신돈의 역모 등 투서가 끊이지 않았으나 공민왕은 개의치 않았다.

이 부분도 생각하기에 따라서는 신돈을 참소하는 세력들의 농간이라고 볼 수도 있다. 혜성처럼 등장해서 박힌 돌을 뽑아버리려는 기세의 신돈을 좋아할 기성세대는 아무도 없지 않겠는가.

우왕이 신돈의 아들이라는 주장은 즉위 원년부터 일기 시작한다. 신돈의 첩을 자처하는 반야(般若)라는 후궁이 있었다. 그녀는 태후(太后)의 궁궐에 잠입해 놀랄 만한 참소를 한다. 지금 우왕의 어머니인 한씨는 친어머니가 아니며, 사실은 자신이 우왕을 낳았다는 주장이었다. 이렇게 되면 왕은 곧 신돈의 아들이라는 논리가 성립한다. 이 전대미문의 친자확인 소동은 끝내 우왕을 폐위시키는 사태로 발전한다.

바로 그 이듬해 이성계의 위화도 회군이 있게 된다. 당시의 최고실력자 최영이 참수 당하고 전권을 이성계가 장악하게 되는 것이다. 이성계는 우왕을 없애고 공양왕을 옹립했으나, 그로부터 4년 후 못 이기는 체하고 스스로 왕위에 오르게 되는 것이다.

따라서 이 숨 가쁜 역사의 소용돌이 속에서 신돈은 철저히 요승으로 둔갑해버리고 만다. 단 한 번의 변명할 기회도 없이 신돈은 천하의 패

륜아처럼 역사 속에 남게 되는 것이다. 그러나 앞서 말한 대로 전후의 사정을 종합했을 때, 신돈은 권력의 희생물이었을 가능성이 매우 짙다. 특히 조선 건국의 공신들에게 있어서 신돈의 패륜적 행위는 아주 적절한 선전용이었기 때문이다.

불교의
쇠퇴

고려의 멸망은 불교의 퇴락을 알리는 구슬픈 피날레였다. 불교는 고려와 명운을 함께한 채 역사의 뒤안길로 스러진다. 우리는 당시의 배불론자들이 주장하던 고려불교의 타락상을 전면 수용하기는 어렵다. 악의에 찬 흑색선전으로 불교를 매도한 경우도 상당히 있으리라 짐작된다.

다만 아쉬운 것은 이러한 철저한 불교 탄압에 대해서 그 대응의 힘이

미약했다는 점이다. 여말선초를 거치면서 거듭되는 배불의 와중에서조차 무거운 침묵을 지켰다는 것은 불교계가 반성해야 할 점이다. 적어도 이론적 대응과 실천적 구심점이 있었어야 했다. 그때에야 비로소 정법(正法)을 지킬 수 있는 것이다. 불행히도 불교는 그와 같은 의지를 천명하지 못하고, 걷잡을 수 없는 추락의 나락으로 떨어지고 만다.

조선시대

29 무학 자초
왕의 스승, 조선을 세우다

태조 이성계와의

인연

사양길을 걷던 고려왕조에 두 갈래의 큰 물결이 있었다. 최영을 중심으로 하는 수구파(守舊派), 그리고 이성계를 중심으로 하는 개혁파가 그것이다. 유학자들 사이에도 확연한 구분이 있어서 풍전등화의 국운 앞에 그들의 대립은 점차 노골화되고 있었다. 위화도 회군을 결정적 계기로 해서 대세는 이성계가 장악한다. 이성계는 가차 없는 숙청을 통해 반대파를 제거하고 드디어 조선왕조를 세운다. 태조 이성계 주변에는 정도전이라는 걸출한 참모가 있었다. 그러나 동시에 무학이라는 히든카드도 있었다. 이를테면 이성계의 정책자문역으로 가장 대표되는 두 인물인 셈이다.

무학(無學)은 대선사 나옹화상의 고제자이다. 경남 삼지현(三岐縣, 지금의 합천) 출신으로 속성은 박씨, 이름은 자초(自超)이다. 스승을 따라 회암사(檜岩寺), 불암사(佛岩寺) 등에 머물렀으며 독특한 선풍의 인물이기도 하다. 그는 이성계의 청년시절부터 인연을 맺었다. 태조가 집권

한 원년에 이미 무학은 왕사(王師)로 봉해질 정도였다. 그때 무학의 공식적인 직함은 대조계종사(大曹溪宗師)였다. 너무도 유명한 '돼지와 부처님'의 우스개는 이들의 교우관계를 잘 전해주는 고사이다.

무학은 승려였기 때문에 유생인 정도전과의 마찰을 피할 수 없었다. 가장 대표적인 실례가 조선의 도읍을 정하는 문제였다. 무학은 한양을 지목했고, 정도전은 계룡산을 점찍었다. 무학의 주장은 인왕산(仁王山)을 진산(鎭山)으로 하고 백악(白岳)과 남산(南山)을 좌우의 용·호로 삼자는 것이었다. 정도전은 극렬하게 반대했다. 정도전의 주장은 무학왕사의 주장대로라면 동향이기 때문에 부적합하다는 것이었다. 계룡산을 진산으로 하여 남향하도록 도읍을 정해야 한다는 주장을 폈다. 양자의 팽팽한 대립 때문에 조선이 도읍을 옮기기까지에는 5년의 세월이 걸렸다. 태조는 끝내 무학의 말을 따랐고, 오늘의 수도 서울은 5백년의 영욕을 간직하게 된 것이다.

불교 박해의 원인

태조 이성계는 불심을 지녔던 불자였음에도 불구하고 억불숭유를 국시로 내걸었다. 무학의 간언에도 불구하고 이 정책은 조선 5백년을 관통하여 암흑의 불교사를 만들고 말았다. 『조선왕조실록』에는 태조의 말을 다음과 같이 전한다.

부처님의 가르침은 청정을 핵심으로 삼는 것인데, 요즘 사찰에 있는 이들은 장사를 하는 등 그 계(戒)를 어기고 있다. 또 주지가 죽은 후에는 그 제자들이 법손(法孫)이라 칭하면서 절을 사유화시키고 송사가 그치지 않으니 이 어찌 한심하지 않은가. 짐은 등극하기 전부터 그 피해를 없애려고 결심하였다.

물론 당시의 불교적 피해가 극심했으리라는 것은 인정할 수 있다. 그러나 보다 근본적인 문제는 위의 글에서도 나타나듯이 재산권 문제였음을 알 수 있다. 무릇 새로운 왕조의 출현은 막대한 경제적 뒷받침을 필요로 한다. 특히 혁명 수단에 의해 집권한 이성계의 경우에는 목숨을 건 혁명동지들에 대한 논공행상이 필요하다. 그러나 감투란 한정이 되어 있다. 삼정승, 육판서를 합해봐야 아홉이다. 지방현관까지 합해도 벼슬자리라는 것은 언제나 문제가 있기 마련이다. 그러니 그들을 토지 등 재물로 회유하는 길밖에는 다른 도리가 없다.

그때 눈에 띄는 것이 사찰의 재산이다. 국교로서 튼튼한 기반을 지닌 고려 사원은 많은 장원과 토지, 노비 등을 소유하고 있었다. 이것을 합법적으로 장악하는 길은 불교계의 타락을 강조하는 길뿐이다. 그래서 민심의 동요를 막고 많은 재산을 귀속시킬 수 있었다. 불교는 이를테면 '희생양'이었던 것이다. 일부분의 참을 가지고 전체를 호도하는 부당주연의 오류를 범함으로써 그들은 불교탄압의 명분을 삼게 된다.

사실 고려 말엽부터 배불의 움직임은 꾸준히 있어왔다. 그러나 그들의 불교 비판은 어디까지나 '현실적 문제'에 치중하고 있었다. 청정한 계율을 어긴다거나 축첩을 했다는 등의 상소가 있었을 따름이다. 정도전은 본격적인 불교 비판을 시도한 인물이다. 정도전의 『불씨잡변(佛氏

雜辨)』은 공, 윤회, 해탈 등 불교의 핵심적 과제에 관한 정면적 비판이었다. 안타까운 것은 이와 같은 정면 도전에 대한 불교적 대응이 미흡하다는 점이다. 함허당 득통의 『유석질의론(儒釋質疑論)』 이외에는 이렇다 할 이론적 대응이 없다. 이런 관점에서는 무학에게도 일말의 책임이 있다고 느껴진다.

무애했던 삶

다른 많은 선사들의 경우처럼 무학에게는 저술이 없다. 무학은 철저한 무소유와 만행으로 일생을 마친다. 어쩌면 사양길에 들어선 불교를 바로잡기에는 역부족이었음을 통찰했는지도 모른다. 이점에서 어느 특정인물의 '시대'는 중요한 의미를 지닌다. 무학은 불우한 시대의 지성인이었다. 불교탄압이 노골화되는 시대조류를 바로잡을 힘이 없었다. 그나마 태조와의 관계 덕분에 이성계 집권 당시에는 참혹한 불교 탄압만은 면할 수 있었다.

그러나 태종·세종 때에 이르면 불교 탄압은 정책적으로 속행된다. 무학은 시대의 질곡 속에 자신의 무력을 씹으며 불우한 일생을 마칠 수밖에 없었다고 보여진다. 마치 신라 진성여왕 때의 최치원을 연상시킨다. 법을 이어받은 제자가 오백여 명이라고 하나 그 불행한 시대조류 때문에 큰 빛을 발휘하지 못했다. 무학이 머물던 양주 회암사에는 그의 스승 나옹·지공과 함께 부도가 있다.

30 함허당 득통
척불의 부당성을 논증하다

스스로 나아갈

길을 찾아

함허당(涵虛堂)의 휘는 기화(己和), 호는 득통(得通)이다. 그가 오래 머물던 당호(堂號)를 따서 함허당이라고 한다. 1376년에 태어났는데, 이때 이미 배불(排佛)의 분위기는 우리의 강토를 덮고 있었다. 함허당은 시대조류 때문에 청소년기에는 서당에서 유학을 익혔다. 철이 들어서는 성균관(成均館)에서 오래 수학한 적도 있다. 그러나 그의 종교적 관심을 메꿀 길이 없었다. 삶의 무상과 죽음의 번민은 끝내 한 젊은이를 구도의 여정으로 재촉했다.

21세 되던 해 출가했고, 그 이듬해(1397, 태조 2년)에 무학으로부터 법요(法要)를 들었다. 무학의 선지(禪旨)를 통해 크게 깨달은 바 있었으며, 스스로 나아갈 길을 자각하게 되었다. 태종 14년(1414)에 연허사(煙虛寺)의 함허당에서 3년 동안 용맹정진을 했다. 화두를 들고 참구하기 3년 만에 활연대오했다.

이후 만행을 통해 많은 제자들을 교화했고 인연 있는 사찰에서는 법석(法席)을 열기도 했다. 만년에는 희양산 봉암사(鳳岩寺)에 오래 머물렀으며, 세종 15년(1433)에 58세를 일기로 세속을 하직했다. 득통 스님은 당시의 선자로서는 드문 다작(多作) 학자였다. 그의 행장(行狀)에 의하면 10여 종류 60여 권의 저술이 있었던 것 같다. 그러나 현존하는 것은 『함허어록』, 『원각경소(圓覺經疏)』, 『반야경오가설의(般若經五家說誼)』, 『현정론(顯正論)』, 『논관(論慣)』 등이 있을 따름이다.

호법의
논리

함허당 득통은 당시의 격렬했던 배불론(排佛論)에 대해 정면으로 그 부당성을 논증한 위대한 선승이었다. 사실 고려에서 조선으로 넘어오면서 숱한 변질이 있었지만, 가장 큰 고비는 역시 유교를 국시(國是)로 삼는 정책이었다. 고려 때까지 이들 두 종교는 마찰 없이 공존하고 있었다. 종교로서의 불교와 실천윤리로서의 유교가 전혀 상충되지 않았기 때문이다. 그러나 주자학(朱子學)의 대두는 양상을 판이하게 변모시켰다.

인간심성의 내면을 탐구하는 송학(宋學)은 이기론(理氣論)을 확립시킨다. 형이상학적인 탐구가 거듭되면서 어느새 유교는 종교로서의 기능까지 가지게 된다. 이렇게 되면 두 종교의 공존은 가능할지 몰라도, 반드시 어느 한쪽을 국시로서 자리매김하는 일이 필요해질 수밖에 없다. 특히 조선 초기에 들어서면 조직적인 불교 비판이 가중된다. 승도들의 타락을 비방하는 현실적 비판만이 아니다. 조목조목 교리를 비판하는 이론적 억불이 자행되는 것이다.

이와 같은 배불의 논쟁 속에서 불교적 대응이 적절치 못했음을 느낀다. 척불의 논리에 대응하는 호불의 논리가 미약했다는 뜻이다. 다행히 함허당의 반론이 제기되어 그나마 불교적 대응이 백지를 면하게 되었음은 다행스런 일이다.

득통은 그의 주저 『유석질의론』에서 우선 불교와 유교의 연원을 논의한다. 뿌리 깊은 전통 속에 성장해온 두 종교가 서로 질시하는 것은 바람직스럽지 못하다는 입장이다. 그 다음에는 오륜(五倫)과 오계(五戒)를 직접 비교해서 논술한다. 유교 강령의 핵심인 오륜은 결국 '군자의 양성', 참된 인격의 실현이 아닌가. 마찬가지로 오계의 근본정신은 자비행의 실천이다. 이 세상 중생들이 조화롭게 사는 길에 대한 제시라고 해석한다.

또 유가에 의해 비판된 윤회사상도 전혀 다른 각도의 관점에서 옹호된다. 예컨대 윤회는 옳다거나 그르다거나 하는 객관적 증명이 불가능하다. 특히 생물학적인 전변(轉變)의 과정으로서라면 더욱이 증명될 수 없는 교설이다. 그러나 윤회설은 본질적으로 시청각적이고, 교훈적인 의미를 담고 있다. 만약 선악에 대한 과보가 존재하지 않는다는 것이 입증된다고 하자. 그렇다면 이 세상에서 선행을 닦을 이는 아무도 없다. 다시 말해서 윤회설은 그 정당성의 여부를 떠나서 세속을 버티는 디딤돌이 될 수 있다는 주장이다.

이와 같은 논의는 본질적으로 유불 불이(不二)의 사상성을 대변하고 있다. 요즈음 불자들의 입장에서 보면 다소 불만스러울 수도 있으리라고 본다. 그러나 당시의 시대상황을 고려한다면, 이 정도의 주장 또한 매우 용기 있는 발언이었다고 생각한다. 이미 불교를 사회의 뒤안길로 내몰고, 불교인을 천민으로 다루던 시대였다. 그러나 과감히 그 부당성을 전개한 함허당은 당시로서는 상상하기 어려운 주장을 폈다는 사실을 상기해야 한다.

물론 함허당은 유학에 밝았다. 바로 이점이 당시의 유생들로서는 막지 못할 강점이었다. 그러나 그의 호불(護佛) 논리가 끝내 유불일치로 귀결되는 점은 역시 아쉬운 부분이다. 양자가 지향하는 세계의 서로 다른 점과 불교적 논리의 철저한 대변이 부족하다는 점에서 그렇다.

한편 스님은 시가(詩歌)에 있어서도 조예가 있었기 때문에 여러 한시들을 남겼다. 당시에는 출세의 길이 곧 과거 합격이었다. 그리고 글줄이나 읽는 이라면 운(韻)에 따라 한시를 척척 그려낼 수 있어야 했다. 그래서 스님으로서는 파격이랄 수도 있는 형식적인 한시들을 다수 남기게 된다. 조선시대의 역대 고승들이 한결같이 어록과 시가를 남기는 것도 그 까닭이다. 함허당 득통은 불교사의 흐름에 있어서 가장 험난하고 불운했던 시대를 살다간 분이다. 그러나 그 시대의 흐름에 순응하면서 혼자만의 안일을 탐하지는 않았다. 결연히 수도자의 기개로 그 부당성을 입증한 뛰어난 지성이었다. 그 연면한 사상적 맥락이 끝내 조선시대 승병장의 기개로까지 이어진다고 생각한다.

31 김시습(설잠비구)
철저한 자유인

천애의 방랑자

조선 전기의 걸승(傑僧)으로 꼽히는 이는 단연 설잠(雪岑) 스님이다. 우리에게 김시습(金時習)이라는 이름으로 익숙하고, 또 죽림칠현이니 문인이니 하는 대명사로 알려져 왔다. 그러나 실은 불행한 시대 속에서 천재성을 감추며 살아간 뛰어난 스님이었다.

3세에 시를 짓고 소학(小學)의 대의를 깨쳤으며 5세에 『중용』·『대학』을 통달했다. 그래서 김시습이란 이름은 신동 김오세(金五歲)란 별명과 함께 널리 퍼졌다. 세종은 김시습의 소문을 듣고 승정원 박이창(朴以昌)으로 하여금 그 신동을 시험하게 했다. 박이창은 그를 무릎에 앉히고 산수도를 가리키며 작구(作句)해 보라고 하자 꼬마 김시습은,

"조그마한 정자와 뱃집(住宅)에 누가 있는가."

라고 했다. 세종이 이 얘기를 듣고 놀라서

"동자의 학문이 푸른 하늘 끝에 노니는 백학과 같도다."

라고 지어 전하니,

"어지신 왕의 덕이 푸른 바다 속에 노니는 황룡과 같습니다."

라고 답했다. 왕은 이 말을 듣고 크게 감탄하여 상으로 폐백 50필을 내렸다. 그리고 그 무거운 짐을 어떻게 가져가려나 보려고 직접 가져가라고 분부했다. 시습은 각 필의 머리와 끝을 이어 길게 매듭을 진 다음 한 끝을 허리에 두르고 발을 옮기자 모든 폐백이 뒤따라 끌려 나가는 것이 아닌가. 주위의 모든 신하들은 이 광경을 보고 혀를 내둘렀다. 설악산의 오세암(五歲庵)도 이때 그의 별명을 따 지어진 곳이라고 한다.

그후 성균관에 입학하여 유학을 통달하고 점차 불경을 접하게 되었다. 단종 원년에는 초시(初試)에 합격했으나 향시(鄕試)에서는 낙방의 고배를 마셨다. 이후 삼각산 중흥사(中興寺)에서 면학에 힘쓰다가 단종 폐위사건을 접한다. 시습은 그 소식을 듣고 대성통곡하고 방랑의 길을 떠날 것을 결심한다. 세조의 왕위찬탈에 항거하여 광인(狂人)으로서 평생을 마쳤던 것이다.

김시습은 방랑자 기질이 강해 도무지 어느 한곳에 머물지 않았다. 천마산(天摩山), 성거산(聖居山) 등을 비롯하여 안시성(安市城), 향령(響鈴) 등을 두루 여행했다. 그는 여법한 절차를 통해 승려로 입문한 것은 아니었다. 장년기에 잠시 속퇴해 결혼생활을 한 적이 있었고, 또 처를 잃은 다음 다시 출가의 길을 걸었다. 아마도 당시의 불교 교단이 극도로 위축되어 있었기 때문에 이와 같은 편법이 가능했으리라고 본다.

김시습이 비교적 오래 머문 곳은 경주 남산의 용장사이다. 이곳에서 그는 『금오신화(金鰲新話)』를 탈고했다. 한국소설의 효시로서 그 가치가 높이 평가되는 이 저술은 일종의 괴담집(怪談集)이다. 『금오신화』 다섯 편 중 대표적인 〈만복사저포기(萬福寺樗蒲記)〉의 내용을 소개해본다.

　남원에 사는 가난한 노총각 양생은 만복사의 법당으로 찾아간다. 그는 소매 속에 간직해 가지고 왔던 저포(柶)로 부처님과 내기를 한다. 양생은 저포를 던지기 전에 자신이 이기면 부처님께서 좋은 배필을 점지해 달라고 빈다. 저포를 던진 결과 양생이 이긴다. 양생은 다시 한 번 부처님께 소원을 성취해주기를 빌고 부처님 뒤에 숨어 있었는데, 얼마 뒤 아름다운 여인이 법당에 들어서더니 양생과 똑같이 하루바삐 좋은 배필을 점지해줄 것을 빌었다. 그 여인은 부처님께 자신의 사정을 이렇게 하소연한다.

　"소녀는 외람됨을 무릎쓰고 부처님 앞에 사뢰옵니다. 근래 변방이 허물어져 왜적들이 쳐들어와 여러 마을을 노략질하오매, 친척과 종들이 동서사방으로 피난하러 흩어져 소녀도 정처없이 걸식했나이다. 수양버들과 같은 갸날픈 소녀의 몸이오라, 먼 길에 피난키 여의치 않사와 깊은 안방에 엎디어 금석같은 굳센 정절을 더럽힘이 없었건만, 야속하온 우리 부모는 이 여식의 수절하옴이 마땅치 않다하와 궁벽한 곳에 옮겨 두어 초야에 묻혀 산 것이 삼년이 되었나이다. 서러운 영혼 마음 둘 곳 없으니 어지신 부처님의 자비를 베풀어 주시옵소서."

마침내 둘은 그날 저녁 절에서 백년해로를 하게 된다. 그리고 개녕동 골짜기 쑥대밭 속의 초가집에서 사흘을 같이 지낸다. 여인은 사흘째 되던 날, 양생과 술잔을 나누고, 인간세계로 돌아가시어 생업을 돌보라면서 양생에게 은잔 한 벌을 내어 준다. 그러면서 내일 자신의 부모님이 보련사에 갈 것이니 만나보라는 부탁을 한다.

다음 날 날이 밝자 양생은 여인이 준 은잔을 가지고 부모를 만났는데, 여인의 부모는 딸의 관 속에 넣어주었던 그 은잔을 보고 깜짝 놀란다. 그리고 오늘은 삼 년 전 왜구가 침략했을 때 정절을 지키다 죽은 딸의 대상날이라서 재를 올리러 절에 온 것이라고 양생에게 말을 하자, 양생은 그제사 그 여인이 죽은 이의 혼백이었다는 사실을 알게 된다. 하지만 양생은 여인과의 이별이 하도 안타까와 농토 등 자기가 가진 것을 모두 팔아서 여인의 무덤을 찾아, 음식을 차려 놓고 저녁마다 재를 올린다. 그 은덕으로 여인은 다른 나라에서 남자로 환생하고 양생은 장가를 들지 않은 채 지리산에 들어가 약초를 캐면서 살았는데, 그 뒷일은 아무도 몰랐다.

내용으로 보건대 엄격한 유교윤리에 대항하여 자유로운 사랑과 인간다운 행복을 추구한다. 따라서 김시습이 출세의 길을 걷는 신분이었다면 도저히 집필할 수 없는 성격의 책이다. 오히려 야인으로 산 삶 덕분에 그는 한국문학사의 이정표를 세우게 된 것이다.

여러 차례 세조의 부름을 받았지만, 그때마다 광탕(狂蕩)한 모습으로 일관했다. 뛰어난 지조와 학덕의 소유자였지만, 불운한 시대와 타고난 결벽성 때문에 끝내 좌절하고 만 천애의 방랑자였을 따름이다.

선풍

설잠은 그 재능이 탁월했음에도 불구하고 제자가 많지 않았다. 찾아오는 대로 몽둥이나 돌로 치고 활을 쏘아서 쫓아버렸기 때문이다. 설사 문하생으로 받아들인다 해도 출신성분을 가릴 것 없이 심하게 논밭을 매게 하니 오랫동안 있는 자가 드물었다. 그 드문 제자 중에 '신행' 스님은 이렇게 말했다.

우리 스님은 산속에 계실 때 표주박에 물을 가득 부어 부처님 앞에 바치고는 아침부터 밤이 새도록 3일 동안이나 앉아 계셨다. 선정(禪定)이 이와 같을진대 꼭 부처님 모습 같아, 저는 마음으로 감복하여 스님의 곁을 떠날래야 떠날 수가 없었다.

설잠은 나름대로 선에 관한 독특한 면모를 보인다.

선의 이치는 퍽 깊어서 생각한 지 다섯 해만에 그 경지를 환하게 열었다. 그러나 성리학은 본래부터 단계가 있어서 마치 사다리를 오르는 것 같이 한 발을 들면 한 단계를 올라간다. 홀연히 깨달아 시원하게 열리는 즐거움은 없지만 조용히 지내면서 젖어드는 맛이 있다. 반면 선을 닦으면 마음속이 맑고 밝아 닿는 데마다 환하게 비추어 진(眞)과 망(忘), 주객

분별이 얼음처럼 녹아들고 구름처럼 풀린다.

발길 닿는 대로 떠다녔으며 형식에 얽매이지 않는 선을 닦았다. 말 그대로 만행과 무애의 삶을 살았다. 따라서 의젓하게 주장자를 든 풍모보다는 기인에 가까운 선풍을 지닌다.

마음이란 텅 비고 밝아서 뚜렷한 것이다. 나고 드는 것에 때가 없고 그 고향을 알 길이 없다. 어리석으면 광탕하여 그 본류를 어기지만, 깨달으면 둥글고 밝아서 그 본체를 잃지 않는다.
心者虛明洞然 出入無碍 莫知故鄕 迷之則狂蕩而忘返 悟之則 圓明而匪失 〈雜著〉

사실 조선의 선풍은 임제적인 면모가 강하기 때문에 이와 같은 논리적 일관성이 없는 경우가 많다. 그러나 설잠의 경우에는 유생으로서의 학문적 기반 때문에 철저한 불립문자(不立文字)에 이를 수 없는 한계성을 가지고 있다. 그것은 그의 한계성이기도 하지만, 동시에 선을 대중화시킬 수 있는 탁월성이기도 하다. 김시습은 또 불교를 유교와 동등한 맥락에서 이해하고 있다. 즉 유교가 불교보다 우월하다는 식의 편견을 통렬히 비판하고 있다.

부처님의 본뜻은 자비를 으뜸으로 삼는 데 있다. 임금으로 하여금 백성을 사랑하는 도리를 깨우치게 하며, 부모로 하여금 자식을 사랑하는 근거를 마련해 준다.

釋氏之本意 以慈悲爲先 使君者知 所以愛民 使父者知所以愛子〈雜著〉

따라서 치세의 도이기 때문에 유교를 국시로 해야 한다는 논리는 어불성설(語不成說)이다. 그는 탁월한 시재(詩才)였기 때문에 많은 시구를 남겼다. 대부분은 탈속과 유머가 넘치는 뛰어난 작품들이다. 더구나 형식의 틀을 초월하려고 애썼기 때문에 구구절절 자유인의 기질을 드러내고 있다.

법화찬

김시습은 교학에 깊은 관심을 보였는데 특히 『법화경』과 『화엄경』에 심취하고 있다. 그의 법화경 이해는 『법화찬(法華贊)』이라는 저술을 통해 나타난다. 또 의상법사의 『화엄일승법계도』에 관해서는 훌륭한 해설서를 남기고 있다. 그가 이 두 경전을 중요시했던 까닭은, 독특한 '사상성(思想性)' 때문이었다. 즉 모든 사상을 융섭하는 포용성이 이들 경전의 특성이라고 파악했다.

김시습은 천태에서 말하는 사시팔교(四時八敎)의 교판론(敎判論)을 그대로 답습했다. 부처님의 가르침에는 돈점(頓漸)이 있을 수 없다. 왜냐하면 여래는 일음(一音)으로 중생들을 교화하기 때문이다. 그러나 중생의 근기는 천차만별이다. 그들을 조복시키기 위해서는 팔만사천의 법문이 필요하다. 따라서 『법화경』에서 말하는 회삼귀일(會三歸一)이야말로 모든 종교와 사상의 통합원리라고 보았다. 자신을 억제함으로써 자신을 실현하는 조화의 원리라고 이해하고 있다.

'화엄'에 관해서는 매우 선(禪)적인 코멘트를 담고 있다. 즉 자구의 해석이나 의미 분석보다는 그 대의를 자유롭게 써내려간 것이다. 김시습은 화엄을 대승원교로 이해했기 때문에, 이미 그 경지는 최상승인(最上乘人)을 위한 것이라고 보고 있다. 사실 화엄의 깊은 뜻은 중생의 근기가 높아졌을 때 이해가 가능할 뿐이라는 입장이다.

김시습은 앞서 말한 대로 정규적인 출가 코스를 따르지 않았기 때문에 사상의 폭 또한 다양할 수 있었다. 만약 그가 선교 양종의 어느 한쪽을 표방했더라면 이와 같은 사상 경향은 있을 수 없었음이 자명하다. 철저한 자유, 불교라는 인식의 한계마저 초월하려 했던 것이 그의 사상적 특징이었다. 여태까지의 김시습 연구는 주로 시가(詩歌)를 통한 문학적 접근이 주류를 이루었다. 그러나 앞으로 설잠에 관한 연구는 이와 같은 불교적 시각에 의한 접근이어야 하리라고 생각한다.

32 보우
100년 만에 마련한 불교 회생의 기회

심화되는
억불정책

성종·연산군·중종을 거치는 조선 중기의 불교는 암흑의 세기를 지나고 있었다. 사찰에 대한 철거령이 대대적으로 내려졌는가 하면, 원각사(圓覺寺)는 기방(妓房)으로 둔갑하고 있었다.

『용재총화(慵齋叢話)』에 의하면 성종 24년에 『경국대전속록』을 간행했다. 그때는 도첩을 폐지하고, 기왕에 입문해 있는 스님들에 대해서는 강제로 환속을 명령했다고 기록하고 있다. 중종(中宗) 4년에는 유생들이 작당하여 청계사(淸溪寺)에서 행패를 부린 일도 있다. 그들은 청계사에서 소장하고 있던 경전들을 훔치고 방화까지 저질렀다. 그러나 조정에서는 그들의 죄를 묻지 않았다. 문자 그대로 암울한 시대의 연속이었으며, 불교는 산간벽지에서 갸날픈 탄식으로 나날을 지내고 있었다.

이와 같은 상황 속에 명종(明宗)이 등극한다. 그는 나이가 어렸기 때문에 문정왕후 윤씨가 섭정을 하게 된다. 다행히 문정왕후는 불심이 지극한 여인이었다. 문정왕후는 보우(普雨)를 통하여 불교중흥의 기틀을 마련한다. 보우는 그 당시 백담사에 있었다. 먼저 도첩을 부활하고 선교 양종의 법맥을 재건하는 일을 서둘렀다. 문정왕후는 봉은사를 교종의 수사찰로, 광릉 봉선사를 선종의 수사찰로 지정했다. 그리고 선교 양종의 승과를 새로 치름으로써 지리멸렬했던 불교계를 새롭게 일으켰다. 실로 1세기 만에 불교는 기사회생의 전기를 마련했던 것이다. 비록 그 부흥의 시기는 14년 정도밖에 지속되지 못했지만 보우의 노력으로 불교는 또다시 끈질긴 생명력을 되찾을 수 있었다.

일정설

보우는 화엄과 선에 정통한 학승이었다. 그는 불우한 시대에 태어나서 비참한 최후를 맞았기 때문에 행정승려로서의 면모가 강하다. 그러나 본바탕은 대승의 예지를 실천한 위인의 풍모가 완연하다. 보우는 일정설(一正說)을 주장했다. 불교의 진리는 '하나의 근원'을 회복하려는 노력이라고 파악했다.

하나란 둘도 아니요 셋도 아니다. 성실하고 망령되지 않는 '그 무엇'이다. 이를테면 하늘의 섭리라고 말할 수 있다. 그 섭리는 그윽하고 헤아리기 어려우며 그릇됨을 용납하지 않는다. 삼라만상이 갖추어져있지 않음이 없으나 그 본질은 오직 '하나'이다. 올바르다는 것은 치우치거나 그릇됨이 없이 순수하고 잡란되지 않다는 뜻이다. 인간의 마음이 바로 그것이다.

마음에 대한 논구는 당시의 시대상황에 따라 유교적 해석이 가미되어 있다. 삼강오륜을 불교의 입장으로 해석하면서 불이(不二)를 천명한다. 유가에서 말하는 천지의 이(理)가 바로 이 일정(一正) 속에 포함된다고 주장했다. 보우가 내건 '일정'이라는 표현은 바로 일심·진여·진심·여여 등의 불교 중심개념과 상통한다. 다만 하나이면서 올바르고, 그렇지만 실체로서 파악할 수 없다는 원리를 다른 말로 표현한 것이다.

보우는 유학의 이기(理氣)적 원리에 정통해 있었기 때문에 그와 같은 논리를 전개할 수 있었다고 보여진다. 보우의 교학적 체계는 화엄에 바탕을 두고 있다. 그는 『화엄경 후발(後拔)』이라는 저술도 남긴 바 있다. 특히 그가 심취했던 부분은 입법계품이다. 선재동자의 구법을 흠모했으며, 그와 같은 삶이 가능하다는 것을 실제로 행하기 위해 노력했다. 보우는 화엄의 중요성을 이렇게 언급하고 있다.

"천하의 어떤 일이건 어떤 모습이건 간에 이 경의 근원과 작용 아닌 바가 없도다."

즉, 화엄에서 말하는 중중무진(重重無盡), 이사무애(理事無碍)야말로 이 세상의 본원이라고 보았다.

우리가 살아가는 현상계는 모두 이 화엄의 원리로 설명할 수 있다. 다만 그 원리를 망각했을 때, 우리는 절망과 고통을 감수할 수밖에 없다. 따라서 잡다한 사상과 종교뿐 아니라 만법의 핵심으로 화엄은 이해되어야 함을 역설한다. 그러면서도 보우의 인간 이해는 선적이다. 인간과 하늘이 하나이기 위해서는 인간성의 무한한 가능성을 입증하지 않으면 안 된다. 영명하고, 어지럽지 않은 그 무엇, 유교 용어로 말하면 '성'이다. 그 근원의 힘은 어묵동정(語默動靜) 속에서 작용한다. 다만 범부는 그 본연의 힘이 바로 불성이라는 것을 자각하지 못할 따름이다. 따라서 우리는 일상의 작용에서 바로 본원을 자각해야 한다고 본다.

장렬한 순교

명종 20년, 문정왕후는 별세했다. 문정왕후의 죽음은 곧 불교의 박해를 알리는 서곡이었다. 불교중흥을 못마땅해 하던 당시의 유생들은 곧 연서(連書)로 보우의 죄를 논하는 극렬한 상소를 올린다. 끝내 보우는 제주도로 유배를 떠나게 된다. 제주 목사(牧使) 변협(邊協)은 보우를 죽임으로써 충성을 입증한다. 보우의 죽음은 순교로 이해해야 한다. 그는 법을 위해서 싸웠고 법으로 말미암아 짧막한 생애를 마감했기 때문이다. 성사 이차돈이 불교의 홍포를 위해 목숨을 버렸다면 보우는 탄압받던 불교를 제자리로 되돌리기 위해 삶을 포기했다. 포기는 달랐지만 불교를 위해 목숨을 바쳤다는 점에서 두 분의 순교는 길이 기억되어야 한다. 보우가 순교한 이듬해 조정에서는 선교 양종의 승과를 폐지했다. 또다시 암흑과 질곡의 긴 터널 속으로 불교를 몰아붙인다. 그러나 보우의 위대한 신심은 폭력에 굴하지 않는 정신문화의 귀감으로서 길이 우리 불교사 위에 자리 잡게 된다.

33 지엄
선맥을 이어주는 다리가 되어

한국의
선맥

선종에서는 법맥을 중시한다. 보리달마 이래로 육조혜능에 이르기까지 스승이 제자에게 법을 전하는 이 엄격한 사자전승(師資傳承)은 유지되어 왔다. 선종에서는 이 법의 계승을 부모자식간의 혈통을 잇는 일에 비유하여 혈맥이라고까지 말한다. 사실 중국불교에 있어서 선교 양종은 각각 독자적으로 융성하여 왔지만 특히 선종은 아무리 어려운 시대에도 그 명맥을 이어왔다. 선종의 강인한 생명력은 바로 이 법통을 중시하는 전통 때문이었다고 말할 수 있다. 그것은 물론 부정과 긍정의 양 측면을 지니고 있다. 긍정적으로는 앞서 말한 '법통의 계승'이며, 부정적으로 보면 문중의식 등이 강한 배타성을 지니게 된다.

한국불교는 선종적 특징이 강하다. 특히 조계종을 중심으로 생각하면 강한 선풍을 띠는 것이 한국불교의 특색이다. 그렇다면 한국선종에 있어서도 이 법통의 계승은 매우 중요한 문제가 아닐 수 없다. 그러나 불행하게도 조선 초기의 억불정책은 이 법통을 완전히 단절시킬 정도로 혹독하게 시행되었다. 우리는 그 선맥의 중흥조를 서산으로 삼고 있다. 그러나 서산은 자신의 정당성을 입증하기 위해서, 고려 말엽에서부터 자신에게 이르는 법맥을 설명하지 않으면 안 되었다. 지엄(智嚴)은 바로 그 선맥의 정통으로서 서산으로부터 법을 잇게 한 장본인이라고 설명한다. 이 점에서 지엄의 존재는 매우 중요하다. 지엄 이전의 선맥을 설명하는 방식은 대략 다음과 같다.

벽계 정심(碧溪淨心)은 귀곡 각운(龜谷覺雲)의 법손(法孫)이다. 그는 명나라 초기 때 중국으로 유학을 떠났다. 임제종의 정맥을 이은 총통화상(總統和尙)의 문하에서 수학했고, 그 법인을 전수 받았다. 다시 귀국했을 때는 공양왕 말년이었다. 이미 불교는 사양길을 걷고 있었기 때문에 은밀히 그 법을 전수할 수밖에 없었다. 훗날 조선에 이르면 사태(沙汰)가 빈번하게 일어난다. 법난(法難)이라고도 하는데 불교에 대한 조직적 박해, 특히 승려들에 대한 폭거를 일컫는 말이다. 중국에서는 대표적인 사태를 삼무일종(三武一宗)의 난이라고 하고, 조선 초중기의 태종, 연산군, 중종 등도 사태의 책임자들이다. 이 법난이 일어날 때 강제로 스님들을 환속시켰기 때문에, 벽계 정심 또한 장발(長髮) 형식으로 황악산(黃岳山)에 칩거했다. 그 법이 다시 정연(淨蓮)에게 이어진다. 그의 문하가 바로 지엄이며, 그는 서산을 배출했다고 주장한다.

이와 같은 일련의 전법 과정은 다소 꾸민 듯한 측면이 보이기는 한다. 그러나 선맥의 계승을 합리화하려는 눈물겨운 노력이 엿보이는 부분이다. 이와 같은 법통의 계승은 서산의 제자들에 의해 확립된다. 그래서 한국의 선맥은 뚜렷한 전통을 세우게 되며, 연면한 흐름이 오늘에까지 이어지고 있는 것이다.

일미선

　스님의 법명은 지엄, 당호는 벽송(碧松)이다. 지엄은 성종 22년(1491) 여진족이 북방을 유린하자 도원수 허종(許宗)을 따라 참전한다. 그는 전투에서 큰 공을 세웠으나 싸움이 끝나고 돌아온 뒤 세상의 무상함을 느껴 출가한다. 계룡산 상초암(上草庵)에서 조징(祖澄)대사를 모시고 삭발하니, 그의 나이 26세였다. 그후 선리를 깨쳐가며 일정한 거처 없이 여러 산을 두루 돌아다녔다. 한때는 지리산에 들어가 초암(草庵)에 머물며 정진을 거듭, 외부와의 교류를 일체 차단했다.

　중종 29년(1534) 겨울, 수국암(壽國庵)에서 여러 제자들을 모아놓고 『법화경』을 강설하던 중 〈방편품〉에 이르러 크게 탄식하며 말했다.

　"오늘 이 노승은 여러분들을 위해 적멸상(寂滅相)을 보이고 가리니 그대들은 밖에서 찾지 말고 더욱 힘쓰라."

　그리고는 시자를 시켜 차를 달여 마신 뒤 문을 닫고 단정히 앉더니 한참동안 잠잠했다. 제자들이 창문을 열고 보니 스님은 이미 열반에 드신 상태였다. 입적한 뒤에도 얼굴빛이 변함없었고 팔다리도 산 사람처럼 부드러웠다 한다.

　지엄의 저술이라고 따로 전해지는 것이 없기 때문에 그 사상의 전모를 밝히기는 어렵다. 그러나 『청허당집(淸虛堂集)』에는 지엄의 어록들이 다수 남아 있어서 사상의 편린을 짐작할 수 있다.

　오직 하나이다. 참되었느니 망령되었느니를 떠났고, 이름과 모습을 끊었다. 이것을 우리는 다시 선이라고 말하지 않는가. 만약 삼라만상이 모두 여래의 본모습이라고 한다면 보고 듣고 깨닫고 아는 그 모든 것이 반야의 신령스러운 빛 아님이 없다.

卽是一也 離眞妄絶名相 噴代磨作禪 若言 萬象森羅 悉是如來實相 見聞覺知 無非般若靈光

다시 말해서 선이라는 이름 또한 방편에 불과하다. 진실한 본원은 이미 언설의 범주를 벗어난다. 그것은 이미 감각이나 피상적 인식의 대상이 아니기 때문이다. 다만 일상의 모습을 띠고 우리 앞에 다가서는 모든 것들이 그 본원의 묘한 작용임을 깨달아야 한다고 본 것이다. 따라서 지엄의 수행은 철저히 '내면의 증득'에 있다.

중생은 스스로 그 빛을 덮어왔다. 그러므로 윤회의 고통을 감수하며 왔다. 세존께서는 동쪽으로 빛을 비추사 어렵사리 보여주시었다. 그 모든 가르침이 실은 중생을 위한 방편이었을 뿐 진실은 아니다. 이제 그대들도 만약 불교를 믿는다면 아무 말 없이 곧바로 그대의 '마음땅'을 깨달으라. 그것이 바로 보배로운 마음을 여는 일이요, 부처님 은혜에 보답하는 일이니라.

衆生自蔽光明 甘受輪轉久矣 榮也世尊 一光來照 至於苦口 開示皆爲 衆生 說方便耳 非實法也 今汝等諸人 若信佛無言直下悟入 自家心地 則可謂開寶藏 報佛而恩也

결국 선에서 말하려는 것은 내면의 반조(返照)이다. 자꾸 바깥을 향해서 무엇인가를 찾으려는 그릇된 견해를 통렬히 비판한다. 지엄이 위에서 말한 '직하오입(直下悟入)'이라는 표현은 그의 선관이 돈오를 위주로 형성되어 있음을 말해준다. 그러나 임제종의 기질과 함께 또한 교학의 뒷받침을 중시하고 있다. 즉 최상승인을 위한 돈오와, 일반인 수준의 중생을 위한 점수를 지엄은 모두 인정했다. 이 세상은 '직료(直了)'하는 생명, 즉 바로 아는 이들만 사는 것은 아니기 때문이다.

대부분의 조선 초 선승들처럼 지엄이 말하는 교학의 바탕은 법화와 화엄이다. 그는 삶과 죽음의 변화 또한 '방편'으로 이해했다. 철저한 무애를 내세우면서도 현실은 무시하지 않았다는 데에도 지엄의 탁월성이 있다. 또 그의 시대는 매우 암울했음에도 불구하고, 건전한 사상을 지닐 수 있었음도 특별한 일이다. 지엄은 이를테면 서산이라는 거목을 배출시킨 자양분 역할을 했다. 또 모진 억불의 시대를 건너, 새로운 불교중흥을 이룬 사상적 가교의 의미도 있다. 이와 같은 선교겸수의 자세는 보조국사 이래 우리 불교를 관통하는 위대한 사상적 전통으로 뿌리 내리게 되는 것이다.

34 서산
구국의 승병대장

임진왜란과 불교

임진왜란은 이 땅에서 일어난 전화(戰火) 중에서 가장 참혹한 전쟁 가운데 하나였다. 정유재란 때까지 합산하면 전후 14년에 걸친 대격전이었다. 그나마 조선 정부의 대응이라야 허약하기 이를 데 없어서 일방적인 수세에 몰리기만 했다. 동래성이 함락된 후, 파죽지세로 한성을 점령하고, 여세를 몰아 일본군은 북진을 계속했다. 조선의 희망이었던 신립은 탄금대에서 허망하게 무너졌다. 이때 전라좌수사 이순신의 승전보가 날아든다. 실로 전쟁 발발 이후 최초의 승리인 셈이다. 선조는 의주로 파천해 중국에 원군을 청하기에 급급했다. 유생들은 중국에 누구를 보내느냐의 문제로 또 싸움질을 시작하고 있었다.

이와 같은 풍전등화 와중에서 승군은 분연히 궐기한다. 당시 청허당(淸虛堂) 휴정(休靜)은 묘향산(妙香山)에 있었는데, 스스로 수천 명의 승군을 모집하고 격문을 보내 승도들의 궐기를 촉구했다. 관동에서는 유정(惟政, 송운당 사명)이, 호남에서는 처영(處英, 뇌묵대사)이, 그리고 서산의 직속 부관으로는 의암(義嚴) 스님이 임무를 맡았다. 이때 승군으로 참여한 스님은 1만여 명 가까운 숫자였다. 나라의 은혜를 독차지하던 유생들이 뿔뿔이 흩어지고 도망쳐버린 일과 비교하면 이 승군의 궐기는 지대한 의의를 지닌다. 천민으로 전락해 갖은 수모와 멸시 속에 근근히 목숨을 보전하던 불교이기에 그 가치는 더욱 돋보이는 것이다.

서산(西山)은 그 승군지휘의 총 책임을 맡은 인물이었다. 팔도도총섭(八道都摠攝)이라는 직함이 암시하듯이 서산은 작전과 전술 등 실질적 전투를 통괄한 인물이었다. 물론 승군의 궐기를 정치적 행동으로 이해할 수도 있다. 그러나 그와 같은 견해는 편견에 불과하다. 왜냐하면 수천의 생명을 담보로 하는 도박은 불가능하기 때문이다. 더구나 정법을 수호하려는 기개는 한국불교를 관통하는 정신적 지주였다. 비록 조국이 불교를 박해했다 하더라도, 원적의 노략질을 외면할 수 없었던 불교적 양심의 발로였던 것이다.

호국이냐

호법이냐

승군의 활약이 임진왜란의 전세를 역전시킴에 있어서 어느 정도의 역할이었느냐에 대해서는 보다 상세한 논구가 필요하다. 사실 승군은 정규전으로서보다는 의병과 함께 산발적 전투에 기여한 바가 더욱 크기 때문이다. 영규 스님은 조헌(趙憲)과 함께 금산전투에 참여했다가 장렬히 산화했다. 서산의 주력 승군은 평양성 탈환 전투에 참여했으나 큰 성공을 거두지는 못했다. 임진왜란의 초기 양상은 조선

측의 일방적인 패퇴였다. 그나마 명색을 세워준 것은 이순신과 서산의 활약뿐이었다. 이순신이 해상권을 장악하고 승군의 끈질긴 저항이 이어져서 드디어 전쟁은 장기전으로 들어간다. 이때 만약 승군의 저항이 없었다면 그 전쟁은 뜻밖의 속전속결로 끝났을 뻔했다. 요즈음 말로 명군이 도착할 투입시기를 놓쳐버릴 뻔한 것이다.

그러나 승군의 궐기는 호국적 충정심이냐 호법적 기개냐 하는 질적 차이가 있다. 물론 서산의 격문이나 승병의 궐기 과정에서는 호국적 의지가 강하게 표출된다. 다만 명심해야 할 점은 이때의 호국은 '호법의 의미'를 포괄하고 있다는 것이다. 다시 말해서 부처님의 정법이 상주하는 대지, 그 국토를 지키려는 원행이다. 결코 나의 조국만을 수호한다는 결연한 민족주의라고만 해석할 수 없다는 뜻이다. 그것은 오히려 우리 불교의 장점을 격하시키는 일일 수도 있다. 언필칭(言必稱) 호국불교를 말하려면, 그 국수성(國粹性)보다는 진리수호의 의지를 천명해야 하리라고 본다.

팔도도총섭

서산이 선조 앞에서 말한 승군 궐기의 원칙에는 이런 대목이 있다.

"도저히 군무를 담당할 수 없는 늙은이들에게는 현장에서 분수(焚修)토록 하겠으며, 나머지는 모두 목탁 대신 창검을 들고 전장터에 나아가게 하리이다."

서산이 팔도총섭으로 임명된 것은 조선팔도를 다시 선교 양종으로 나누어 도합 16종의 총사가 되었기 때문이다. 그 당시 승군들의 연병장, 집합소 등으로 이름이 알려진 곳은 순안의 법흥사(法興寺), 황악산 직지사 등이 있다. 나중에 서산은 늙음을 핑계로 하여 이 대권을 애제자 사명당에게 넘겼다. 그러나 그 이전까지는 금강산, 두류산, 묘향산 등 제산(諸山)을 역방하면서 승군을 조련하고 전투에 참여하는 등의 일을 진두지휘했다. 특히 평양의 모란봉전투에 참여했던 승군은 "적의 수급을 수없이 베었다"라고 『왕조실록』에서 언급하고 있을 정도다.

임진왜란이 끝난 후에도 이들 승군 조직은 해체되지 않았다. 부서진 성곽 등 군사시설 복구 또는 시가지를 복원하는 등의 일에 여전히 엄청난 인력이 필요했기 때문이다.

임진왜란 이후에 승군의 본부를 남한산성 안에 두었다. 여전히 그때의 총 책임자를 팔도도총섭이라고 불렀다. 결국 이것은 승군의 필요성을 국가 차원에서 인정했다는 뜻이 된다. 그 구국의 승병 선봉에 섰던 인물이 바로 서산이다. 묘향산에 오래 머물렀기 때문에 그 명산이 자신의 호가 되었다. 서산은 실로 조선 중기 불교를 회생시킨 결정적인 중흥조였고, 선교 양과를 통달한 당대의 걸승이었다.

삼몽가

서산대사 하면 흔히 우리는 승장(僧將)으로서의 모습을 연상한다. 그러나 그를 뛰어난 지략으로 풍전등화의 조국을 건진 호국적 인물로서만 기억되어서는 안 된다. 선교융합의 한국불교 전통을 새롭게 이룩한 위대한 학승으로의 면모 역시 눈여겨보아야 한다. 서산은 퍽 불우한 유년시기를 보냈다. 아홉 살 때 어머니를 잃고, 이듬해 아버지까지 여의었다. 열 살의 소년은 하루아침에 천애 고아가 되어버린 것이다. 마침 마을 군수가 이 딱한 사연을 듣고, 어린아이를 거두어 길렀다. 서산은 워낙 영민했기 때문에 사서삼경에 통달하고, 과거급제의 꿈에 부푼 청년으로 성장했다.

그런 그에게 우연찮게 전기가 찾아온다. 유생들과 더불어 지리산에 놀러 갔다가 숭인(崇仁) 노승의 감화를 입은 것이다. 서산은 출가를 결심했고, 숭인장로에게서 머리를 깎았다. 이후 30세가 될 때까지 천하의 명산들을 두루 섭렵했다. 금강산에서 수도할 적에 지은 서산의 삼몽가는 오도의 노래로 보인다.

> 주인이 나그네에게 꿈 이야기를 하고
> 나그네도 주인에게 꿈 이야기를 하네
> 꿈 이야기 주고받는 나그네와 주인이여
> 그들 또한 꿈속의 사람일세
> 主人夢說客 客夢說主人
> 今說二夢客 亦是夢中人

마치 장자(莊子)를 연상시키는 노래이다. 꿈속에 나비가 되었던 나, 그 꿈을 상기하는 나, 도대체 누가 진정 나인가 하는 독백 속에는 현실비판이 담겨 있다. 동시에 서산은 불우한 삶을 이렇게 달관의 멋으로 회향하고 있는 것이다. 훗날 정여립(鄭汝立)의 역모사건에 억울하게 연루되었으나 곧 혐의가 풀려 석방되었다. 그의 임종게 또한 멋들어진다.

팔십년 전에는 네가 나이더니

팔십년 후 내가 너로구나

八十年前渠是我 八十年後我是渠

선교관

　　서산은 선과 교를 별개의 수행 방편으로 인식하지 않았다. 다만 근기의 차별에 따른 방편일 뿐이라고 했다.

　서산의 명저로 꼽히는 『선가귀감(禪家龜鑑)』에는 선교일치가 잘 표방되어 있다. 그는 또한 유·불·도의 삼교(三敎)가 사실은 마음의 회복이라는 주장을 하며 마음이 세 교를 회통하는 근본이 될 수 있다고 보았다.

　선교일치는 물론 서산보다 앞선 불교인들에게도 발견되는 사상이지만, 서산의 경우 그 논리적인 엄밀성과 간결성이 매우 뛰어나다. 서산은 불교의 가르침 자체가 선교융합임을 역설했다. 즉 선은 부처님의 마음, 교는 말씀이라면 이 둘은 새의 두 날개와 같이 어느 하나도 빠뜨릴 수 없음을 논증했다. 『청허당집』에서는 다음과 같이 설명하고 있다.

　　부처님은 뛰어난 이들을 위하여 '마음이 부처'라고 가르쳤다. 마음이 곧 정토이며 자성이 미타이니, 이를테면 극락이 멀지 않다는 말씀이 곧 그것이다. 그러나 열등한 이들을 위해서는 극락이 십만 팔천리라고 하여 늘 닦아야 함을 가르치셨다. 선·교란 결국 한 생각 중에 일어난다. 마음과 뜻·판단력·객관대상은 모두 생각에 있으니 그것을 교(敎)라 한다. 마음·뜻·판단력·객관대상이 끊긴 곳을 참구하는 일이 바로 선이다. 조사스님들이 보인 것이 다만 이 한 구절이며 팔만사천법문이 원래 스스로 갖추어져 있다. 그러므로 인연에 따라 변하지 않는 성품의 체(體)·상(相)·용(用)을 돈오하여 점수하는 그것은 자유롭고 걸림이 없이 원래 하나이다. 앞뒤가 없는 그것이 바로 선이다. 원융무애하고, 사사무애한 법문이 비록 갖추어져 있으나 닦아야 하고 깨쳐야 함의 단계를 밝혀 전후를 인정하는 것이 바로 교이다.

佛爲上根人 說卽心卽佛 有心淨土 自性彌陀 所謂四方去此不遠是也 淨爲下把人說十萬八千里 所謂四方去此遠矣. 禪敎起於一念中心意識及處 卽屬名景者 敎也 心意識未及處 則屬參究者 禪也. 祖師所示 皆是一句中 八萬四千法門 元自具足. 故隨緣不變 性相體用 頓悟漸修 自在無碍 元足一時. 無前後者 禪也. 円融無碍 事事無碍 法門雖有具足 有修有證 階級次第 前後者 敎也

물론 이 논리 자체에도 은연중에 선을 교보다 우위에 놓으려는 의도가 보인다. 또 선 자체도 여래선보다는 조사선에 가깝다. 실제로 서산이 활구(活句)로 인정하는 것은 임제종적인 "개에게 불성이 없다"라든지 "뜰 앞에 잣나무니라" 등이다. 그러나 교의에 당위성을 인정하지 않으려던 당시의 선학자들에 비하면 매우 포괄적인 태도였음을 알 수 있다.

현실적으로 이 세상에는 상근(上根)보다는 그렇지 못한 자가 많은 것이고 보면, 교의 당위성은 충분히 인정되어야 한다.

특히 서산의 미타론은 오히려 교(敎)에 가깝다. 고려 말엽부터 유행했던 정토사상은 자성미타론(自性彌陀論)이다. 즉 서방정토가 곧 마음 속에 있기 때문에 내면을 완성시키는 일이 급선무라는 주장이다. 그러나 서산은 반문한다. 만약 그와 같은 사고가 극대화되었을 때, 정토를 말하는 부처님의 가르침은 모두 허위가 되어버릴 위험성이 있지 않은가. 오히려 타력(他力)이지만 간곡하게 정토를 참구하는 일이 필요하다고 역설하는 것이다.

마찬가지의 논리로 염불(念佛) 또한 선가에서 도외시 되어서는 안 된다고 본다. 서산은 이렇게 염불의 종류를 열거한다. ① 구송(口誦) ② 사상(思像) ③ 관상(觀相) ④ 실상(實相). 만약 입으로만 외운다든지, 생각에만 머물러 있다면 그것은 결코 염불일 수 없다. 오히려 실상을 관하여, 불보살을 내재화시켜야 한다고 보았다.

이것은 당시 선종의 그릇된 수행의지에 대한 통렬한 비판이다. 즉 마음만 깨치면 된다는 식의 강변이 무식을 호도하는 수단이 될 수 없다. 오히려 형식을 준수할 때, 내용은 갖추어질 수 있다. 서산의 비판은 여기서 그치지 않는다. '가사 입은 도적' '벙어리 법사' 등 당시의 일부 승려사회에 대해 호된 질책을 가하고 있다. 튼튼한 교학의 바탕과 철저한 선수행의 의지를 가진 서산이었기에 이와 같은 비판이 가능할 수 있었으리라고 생각한다.

서산의 후예

스님은 묘향산(妙香山)을 가장 좋아했다. 그의 호를 묘향산의 다른 이름인 서산(西山)으로 한 것도 그 까닭이다. 스님에게는 법제자뿐 아니라, 천여 명의 문도들이 항상 주변에 있었다. 특히 스님의 사랑을 받은 제자가 70여 명 있었다. 그러나 임종게를 부촉한 것은 사명당과 처영(處英)이었기 때문에 그 둘을 사법제자로 꼽는다. 그의 문하에서 배출된 후학들은 뛰어난 활약을 하며 조선불교를 이끌어 나갔다. 실로 서산은 끊겨져가던 조계종의 대맥(大脈)을 잇는 위대한 봉우리였다. 특히 편양당 언기로 이어지는 법맥은 그의 문하에서 배출된 가장 번성한 학파였다. 이후 조선 후기까지 한국 선종의 법맥은 모두 서산문파라고 해도 과언이 아니다.

서산은 묘향산의 원적암에서 입적했고, 그의 사리는 보현사(普賢寺)와 안심사(安心寺)에 모셔져 있다. 대표적 저술로는 『선가귀감』, 『선교석(禪敎釋)』, 『운수단(雲水壇)』, 『청허당집(淸虛堂集)』 등이 있다. 『청허당집』은 서산의 시, 수필 등을 모아놓은 문집이다. 당시의 유생들과 교류하기 위해서는 한학(漢學)이 필수였을 것이다. 그의 시문(詩文)은 당시의 양반사회에서도 인정을 받은 명문이다. 특히 불교사상을 정리한 저술로는 『선가귀감』이 탁월하다. 간결하면서도 핵심적인 표현으로 일관하고 있는데, 특히 선교융합의 사상이 돋보인다. 비록 독창성을 지닌 선서는 아닐지라도 선의 요체, 특히 교학적 바탕 위에 세운 선의 도리 등은 상당히 뛰어난 식견이다. 서산이 제목에서 말한 대로 불교 공부의 나침판이 될 만한 저술이다. 이와 같은 사상전통은 원효·의상 이래 일승을 추구해 온 한국불교의 얼과 전통을 다시 일으켰다는 점에서 매우 중요한 의의를 지닌다.

35 유정
조계종의 법맥을 일으키다

어제 핀 꽃

오늘은 빈 가지뿐

 법명은 유정(惟政), 자는 사명(四溟) 혹은 송운(宋雲)이라고도 한다. 중종 390년(1544) 10월 17일 경남 밀양에서 태어났다. 속성은 임씨(任氏)로 속명은 응규(應奎)였다. 어렸을 때부터 한학에 통달했는데 조부가 주로 가르쳐주었다 한다.

 13세에 고향을 떠나 황악산 아래에서 여생을 보내고 있던 한 유학자를 찾아가 『맹자(孟子)』를 배웠다 한다. 이때 유학의 기본을 섭렵했던 듯하다. 그 후 직지사로 들어가 신묵(信默)화상을 은사로 출가해 득도했다. 출가 후 18세 되던 해에 승과에 합격할 정도로 두각을 나타냈다. 승과에 급제한 후 유정 스님의 명성은 점점 높아져 당시의 쟁쟁한 문사들과 봉은사에서 교류를 가졌다.

 32세(1575) 때에는 당시 선종의 수사찰인 봉선사의 주지로 천거되지만, 굳이 사양하고 묘향산의 휴정 스님을 찾아가 제자가 되었다. 35세에 휴정 스님을 하직하고 보덕사·팔공산·태백산 등에서 수행하고 43

세 되던 해 봄 옥천 상동암(上東庵)에서 무상의 도리를 깨쳐 대오했다.

　어제 핀 꽃 오늘은 빈 가지뿐, 인생도 그와 같은 법, 삶 역시 하루살이 같은데 광음(光陰)을 허송할 건가. 너희들도 영성(靈性)을 갖추어 일대사(一大事)를 마치지 않으며, 부처님도 내 마음속에 있거늘 어찌 밖으로만 내닫는가.
　昨日開花今日空枝 人世變滅 亦復如是 浮生若蜉蝣 而虛度光陰 實爲務悶 汝等各具靈性 盡反求之以了 一大事乎

　인생의 무상성과 올바른 수행의 길을 묘사한 내용이다. 다만 '영성'이라는 표현은 실재적(實在的)이라는 느낌이 든다. 조선조의 스님들에게는 불교의 종교성을 강조하는 경향이 짙고, 그와 같은 경향의 발로인 듯싶다. 그 뜻은 불성, 여래장 등으로 해석할 수 있으리라고 본다.
　46세 때 우연의 일치인지는 모르지만 유정도 휴정 스님처럼 정여립(鄭汝立) 사건으로 모함을 받아 투옥되었으나 유생들의 탄원으로 석방되었다. 47세에 금강산으로 들어가 49세에 임진왜란을 맞았다. 1610년 67세를 일기로 해인사 홍제암에서 대중스님들을 불러 모아 마지막 설법을 했다.

　지·수·화·풍 4대의 가합으로 이루어진 이 몸 이제 진여의 세계로 돌아가련다. 어찌하여 수고스럽게 오가며 허깨비의 몸을 괴롭히는가. 나는 이제 적멸의 세계로 돌아가 대화(大化)에 순응하련다.
　四大假合 今將返眞 何用屑屑 往來 勞此幻軀 吾將入滅 以順大化

유정과 우국충정

송운당 유정은 임진왜란을 승리로 이끈 실제 주역이었다. 스승 서산대사가 팔도도총섭을 은퇴한 후, 그 직위에 올라 승군을 지휘했다. 또 정유재란 이전에는 일본을 왕래하며 포로 교환 및 전후 배상문제들을 해결하기도 했다. 유정이 외교사절로 발탁된 데에는 나름대로 이유가 있다. 그에게는 일본병과의 기이한 인연이 두 번 있었다.

첫 번째는 임진왜란이 일어나던 바로 그해에 금강산에서 겪은 일이다. 그때 유정 스님은 유점사에 계셨는데, 난리가 나자 동료들과 함께 토굴로 몸을 숨겼다. 왜병은 유점사에 당도하여 노승들을 심문하며 금은보화를 내놓으라고 윽박질렀다. 뒤져도 나오지 않자 홧김에 절을 불태우고 스님들을 죽이려 했다. 유정은 이 급보를 듣고 은신처에서 곧 유점사로 갔다. 그때 유정의 태도가 하도 당당하여 일본인들은 '방약무인'하다고 표현할 정도였다. 일본병들은 그의 태도에 기가 눌려서 변변히 저항할 의사마저 내보이지 않았다. 일본 대장은 곧 스님께 정중히 사과하고 물러갔다. 왜장은 이때 유점사 일주문에 다음과 같은 방을 써 붙였다.

"이 절에는 도를 아는 큰스님이 계시다. 여러 병사들은 결코 들어오지 말지니라."(此寺有知道高僧 諸兵勿更入)

유정 스님은 임진왜란이 한창인 때에도 적진을 자주 드나들었다. 휴전협정 등의 일은 스님이 주로 중재역할을 맡았기 때문이다. 『동국승니록(東國僧尼錄)』에는 당시의 일화가 전해진다. 언젠가 왜장 가토 기요마사(加藤淸正)와 담소할 때의 일이다. 가토가 스님께 물었다.

"귀국에서는 무슨 보물을 가장 귀중하게 여깁니까?"

스님은 대답했다.

"우리나라에는 보물이 없습니다. 있다면 장군의 머리 정도이겠지요."

가토는 웃었지만, 이 시니컬한 재담에 간담이 서늘해졌다고 한다.

전쟁이 끝난 후에도 유정 스님은 단신으로 일본에 건너가 도쿠가와 이에야스(德川家康)와 담판하여 포로로 잡혀갔던 우리 동포 3,500명을 생환시켰다. 최근의 연구에 의하면 유정대사는 임진왜란의 두 주역이었던 가토와 오니슈 두 장군을 분열시키는 전략을 구사했다고 한다. 즉 주전(主戰)주의의 가토와 강화(講和)주의의 오니슈를 교묘하게 불화시키는 전략이었다. 일본을 방문할 때에도 도요토미뿐 아니라 도쿠가와를 별도로 면담해 이 둘 사이의 미묘한 적개심을 부추긴다. 그뿐만 아니라 전대미문의 이적을 일으키며 당당한 태도를 보여주어 일인들을 당혹케 했다. 한마디로 조선인의 기개를 드높여 주었다.

유정 스님은 말 그대로 지략을 겸비한 출중한 인물이었다. 만약 평화 시에 활약했었다면, 뛰어난 학문적 업적을 남겼을 인물이다. 그러나 불우한 시대는 이 탁월한 인물을 산속에 묻어두지 않았다. 동분서주하면서 전쟁을 독려했고, 정유재란이 끝난 후로는 시가지 복구 등 전후 사업을 진두지휘했다. 유정대사의 치적을 담은 비석은 일제시대 일경에 의하여 처참하게 파괴되는 비운을 겪기도 했다. 웃음거리가 되어버린 선조들에 대한 울분으로 일인들은 스님의 크신 업적을 못 마땅히 여겼기 때문이다.

다행히 전북 무안에 있는 홍제사에는 사명대사 영당비(靈堂碑)가 전해내려 오고 있다. 이 비는 스님의 법손이신 남붕선사가 1738년 영조 14년에 세운 것으로 큰일이 있을 때마다 눈물을 흘려 세인의 주목을 받아왔다. 갑오경장, 3·1운동, 8·15해방, 6·25동란, 4·19학생의거, 5·16쿠데타, 10·26사태, 8·25 KAL기 격추사건 등등 나라에 큰일이 생기기 며칠 전에 눈물을 흘려 사태를 예견케 했다. 요즘도 눈물을 흘리는 현상이 일어난다. 도무지 믿기지 않고 신기할 따름이지만, 나라를 사랑하는 대사의 큰 뜻이 구국과 애족이 서려있는 비석을 움직이고 있는 것은 아닐까 싶다.

선사상

유정은 『사명집(四溟集)』이라는 어록을 한 편 남겼다. 그 중에서도 특별히 주목을 모으는 부분은 선에 관한 그의 논구이다. 스승의 가르침을 따라 조계선종의 현양에 몰두했던 유정은 선교일치를 내세운다.

화엄은 돈교의 가르침이다. 본질은 불생이며, 비롯함도 그침도 없다. 이야말로 여러 부처님 가르침의 본질이며 만법의 핵심이다.
華嚴之頓敎也 體本不生而 無始無終 是爲衆敎之本而萬法之宗也

유정은 화엄을 교학의 최고봉으로 보고 그 종지는 선과도 계합한다고 주장했다. 이것은 교를 막연하게 깔보는 당시의 풍조로 볼 때 놀랄만한 선언이었다. 이와 같은 바람직한 선교관은 신행으로도 연결된다.

유정은 자력(自力)과 타력(他力)을 조화시키는 신행이 가장 탁월하다고 인식했다.

> 근기를 돌리는 데 두 가지 방편이 있다. 첫째는 자력이요, 둘째는 타력이다. 자력이란 이를테면 한 생각에 근기를 돌려 본각과 같아지는 공부 방법이다. 또 타력이란 귀의를 통하여 자비로운 부처님을 통해 십념(十念)의 공을 이루는 일이다.
> 回機有二種 一自力 二他力, 自力謂一念回機 使同本覺者也 他力及歸依 慈父功成者也

유정의 스승 서산은 강력한 타력신행을 강조한 바 있다. 즉 지나친 자귀의(自歸依)의 신행은 우리를 교만하게 만드는 원인이 된다고 경계한 바 있다. 만약 자성미타만을 강조할 때 서방정토는 허구인가를 반문한 적도 있다. 이때 내릴 수 있는 결론은 결국 이 자력과 타력의 조화라고 말할 수밖에 없다. 사명당은 바로 이와 같은 관점에서 신행을 논하고 있는 것이다. 유정은 또 드물게 보는 대문장가였다. 그의 시세계는 호연지기가 넘쳐흐르면서도, 출가자로서의 본분을 잃지 않는 의연함이 있다. 유정 스님의 시구 하나를 소개해보련다.

> 밤이 깊었는데 피리 소리가 멀리 들린다
> 천이나 많은 집들이 있건만 인적은 드물고
> 이슬이 못가의 객사(客舍) 풀포기에 맺힐 때
> 반딧불이 정(定)에 든 스님 옷자락으로 스며드네

초조하게 앉은 채 말없이
유유하게 점차 그릇된 계기를 멈추니
산등에 별 뜨고 달이 떨어지는데
성가의 나무에는 새벽 까치 날아가네
夜久角聲微 千家人迹稀
露生池言官草 螢入定僧衣
俏俏生無語 悠悠漸息機
星廻月墮嶺 城樹曙鴉飛

유정은 대장부로서의 행운을 이렇게 열거한 적이 있다. 첫째 건강한 삶을 누릴 수 있다는 점, 둘째 훌륭한 스승을 만나 공부할 수 있다는 점, 셋째 정법을 배우고 익힌다는 점이다. 플라톤도 일찍이 삼락(三樂)을 말한 바 있지만, 그와 비교할 때 역시 '공부의 즐거움'은 동서양의 현인들에게 공통된다는 것을 느낄 수 있다. 인간이 금수와 구별되는 점은 바로 '지성의 향기' 때문이다. 동물들의 본능적 삶은 인간에게도 마찬가지로 적용될 수 있다. 먹어야 하고 배설해야 하며 자야 한다. 그러나 인간에게는 숭고한 이성의 기능이 있다. 삶과 죽음의 피안을 넘으려는 원행이 있다. 바로 이 점 때문에 인간은 인간다워지는 것이 아닌가. 인간이기를 포기한 듯이 느껴지는 요즈음의 세태 속에서 스님의 고귀한 언어는 더욱 진한 향기를 품고 있는 것이다. 유정 스님은 스승의 뒤를 이어 조계종의 법맥을 크게 선양했고, 문하에 숱한 제자들을 길러냈다. 편양당 언기가 가장 대표적인 인물 가운데 하나이다.

36 부휴 선수
은둔의 지성

두류산의

도인

조선 중기의 뛰어난 사상가 가운데 부휴 선수(浮休善修, 1543~1615)를 꼽을 수 있다. 그는 서산이나 사명과 버금갈 정도로 위대한 인격을 지녔지만, 서산 문하에 가리워 그 빛을 제대로 발휘하지 못한 인물이기도 하다. 또 승군으로서의 기개보다는 유유자적한 무위한 인(無爲閑人)의 면모로 일관했기 때문에 난세의 위인으로 기록되지 못한 면이 있다.

선수 스님은 선조 및 광해군 때에 주로 그 행적이 보인다. 속성은 김씨, 전라도 남원이 고향이다. 어려서 두류산(頭流山)에서 출가했으며, 곧 이어 두류산의 신명(信明)화상께 득도했다. 나중에 부용 영관(芙蓉靈觀)의 심인(心印)을 얻었다. 학덕이 높고 수행이 깊어서 당대의 고승으로 손꼽힌 까닭에 유정과 더불어 '이난(二難)'이라고 불리기도 했다.

선수 스님이 구천동으로 옮겨갔을 때의 일이다. 하루는 『원각경(圓覺經)』을 암송하고 있는데 구렁이 한 마리가 계단 밑에 떨어져 있었다. 그

래서 그 꼬리를 제쳐주니 다시 서서히 기어가는데 도저히 쫓아갈 수가 없었다. 그날 밤 한 노인이 나타나서 선수 스님에게 절을 하면서 말하길 "화상의 독경 소리를 듣고 이미 고통에서 벗어났습니다"라고 했다.

진실한 깨달음은 산천초목을 울리는 법이다. 스님의 법력이 그렇게 뛰어났음인지 한갓 미물인 구렁이도 축생에서 벗어났다 하니 신이로울 따름이다.

또 선수 스님이 광해군 때 지리산(두류산)에 머물고 있을 무렵 어느 광승(狂僧)의 무고로 제자인 벽암 각성(碧巖覺性)과 함께 서울로 끌려와 옥에 갇히게 되었다. 옥을 관리하는 사람은 스님의 인품과 언설 또한 비범함을 보고 도저히 죄를 지을 사람이 아니라고 판단해 반드시 무슨 사연이 있으리라고 여겨 광해군께 사정을 아뢰었다. 다음 날 광해군이 스님을 궁전에 들도록 하여 법요(法要)를 물어보니 핵심을 찌르는 명쾌한 답변을 주었다. 광해군은 크게 기뻐하여 자란방포(紫欄方袍)와 염주 등 진귀한 보배를 하사했다. 그리고 봉은사에서 큰 재회를 열어 받들게 하니 당시 서울 사람들이 앞다투어 그 모습을 우러르며 절을 하고 뒤를 따랐다.

평생토록 신도들로부터 받은 물건을 소유하지 않고 필요한 사람에게 모두 나누어 주었다. 그 인품과 덕화에 감동되어 선수 스님에게 도(道)를 배우려는 무리가 700여 명에 달했다고 한다.

훗날 송광사, 지리산 칠불암(七佛庵) 등지에서 수행했으며 법제자 각성에게 법을 부촉하고 칠불암에서 세수 73세로 입적했다. 부휴는 다음과 같은 임종게를 남겼다.

칠십여 년 허깨비 같은 바다에 노닐다가 오늘 껍질을 벗고 처음의 고향으로 돌아가련다.

확연공적하여 원래 한 물건도 없으니 어찌 보리와 생사의 뿌리가 있으랴.

七十餘年遊幻海 今朝脫却返初源
廓然空寂本無物 何有菩提生死根

이 외에 행장(行狀)을 엮은 글과 스님의 시문을 모은 문집 5권이 전해 온다. 선수 스님은 특히 걸출한 제자들을 많이 두었는데, 대표적인 인물로는 각성・뇌정 여묵(雷靜慮默)・대가 희옥(待價希玉)・송계 성현(松溪聖賢)・환적 인문(幻寂印文)・포허 담수(抱虛淡水)・희언(熙彦) 등이 있으며, 이들을 세간에서는 부휴문하의 칠파(七派)라고 일컬었다. 이들 가운데서 각성의 문파가 가장 번성했다. 이들 문중은 서산문하의 사파(四派)와 더불어 후기 조선불교의 큰 흐름을 형성한다.

자비만이 폭력에 대항할 수 있다

시문을 통해 본 부휴의 사상은 대체로 자연주의에 가깝고 은둔의 기질이 다분하다. 자연에 대한 깊은 관조, 그리고 유유자적한 풍취가 완연하다. 그러나 그렇다고 해서 그의 삶을 소극적이라고 매도하기는 어렵다. 왜냐하면 당시의 시대상황 속에서 수행자가 걸을 수 있는 여로는 한계가 있을 수밖에 없기 때문이다. 철저한 억불의 시대 속에서 수도자 본연의 자세를 잃지 않으려는 노력이 오히려 높게 평가될 수도 있으리라고 본다.

부휴 선수의 '은둔'에는 염세적 기질보다는 '탈속(脫俗)'의 멋이 돋보인다. 실제로 그는 서산의 종군에 대해서도 비판적이었다. 우선 원론적으로 말하면 불살생의 금계를 어기기 때문이다. 물론 적군 앞에서 무릎을 꿇고, 자비로워야 한다는 뜻은 아니다. 그는 적군의 침임 앞에서 비겁한 굴종을 선택하지 않았다. 의연히 자신의 수행과 정법수호의 기개를 펴는 것이 보다 불교적이라고 생각했다. 이런 입장에 서면 서산의 궐기는 아무리 상황윤리적 궐기라 하여도, 승려의 본분을 망각한 처사라는 논리가 될 수 있다. 우리는 마찬가지의 논리를 원광에게도 적용할 수 있다. 세속오계의 마지막 강령은 분명히 '살생유택'이 아닌가. 이것은 '불살생'의 근본취지와 위배되는 것이라고도 볼 수 있다.

불교를 '관용의 종교'라고 말하지만 불합리한 행동 등을 무조건 미화시키는 일이 능사가 아니다. 이와 같은 반성의 터전이 마련된다는 것 자체가 중요한 일이라고 본다. 비판정신이 뒤따르지 않는 사상은 끝내 자가당착의 모순 속을 헤엄칠 수밖에 없기 때문이다. 또 부휴 선수는 이와 같은 자신의 논리를 실천으로 수행했다.

임진왜란이 막바지에 다다랐을 때 그는 덕유산에 머물고 있었다. 그러나 초암(草庵)에서 왜적들에게 붙잡혀 억울한 죽음을 당할 뻔 한 적이 있다. 그러나 스님은 죽음 앞에서도 전혀 동요하지 않고 담담히 그네들의 잘못을 꾸짖었다고 한다. 이 사건 이후 왜적들은 오히려 스님을 외경하게 되었다고 전한다. 결국 뛰어난 도의 향기는 금수와 같은 적개심을 무너뜨릴 수 있다는 실증을 보여준 셈이다. 이것은 물론 스님의 덕이 높다는 반증이겠지만 동시에 자비만이 폭력을 누를 수 있다는 새로운 지평의 확인이라고 말할 수 있다.

칩거의 의미

부휴 선수의 담담한 인생역정은 배불에 대한 대응에서도 나타난다. 스님은 크게 호교(護敎)의 기치를 내건 적이 없다. 오히려 고요한 수도행을 숙명처럼 여기고 걸어갔을 뿐이다. 앞에서 살핀 대로 조선 후기의 불교는 서산과 그 문도들에게 법맥이 계승된다. 스님은 서산문파에 대해서 비판적이라는 이유 하나 때문에 역사의 뒤안길로 묻혀간다.

여기서 간과할 수 없는 점이 비판을 용납하지 않는 졸렬한 '문중의식'이다. 정도의 차이는 있었지만, 한국의 권력층은 집권 이후에 사정없이 반대세력을 숙청하는 일을 능사로 삼아왔다. 신라에 합병된 가야는 그 흔적을 찾기 힘들다. 또 통일 이후의 백제나 고구려 문화도 곧 망각의 늪 속으로 빠져버린다. 이것은 곧 승자의 논리를 선으로 착각하는 오류 때문이라고 본다. 승자의 그늘에 가린 패자는 언제나 뒤안길을 서성일 뿐이다. 한국에서의 전승 전통이 미약한 까닭도 여기에 있다. 나는 인도에서 객원교수로 근무할 때 인상적인 경험을 한 적이 있다. 델리 시내의 국립박물관에는 현대관이 별도로 있는데 그곳에는 역대 인도 총독들의 초상과 유품들이 빼곡히 전시되어 있었다. 관장을 찾아서 연유를 물어보았다. 혹시 자존심 상하는 일은 없었는가를 물었다. 그때 관장은 담담한 어조로 대꾸했다. "거대한 인도제국이 손톱만 한 영국에게 이백년 동안 식민통치를 당했다는 것은 바꿀 수 없는 진실입니다. 그 상황을 생생하게 남기고 후손들에게 보여주어서 다시는 수모를 당하지 않게 하는 일이 우리의 책무라고 생각합니다." 조선총독부 건물이라고 중앙청 자리를 허물어뜨린 우리나라 생각이 자꾸만 떠올랐다. 이제부터라도 '지는 이'의 편에 서려는 사상적 도약이 우리에게 필요하다고 생각한다.

 부휴는 분명히 서산과는 다른 독특한 선풍과 사상을 지녔던 인물이다. 그러면서도 서산의 그늘에 가리워 그 진면목을 드러내 보이지 못하고 있는 것이다. 비판 없는 사상은 혼자만의 안일에 빠지지만 비판을 능사로 삼는 일 또한 경계해야 한다. 비판만을 일삼는 말썽쟁이 비판, 이와 같은 경향들이 끝내 우리 불교의 탁월함을 사장시키는 요인이 되어서는 안 된다. 그런 면에서 부휴 선수는 우리들에게 또 다른 반성의 계기를 마련해주고 있다.

37 벽암 각성
승군으로 봉사하다

부휴문하의
승병대장

조선 후기의 불교사상가들 가운데서 서산문파 이외의 그룹으로는 부휴문파가 있다. 이 양파는 선의의 경쟁을 통해서 선교의 진흥에 큰 기여를 했다. 사상경향도 흡사한 데가 많지만 서산과 부휴에게는 결정적인 차이점이 있었다. 서산이 종군으로 이름을 떨친 반면에 부휴는 그와 같은 일에 동참하지 않았다. 전쟁이 끝난 후에 이 문제는 양 문중의 감정적 앙금으로 남아 있었음이 분명하다. 특히 승군은 전쟁 이후에도 각종 임무를 수행했기 때문에 승군에 동참하지 않았던 부휴문파는 상대적 위축감이 들 수밖에 없었다. 그런 와중에 부휴문파의 거두 벽암 각성(碧巖覺性, 1575~1660)은 임진왜란에 직접 종군한 인물이다. 따라서 이와 같은 서산문파의 우월의식에 필적할 만한 인물이었다고 보여진다.

스님의 자는 증원(澄圓), 호는 벽암이다. 속성은 김씨였고, 충북 보은이 고향이다. 언제 출가했는지는 확실하지 않고 부휴에 입실(入室)한 것은 청년 때의 일이다. 이후 명산대찰을 역방하며 수도에 전념했고, 지리산에 칩거해 좌선에 몰두했다. 이때 임진왜란이 터지는데, 그는 스승인 부휴 대신에 종군해 혁혁한 전공을 세운다. 전쟁이 끝난 후 각성은 선종본산인 봉은사(奉恩寺)에 있었는데 전쟁 때의 공로를 인정받아 판선교도총섭(判禪敎都總攝)의 직함을 제수받았다. 그러나 천성이 번거로움을 싫어했기 때문에 공직에서 사퇴하고 은둔했다.

벽암 각성이 다시 역사의 무대에 등장하는 것은 인조 2년(1624)이다. 인조는 등극하자마자 국방강화책의 일환으로 한양 외곽에 각종 산성을 쌓기 시작했다. 그 당시는 이미 시가지 복구는 거의 끝났을 무렵인데 인조는 남한산성을 다시 쌓는 역사(役事)를 시작했다. 당시에는 승군들이 주로 그 일을 담당했는데, 벽암 각성은 그 책임을 맡아서 3년 만에

■ 화엄사 각황전

일을 완수했다. 벽암은 그 당시 팔도도총섭의 자리에 있었다. 비록 문중은 달랐지만 서산, 사명에 이어 벽암이 제3대로 취임한 것이다. 이것은 벽암의 위치를 실감케 하는 일이다. 왕은 그에게 보은관교원정국 일도대선사(報恩關敎圓程國 一都大禪師)라는 법호를 하사하기도 했다.

그러나 얼마 지나지 않아서 조정은 또다시 전대미문의 비극인 병자호란을 당하게 된다. 이때 벽암은 화엄사에 있었다. 나라가 위급하다는 전갈을 받고 남도 일대의 승군을 다시 조직했다. 그는 3천 명의 의승군(義僧軍)을 모집하여 북상했다. 사람들은 벽암과 당시의 승병을 항마군(降魔軍)이라고 불렀다. 그러나 중도에 치욕적인 항복소식을 접하게 된다. 더 이상 전쟁의 정당성을 갖기 어려운 상황이었기 때문에 항마군은 해산하고 말았다. 벽암 각성은 그 후 다시 화엄사로 되돌아가서 정진하다가 현종 원년(1660)에 세속의 인연을 마감했다.

사상

경향

벽암 각성의 저술로는 『선원집도중앙의(禪源集圖中央疑)』 1권, 『간화결의』 1편, 『석문상의초(釋門喪儀抄)』 1권 등이 있다. 주로 화두 참구, 간화선의 현양 등을 논의하고 있다. 생애에서 보는 대로 난세의 인물들에게는 현란한 사상을 기대하기 어렵다. 서산의 경우에도 중요한 저술들은 대부분 임진왜란 이전에 집필한 것이다. 벽암 또한 한가한 여유를 즐길 틈이 없었던 것이다.

그러나 위의 저술들에서 공통되는 사상경향은 선교융합의 논리이다.

선과 교는 모두 불도를 완성시키는 방편에 불과하다. 마음 없는 언어가 있을 수 없듯이 벙어리인 채 마음타령만 하는 것도 어불성설이다. 이 양자의 조화가 바로 불교공부의 요체라고 본다. 마음공부는 다양한 수련을 통해 증득되는 것이지 결코 외길만이 있는 철옹성은 아니라고 했다. 물론 가장 빠른 길이 화두선임은 인정한다. 그러나 여타의 수행방법 또한 열등하거나, 잘못된 것은 아니라고 했다. 문하에 숱한 제자들을 두었으나, 취미 수초·백곡 처능 등이 가장 유명하다.

후대에 끼친 영향

벽암 각성의 사상적 기여는 다음과 같은 세 가지로 요약할 수 있다. 첫째는 다양한 문중을 양성시켰다는 점이다. 서산문하에 버금갈 정도로 그의 문하는 융성했으며, 그것을 벽암문하의 팔파(八派)라고 한다. 둘째는 선과 교의 융합경향이다. 특히 선과 화엄학의 융합을 시도했다는 점이다. 유달리 그의 문하에 화엄종사가 많이 등장하는 것도 이와 같은 사상적 맥락 때문이다.

벽암 각성의 문하에서 배출된 성총(性聰, 1631~1700), 수연(秀演, 1651~1719), 최눌(最訥, 1717~1790) 등은 예외 없이 화엄학에 대한 해설서를 남겼거나 대규모의 화엄법회를 주관했다. 또 이와 같은 사상경향이 18세기 이후의 근대불교계를 풍미하게 하는 원류 역할을 담당하고 있다는 점이다. 셋째, 승군의 이미지 고양이다. 종래 승군에 대한 관념은 나라의 위난을 극복한다는 면이 강조되어 왔다. 그러나 스님은 이

사회를 향한 구체적이고 실질적인 봉사활동을 전개했다.

흔히 불교의 사회성이 미약하다는 주장들을 듣지만, 그것은 역사 위에 남겨진 이와 같은 흐름들을 통찰하지 못한 단면 때문이다. 승군은 결코 군사적 대응만이 아니라 사회발전을 위한 보살행의 근원이었음을 인식할 필요가 있다.

38 편양당 언기
대자비의 보살행

서산문하의 큰 산

조선 중기의 고승 서산은 승병장으로서나 선객으로서 한국불교사에 큰 공헌을 남긴 인물이다. 특히 조선의 전반적인 배불 분위기 속에서 법통을 계승하는 중흥조로서의 면모가 돋보인다. 자연히 그의 문하에는 걸출한 사상가들이 많이 배출되었던 바, 그것을 흔히 서산문하의 사대파(四大派)라고 한다. '좋은 새는 나무를 가려앉는다'는 말이 있다. 숲이 우거져야 새가 깃을 드리우는 법이다. 편양당 언기(鞭羊堂 彦機, 1581~1644)도 그런 인물 가운데 하나이다. 사대문파 가운데서도 가장 사상적으로 흥성했기 때문에 그를 '편양파'라고 따로 지칭하기도 한다.

편양당은 부휴선사 문하의 벽암 각성과 더불어 조선불교에서 보기 드문 사상적 공헌을 한 인물이다. 또 그의 제자들 가운데 월저 도안(月渚道安, 1638~1715), 환성 지안(喚惺志安, 1664~1729), 연담 유일(蓮潭有一, 1720~1799) 등으로 이어지는 기라성 같은 법맥이 꿈틀대고 있다. 다만 벽암 각성의 문파는 선교융합적이며, 특히 교학을 중시한 것에 반해 편양당의 문하는 선교융합적이면서도 주로 선공부에 몰두한 것이 다를 따름이다. 편양당은 전통적인 선의 분류 방법으로 후배들을 교화했다.

양 치는
스님

스님의 법명은 언기(彦機), 법호는 편양(鞭羊)이며 속성은 장씨로 죽주(竹州), 즉 경기도 안성군 죽산(竹山)에서 태어났다. 임진왜란이 일어난 해 12세의 나이로 금강산 유점사의 현빈(玄賓)선사에게 머리를 깎고 스님이 됐다. 그는 3년간 양치기 생활을 보냈으며, 평양성 안에서 보살행을 닦았다. 편양이라는 법호는 그가 양을 치면서 보냈다 하여 그렇게 불렸다. 양치기는 생활을 영위하기 위한 호구지책이었을 뿐만 아니라 축생도 인간같이 여겨 보호자로서의 의무를 다하기 위함

이었다. 또 평양성 내의 모란봉에 움막을 짓고 살았는데, 성내에 사는 수백 명의 걸인들을 한 곳에 모아 그들을 보살펴 주었다. 선사 자신도 어려운 형편에도 불구하고 눈이 오나 비가 오나 가리지 않고 근 10년을 헌신했다 한다.

이러한 그의 행동은 철저한 보살행의 극치로서 어떤 미물이나 미천한 자에게도 자비의 손길을 뻗치려는 대자비의 발로이다. 또한 이러한 태도는 거리낌 없는 달관의 자세에서 배어나온 것이다. 편양당은 세간 밖에서 구름처럼 소요(逍遙)하는 경지를 이렇게 노래하기도 했다.

구름이 달리지 하늘이 움직이나
배가 갈뿐 언덕이 가지 않는 것을
본래는 아무것도 없는 것
어디에 기쁨과 슬픔이 있는가
雲走天無動 丹行岸不移
本是無一物 何處起歡悲

'바람이 부는가, 깃발이 나부끼는가'라는 설명을 남겼던 육조혜능의 법구를 연상시키는 시구이다. 특히 '본래무일물'이라는 표현은 혜능의 오도송을 그대로 옮긴 글이다.

스님은 인조 22년(1644) 5월 10일 묘향산 내원(內院)에서 64세로 열반에 들었다. 저서로는 『선교원류심검설(禪敎源流尋劍說)』이 있다.

마음 닦는

길

스님은 『선교원류심검설』에서 마음 닦는 세 가지 방법을 제시하고 있다.

1. 경절문공부: 조사스님들의 공안(公案)을 탐구하는 공부법이다. 언제나 '깨달음'을 향한 의혹을 일으켜야 한다. 마음을 가다듬어 잊지 않도록 함이 마치 어린아이가 어머니를 그리워하는 것과 같이 해야 한다. 끝내 분한 마음으로 묘한 경지를 얻으리라.

徑截門工夫, 於祖師 公案上 時時擧佛起疑 切心不忘 如兒憶母 終見憶心 一發妙也

2. 원돈문공부: 하나의 신령스러운 마음의 성품을 돌이켜 보라. 본래 마음의 성품을 돌이켜 보라. 본래 스스로 청정하여 아무런 번뇌도 없으리라. 만약 객관대상에 대하여 분별하는 마음을 일으키게 되면 곧 그 분별이 일기 이전의 마음을 추구해 보라. 도대체 지금의 분별은 어디에서 비롯되는가? 만약 그 궁극적인 곳을 찾게 되면 마음이 더 이상 들뜬 고뇌에 잠기지 않으리라. 이것이 곧 묘한 소식이다.

圓頓門工夫, 返照 一靈心性 本自淸淨 元無煩惱 若當於對境分別之時 便向此別未起之前 推究此心從 此心徒 何處起若窮起處 不得則心頭熟悶 此妙消息也

3. 염불문공부: 앉거나 눕거나 움직이거나 간에 늘 서방을 향해 뜻을 모아 잊지 않아야 한다. 이 마음이란 곧 육도윤회의 일만 가지 법의 근원이니 이 마음을 떠나 따로 부처의 세계가 있지 않다. 선악 등 갖가지 경계 또한 존재하지 않으리라.

念佛門工夫, 行住坐臥 常向西方 憶持不忘 此心卽六道萬法 離心別無佛也 離心別無六途 善惡諸境也

이것은 도를 향하는 세 가지 방편이라고 말할 수 있다. 그러나 종래는 그 해석방법이 근기에 따른 차별이라고 이해했다. 따라서 은근히 선의 수련, 특히 조사선에 몰두하는 일만이 예찬되어왔던 것도 사실이다. 그러나 위의 인용구에서 보듯이 편양당은 이 셋을 전혀 편견 없이 다루고 있다. 그뿐 아니라 그 표현방법이 철저히 선적이다. 흔히 원돈문은 화엄지요, 염불문은 타력이라는 등식을 그는 철저히 부정하고 있는 것이다.

원돈문이나 염불문의 경우에도 언제나 '마음'이 논리의 핵심을 이루고 있다. 편양당은 어떤 '마음'을 선택하건 간에 궁극적 경지를 얻을 수 있다고 본다. 또 그렇게 되기 위해서는 절실한 구도가 선행되어야 함을 역설한다. 그의 비유는 상징적이다. '마치 어린아이가 엄마를 그리듯이' 절실해야 한다고 주장했다. 무릇 도를 얻으려면 원인을 심어야 한다. 그냥 감 떨어지듯 감로의 열매를 얻으려는 안일한 생각은 결코 통용될 수 없다. 적극적인 수행의 자세야말로 편양당이 강조하려는 요점이었으리라 본다.

화엄학의 중시

편양당은 『화엄경』의 언문 음역을 시도한 적이 있다. 비록 완성을 보지는 못했지만 그의 법제자들에 의해 이 필생의 사업이 완수되었다. 불전의 우리말 번역은 1967년에야 시작되었다. 세조 때 간경도감(刊經都監)에서 언문 번역을 시도한 이래 500여 년 만의 일이다. 동국대 역경원에서 추진하고 있는 이 한글화 작업은 해제·보완·검증·색인 작업 등을 거쳐 1998년 한글대장경으로 완간되었다. 그러나 여전히 보완해야 할 작업들이 산적해 있다. 우선 전산화 작업을 마무리 해야 하고 증보(增補) 작업을 진행해야 한다.

사실 부처님의 가르침을 그 시대의 감수성에 맞는 언어로 다시 조립하는 작업은 엄청난 불사이다. 현실에 안주해 자기 절 살림에만 몰두하는 소승적 수행자들에게는 꿈결 같은 이야기이다.

편양당이 특히 화엄학을 중시했기 때문에 이후의 한국불교계에는 유달리 화엄학 연구가 많았다. 그 광대무변한 세계관, 법신사상에 바탕을 둔 진리관 등은 선의 세계에 상통하는 가르침이기 때문이다. 고려 말기의 분위기가 '선과 정토'의 융합인 것에 반해, 이후의 불교는 다분히 '선과 화엄'의 융합이었다. 이 위대한 사상의 맹아가 바로 벽암문파의 화엄학 중시와 더불어 편양당 언기로부터 비롯되었다는 점을 눈여겨보아야 할 것이다.

39 백곡 처능
불교 탄압에 항의한 교학연구가

벽암의 상수

승병장으로 이름을 드날렸던 벽암의 문하에는 많은 강사와 교학자들이 배출되었다. 벽암 각성의 문하 가운데 2대 상족(上足)으로 꼽히는 인물은 취미 수초(翠微守初), 백곡 처능(白谷處能, ?~1680)이 있다. 처능의 호는 백곡이며 어렸을 때 출가하여 속리산에서 오래 살았다. 그 당시에는 유학이 출세의 지름길이었기 때문에 많은 사람들은 유교 공부에 열을 올리고 있었다.

백곡은 불서 공부를 어느 정도 마친 다음, 유교 쪽으로 관심을 돌리게 된다. 17세 때 한양으로 와서 신익성(申翊聖)에게 본격적인 유교 공부를 하게 된다. 특히 유서뿐 아니라 한시 등에 뛰어난 자질을 보였는데 그 문장이 뛰어났다고 한다. 훗날 쌍계사로 거처를 옮겨 벽암의 제자가 되었다. 스승이 연로하여 은퇴할 때 특히 그를 승군장으로 추천했다. 백곡은 스승의 청을 뿌리치기 어려워 잠시 도총섭의 자리에 있은 적이 있다. 그러나 천성이 유유자적했기 때문에 곧 사퇴했다. 이후 아미산, 성주산 등을 왕래하면서 자유분방한 삶을 누렸다. 숙종 6년(1680)에 입적했다. 저서로는 『백곡집(白谷集)』 등이 있다.

억불을
규탄하다

　　백곡 처능은 문장이 뛰어나 당대의 문사들과 교분이 두터웠으며 그의 시문은 일세를 떨쳤다. 특히 불교 탄압의 부당성을 지적한 『간폐석교소(諫廢釋敎疏)』는 정곡을 찌르는 명문이었다 한다. 불행히 그 전문이 유실되었지만 이 또한 불교 탄압의 악정 때문이었으리라 짐작된다.

　조선의 불교는 대체적으로 억압 속에서 신음했지만 중후기 이후에 가장 혹심한 탄압시대는 현종 때였다. 현종은 두 비구니 사원을 강제로 없애고 여러 사찰 소속의 전답을 모두 국가에 귀속시키는 등 억불정책을 강화했다. 당시의 비구니 사원은 주로 양로원 기능을 담당하고 있었는데, 무차별한 탄압으로 거처를 잃은 노인들이 속출했다. 우리 속담에 '집도 절도 없다'는 표현이 있는데 절은 이를테면 무의탁 노인들의 마지막 안식처였던 것이다.

　기나긴 탄압 속에서 불교는 한숨만 내쉴 뿐 어떠한 조직적 대응도 보이지 못하고 있었다. 이때 스님은 그러한 불교 탄압의 부당성을 항의하는 상소문을 올려 당시의 유교 지배사회에 잔잔한 파문을 불러 일으켰던 것이다. 이 글은 조선 5백년을 통해 상소문 가운데서는 가장 긴 것이었다고 하며 또 논지가 날카로워 유학자들조차 감히 반론을 펴지 못

■ 쌍계사 대웅전. 처능은 쌍계사에서 23년 동안 선과 내전을 익혔다.

할 높은 필력이었다고 한다.

사실 조선의 억불정책을 보면서 느끼는 감회는 그 정책적 부당성만이 아니다. 오히려 불교계의 대응이 지나치게 미온적이라는 점이 더욱 가슴 아프다. 물론 억불 논의는 고려 말엽부터 차근차근 진행되어 온다. 그러나 여말의 대표적 사상가 포은 정몽주 같은 분은 찬불론자였다. 그는 속가(俗家)에서 불서를 간행할 정도로, 불심이 깊은 유학자였다. 조선억불론의 효시는 삼봉 정도전이다. 그의 『불씨잡변』은 불교교리에 대한 정면 비판이었다. 오늘날 이 『불씨잡변』의 논리적 허구성에 대해서는 많은 비판적 시각이 있다.

그러나 조선조의 불교계에서 많은 비판이 없었다는 것은 납득하기 어려운 처사이다. 조선 초기의 명승 함허당 득통이 남긴 『유석질의론』

이후로는 백곡 처능의 상소문이 유일무이한 관계저술이다. 비록 그의 상소문이 곧 바로 억불을 푸는 정책으로까지 연결되지는 않았지만, 불교적 자존심의 대변이라는 점에서 퍽 의의 있는 일이었다고 평가되는 대목이다. 백곡 처능의 문하에는 뛰어난 제자들이 많았지만, 식영·진명 등이 특히 꼽힌다. 식영의 뒤를 이은 제자들로는 대지·해변·사순 등이 있어서 조선 후기불교의 중요한 일가를 이루게 된다.

백곡의 사상적 영향

앞서 언급한 상소문뿐만 아니라 그의 문장은 당대에 꼽히는 글월로 알려져 온다. 그것은 당시의 스님들이 천민으로까지 비하된 데 대한 반작용을 불러일으킨다. 특히 불교의 문화적 자존심을 높여주는 계기가 되었다. 불교 교학의 면에서 보면 백곡의 문하는 주로 교학연구에 몰두했다는 특성이 있다. 서산의 문하생들은 주로 선풍진작, 그리고 교학연구로는 『화엄경』 중시 경향이 두드러진다.

그러나 백곡의 문하에는 유달리 강사가 많이 배출되었다. 강사는 대승불전에 대한 해박한 지식을 필요로 한다. 따라서 백곡은 꺼져가는 교학의 전통을 다시 일으켜 세운 인물로 평가되어야 한다. 사실 조선이후부터 불교계는 선교융합을 표방한다. 이론적으로는 틀리지 않은 말이지만 현실적으로는 매우 실현키 어려운 난제임에 틀림없다. 그나마 선맥은 서산 이후 회생되어서 연면히 그 줄기가 이어온다.

그러나 지리멸렬한 교종의 사상적 전통은 말살되어버릴 위기에까지 직면한 것이다. 백곡은 뛰어난 문필과 정력적인 교학연구로 그 꺼져가는 등불을 다시 불러일으켰다. 사실 한국불교의 특징을 원융적 회통성(會通性)이라고 말해온 것은 일리가 있다.

종파불교를 지향했던 중국이나 일본의 경우는 특정한 경전·교설·스님에 대한 존경이 앞설 뿐, 회통하는 안목은 결여되어 있다. 그러나 한국불교는 언제나 불이(不二), 일여(一如)의 사상적 토대를 보여준다. 따라서 그의 문하에서 배출된 교학자는 법등의 계승이라는 위대한 사상적 전통을 이루어냈다고 평가할 수 있다.

40 백암 성총
화엄의 대종사

부휴

문중

조선 후기의 불교사상가들이 주로 서산문파와 부휴문파로 나뉘는 것은 앞에서 이미 말한 바 있다. 특히 취미 수초 문하에서 배출된 스님들은 『화엄경』을 중시했다. 취미 수초는 백암(栢岩)의 스승이다. 속성은 이(李)씨, 서울 사람이다. 어려서 출가했으며 부휴선사를 만났다. 부휴는 이 '그릇'을 한눈에 알아보고, 벽암 각성에게 당부했다. 벽암 각성은 스승의 부촉대로 수초를 문하에 받아들여 특히 선교를 통달하도록 지도했다.

취미 수초는 이후 명산을 두루 편력하면서 수도했는데 명강으로 이름을 드날렸다. 그가 주관하는 법회에는 언제나 인산인해를 이루었다고 한다. 저서로는 『취미집(翠微集)』, 『불조원류(佛祖源流)』 등이 있다. 당시의 불교가 다분히 은둔적이고 선종적 특징을 가진 데 비해 매우 역동적인 모습을 띤 것이 이채롭다. 동시에 선종적이면서 교학적 바탕을 강조하는 시대적 흐름과도 무관하지 않은 것으로 보인다.

성총의 교학연구

성총(性聰)은 열세 살 때 출가했다. 열여덟 살 때 지리산으로 가 취미 수초의 문하생이 되었다. 워낙 명강으로 이름을 떨쳤던 스승이었기 때문에 성총 역시 그 방면으로 정진하여 강사가 되었는데, 서른 살 때의 일이다. 이후 송광사, 정광사, 쌍계사 등지에서 후학을 가르치며 명망을 드높였다. 성총은 불교뿐 아니라 유교, 도교 등 외전에도 능통했으며, 뛰어난 시문으로 폭넓은 교우관계를 갖고 있었다. 그 당시의 일반적인 분위기는 사서삼경 등 유교경전에 통달해야 지성 대열에 낄 수 있었기 때문이다.

물론 유생 가운데 불전을 공부한 예도 없지는 않다. 정몽주나 율곡 같은 경우가 대표적이다. 그러나 대부분 유가의 불교 이해는 한계가 있다. 그들은 불교의 종교성에만 관심을 가졌지 철학적 조직력에 별다른 이해가 없었다. 그러나 불교의 유교 이해는 입장이 다르다. 오히려 실천원리의 기능을 부각시켰기 때문에 유교의 정곡을 제대로 이해했다고 보여진다.

성총의 교학이 보다 폭넓게 발전할 수 있었던 것은 우연한 인연 때문이다. 숙종 7년(1671)에 국적불명의 큰 배가 서해의 임자도에 표류한 적이 있었다. 그 배 안에는 다수의 불전이 발견되어 당시의 불교계에 센세이션을 일으켰다. 그때 발견된 불서들은 명나라 평림 엽거사의 교정본인 『화엄경소초(華嚴經疏鈔)』·『대명법수(大明法數)』·『회현기』·『금강경기(金剛經記)』·『기신론기(起信論記)』·『정토보서(淨土寶書)』 등인데 전체 권수는 400여 권에 달했다고 한다. 성총은 이 불서들의 연구에 온정성을 기울여서 수년에 걸쳐 완간을 보게 됐다. 요즈음 식으로 말하면 해제·색인, 교정·각주 등 처리를 함으로써 대종사로서의 면모를 유감없이 발휘했던 것이다.

사실 불서가 읽히던 시대가 아니었음을 감안할 때 이와 같은 노력은 초인적인 원력임을 알 수 있다. 조선불교가 그 가냘픈 숨결을 이어올 수 있었던 것도 바로 이와 같은 교학연구의 기풍 때문이었음을 알 수 있다. 유학자들의 콧대를 꺾을 수 있었던 것은 바로 튼튼한 학문적 기반 때문이었다. 비록 대중들이 기복적이고 주술적 불교행사에만 몰두해 있었다 하더라도 여전히 불교는 '논리 기반'을 잃지 않았기 때문이다.

화엄대법회

성총은 61세 되던 해에 선암사에서 화엄대법회를 연 적이 있다. 주로 화엄학에 관한 연구태도를 분석하는 강론이었는데, 이때 도속을 막론하고 운집한 이들을 수용할 수 없을 정도였다고 한다. 또 스님은 신행으로는 정토신앙에 심취해 있었다. 화엄학을 크게 일으킨 신라의 의상도 그렇듯이, 대체로 한국의 화엄학승들에게 나타나는 공통된 현상임을 알 수 있다.

저술로는 『자주치문(自註緇門)』 2권, 『사집(私集)』 2권, 『제경서(諸經序)』 9수(首), 『정토찬백영(淨土讚百詠)』 등이 있다. 성총의 치문에 대한 해설서는 요즈음의 강원 공부에서도 매우 중시되는 부교재 가운데 하나이다. 『정토찬백영』에서는 주로 정토에 대한 예경, 흠모의 마음을 토로하며 왕생하려는 원을 세우는 일종의 신앙고백서 같은 형식이다.

■ 선암사 승선교

『사집』은 시문인데, 자연과의 불이(不二), 수도자의 자세 등을 담담하게 엮은 문집이다. 특히 자연과의 조화, 세속에의 달관 등이 당시 문인들에게도 높이 평가되었다고 한다.

선시의 경우에는 수묵화와 같은 담담함이 기조를 이룬다. 그러나 학승들인 경우에는 치열한 자기 정진의 정신이 문맥 속에 배어나온다. 성충의 시는 이들을 교묘하게 습합시킨 듯한 인상을 풍기고 있다. 제자들 중에 특히 수연(秀演)이 손꼽힌다.

수연은 숙종 45년(1719)에 영·호남의 명승(名僧) 300명을 모아 화엄·염송 대법회를 연 장본인이다. 그의 사상적 업적 또한 스승 백암 성충의 길을 따른 것이라고 볼 수 있다. 백암은 부휴문하의 여러 계파 가운데서도 단연 돋보이는 화엄의 대종사였던 것이다.

41 연담 유일

배불론에 대항하다

연담의 학문세계

유일(有一, 1720~1799)의 호는 연담(蓮潭)이며, 전라도 화순 사람이다. 동문수학했던 설파 상언(雪坡尙彦)과 더불어 선교(禪敎)에 통효한 사상가로 손꼽힌다. 31세 때 보림사(寶林寺)에서 법석을 연후 30여 년 동안 전국의 크고 작은 절에서 선교를 강의해 많은 후학들을 양성했다. 정조 23년(1799)에 80세로 입적했다.

연담은 정력적인 저술가로 10부 21권의 방대한 저작을 남겼다. 저술만으로 따지면 원효·지눌에 버금갈 정도의 분량이다. 가장 대표적인 저술들로는 다음과 같은 책이 꼽힌다. 『화엄유망기(華嚴遺忘記)』 5권· 『원각사기』 2권· 『현담사기(玄談私記)』 2권· 『사집수기(四集手記)』 각1권· 『금강하목(金剛霞目)』 1권· 『염송착병(拈頌着病)』 2권· 『도서절요석요(都序節要釋要)』 2권· 『연담집』 4권 등이다.

연담의 저술은 대별하면 경전해설류와 선서, 시문집 등으로 나뉜다. 특히 승려의 교육과정인 사집·사교·대교 등의 교과목에 대한 해석이 많기 때문에 아직도 강원의 교재로 쓰일 정도이다. 그뿐만 아니라 『연담사기』는 『인악사기』와 더불어 강학(講學) 세계의 최고봉으로 일컬어진다. 18세기라는 암울한 시대상황 속에서 이와 같이 찬연한 학문적 업적을 남겼다는 점은 기억할 만한 일이다. 그의 뒤를 이은 법사(法嗣)로는 대은 낭오(大隱朗旿, 1780~1841)가 있다. 낭오 또한 선교에 능통했으며, 특히 계행을 지니는 데 남다른 바가 있었다고 한다. 『동사열전(東師列傳)』에 의하면 스님은 언제나 일일일식(一日一食)으로 평생을 마쳤다고 한다.

이교회통론

당시의 불교사상가들은 대체로 유불의 일원(一元)을 주장하는 학풍을 가지고 있었다. 국시였던 유교 이념에 의해 불교는 철저히 탄압되고 있었기 때문이다. 조선시대의 억불론은 몇 가지의 사상적 단계를 거친다. 초기에는 주로 승려들의 타락상이나 사원경제의 비대를 경계하는 상소문이 많다. 두 번째 단계로 들어서면 불교의 교리 자체를 비판한다. 주로 무아·공·윤회 등이 저들의 비판대상이 된다. 따라서 허무적멸의 도라는 비판이 주류를 이룬다. 세 번째 단계에서는 불도를 격외의 도리라고 몰아 부친다. 즉 치국·효도의 방편이 될 수 없기 때문에 국시로서는 부적격하다는 주장이다.

이것이 정책적으로는 억불(抑佛)→배불(排佛)→척불(斥佛)로 이어진다. 고려 말엽부터 일기 시작한 배불의 기류는 조선 초기에 이르러 본격적으로 진행된다. 그 결과 조선 후기에는 이미 불교가 지성사회에서 사라지는 비운을 겪게 되는 것이다.

이들 논의의 유가적 선봉이 된 인물은 정도전(鄭道傳)이다. 그는 『불씨잡변』을 통해 불교의 근본교리를 통박하고 있다. 그러나 오늘날의 안목에서 보면 그것은 지나친 편견과 논리 비약으로 가득 차 있다. 이미 불교 탄압이라는 명제를 세워놓고, 그에 맞추어 나가려 한 견강부회에 불과하다. 만약 자신만의 논리로 상대방을 비판하려 한다면, 이 세상에 비판받지 않을 진리란 하나도 있을 수 없는 것이다. 이에 대한 불교적 대응은 주로 이교회통론이다. 함허당 득통에 의해 이와 같은 논리가 개진된 이래, 불교계에서는 대체로 그것을 답습하고 있었다. 연담은 그와 같은 입장에서 양자를 절충하려고 노력한 인물이다.

성인이건 범인이건 사람이건 짐승이건 간에 모두 뚜렷하고 신령스러운 그 무엇을 갖추고 있다. 생김도 아니요, 멸함도 아니며 예나 지금이나 다르지 않다. 비유컨대 허공과 같아서 어느 곳에도 있지 아니한 바가 없고, 잠시도 쉼이 없도다.
모든 색신이 곧 불신이요, 모든 소리가 다 부처님의 말씀이다. 사성육범이 다 참진리의 세계 안에 있다. 하나하나의 천진함과 미묘함이 늘지도 않고 줄지도 않으며, 위아래가 있지 아니하다. 부처님 몸 가운데서 중생은 생각 생각에 곧 부처를 이루리라.
聖凡人畜 皆同虛徹靈明 卓然獨尊 不生不滅 但古亘有 比如虛空 無處不在 無時間斷也 一切色是佛身 一切聲是佛說 四聲六凡 同在一眞法界中 一一天眞 一一明妙 不增不減 無高無下 諸佛身中 衆生念念成佛也

『임하록(林下錄)』에 실린 이 글의 앞 구절은 중생과 부처가 동근(同根) 임을 말하는 부분이다. 모든 생명은 그 진실한 '무엇'을 갖추고 있는 존재라고 보았다. 선이란 결국 산란한 마음을 가라앉히는 공부가 된다. 무명번뇌에 뒤덮힌 마음을 벗어나서 그 참되고 한결같은 본래의 모습을 회복하는 것이 중요하다고 역설한다. 따라서 상대적 차별은 존재하지 않는다. 천진하고 미묘하다는 면에서 사성이나 육범은 동일하다고 말한다. 물론 이와 같은 시각은 선종의 일반적 견해이다. 그러나 당시와 같은 유불 대립의 상황에서는 이 점이 유교의 현실성을 초월하는 어떤 '절대성'으로 둔갑할 수 있다. 불교가 격외의 도리라는 것을 강조함으로써 은연중에 불교의 종교적 우위성을 입증하려는 의도가 잠재되어 있는 것이다.

또 연담은 불교의 인과응보설이 유교와 같은 연원을 가진 사상이라고 강변했다. 그것을 입증하기 위하여 주역에서 말하는 '적선유경(積善有慶), 적불선유앙(積不善有殃)'이라는 구절을 인용한다. 또 『서전(書傳)』에 나오는 '작선유상(作善有祥), 천도복선화음(天道福善禍淫)'이라는 구절을 인용한다. 결국 연담은 유불회통의 이론을 제기해 당시의 배불론에 대항한다. 물론 논리의 비약이 눈에 띄기는 하지만, 눈물겨운 호교의 발자취를 보여주는 사례라고 할 수 있다. 연담의 이교회통론은 당시의 유교사회에도 당당한 공감대를 얻었다고 평가할 수 있다.

42 인악
18세기 최대의 강백

영남의
대강사

연담 유일과 더불어 당대의 최대 강백(講伯)으로 손꼽히는 인물 가운데 인악(仁岳, 1746~1796)이 있다. 그는 상봉 정원(霜峰淨源, 1627~1709)의 법손에 해당한다. 법명은 의소(義沼), 호는 인악이며 달성에서 태어났다. 어렸을 때부터 유학에 통달했으며, 18세 때 달성의 용연사에서 출가했다. 벽봉(碧奉)화상으로부터 『금강경』과 『능엄경』 등을 배웠고, 당대 화엄의 대가 설파 상언(1710~1791)으로부터는 『화엄경』을 공부했다. 23세 때 처음으로 개당하여 비슬(琵瑟)·팔공(八公)·계룡·불영산 등지에서 수많은 학인들을 교화했다. 정조 20년(1796) 51세로 입적했다.

저술로는 『인악집(仁岳集)』·『원각경사기』·『화엄경사기』·『능엄경사기』·『선문염송사기』·『서장사기(書狀私記)』 등이 있다. 연담 유일과 쌍벽을 이루는 정력적인 저술 활동을 벌인 것이다. 다만 연담이 보다 선적인 관심에 몰두했다면 인악은 교학적인 분위기를 가졌다는 점이

다를 뿐이다.

인악의 불교관

조선 후기에 들어서면 대체로 선교일치, 유불일치 등의 사상경향이 두드러진다. 그 대표적인 인물이 바로 연담 유일과 인악이다. 그들은 또한 지역적인 특수성을 갖고 있었다. 즉 인악을 중심으로 한 영남학파, 연담을 필두로 하는 호남학파가 그것이다. 이후 영남에서는 인악의 사기를, 호남에서는 연담의 사기를 기본서로 삼게 되었다. 『인악집』을 보면 어느 유학자가 불교 교리의 본질에 관해서 물었을 때 인악은 이렇게 대답하고 있다.

> 하늘과 땅, 해와 달, 인물과 산천 삼라만상이 모두 마음의 모습일 뿐이다. 전체로 말한다면 만법이 다 일심이다. 나누어 말한다면 개별 사물에 모두 일심을 갖추고 있다. 육도를 윤회함은 모두 저마다의 업 때문이지 결코 이 지극한 마음 때문은 아니다. 그러나 (업을 짓는) 그릇된 마음 또한 마음 아니라고 할 수 없는 즉, 중생이나 부처 모두 마음일 따름이다.
> 天地日月 人物山川 森羅萬象 皆心之相也, 合而言之 萬法皆一心, 分而言之 法法上各見一心点夏, 於六道輪廻則 皆其業所牽 本非心之所爲也 然亦不可謂非心 衆生亦心也佛亦心也

불교란 모두 일심을 근원으로 삼고 있다고 했다. 모든 것 속에 일심이 깃들어 있고 따라서 일심을 회복하면 만물을 요달할 수 있다고 했다. 인악은 『화엄』과 『기신론』 등에 나타난 일심의 사상을 그대로 답습하고 있다. 이것은 물론 불교의 유식(唯識), 여래장(如來藏) 사상들을 근거로 하고 있는 철학이다.

마지막 구절에 나오는 일심과 부처와 중생과의 관련은 『화엄경』을 연상시킨다. 이와 같은 논리 태도는 물론 불교 고유의 입장이기는 하다. 그러나 다분히 실재적이고 현실적인 뉘앙스가 짙다. 이것은 아마 유교를 의식한 태도라고 여겨진다.

인악은 '일체유심조'를 이렇게 설명한 적이 있다. "만법이 모두 공하여 다만 일심에로 되돌아가니, 일심이란 이름 또한 억지로 세운 것에 불과하니라."

만상은 모두 일심에서 비롯된다. 마치 『육조단경』에서 깃발이 나부끼는 것도 아니오, 바람이 부는 것도 아니며 오직 마음이 움직인다는 표현과도 같다. 결국 인악의 불교관은 일심사상으로 집약될 수 있다. 또 일심사상으로 유교의 사상을 섭렵하려고 시도하고 있다. 물론 그의 일심은 근원적인 진제(眞諦)이다. 그러나 표현방법은 지나치게 방만하여 오히려 노장의 도를 연상시키기도 한다. 즉 보살행의 근원이라는 실천 의미보다는 무위의 경지에 소요한다는 듯한 인상이 짙은 것이다.

유불회통

인악은 당시의 대유(大儒) 홍직필(洪直弼, 1776~1852)과 깊은 교유를 맺고 있었다. 대체로 불교학이 천시되던 시기였으니만치 이것은 인악의 문필이 뛰어났다는 반증이기도 하다. 홍직필은 스님을 평하여 '유생인지 스님인지 모를 정도'라고 말하고 있다. 물론 그것은 유학자의 입장에서 스님의 박학을 찬양한 언중이겠지만 역설적으로 보면 그의 불교 이해에는 한계가 있었다는 지적도 된다. 이 구절만을 떼어 놓고 생각하면 인악은 유불일치를 신념으로 유교 자체가 불교와 일맥상통한다는 주장을 되풀이하고 있기 때문이다. 그러나 이 문제는 당시의 시대상황과 관련 지어 이해하는 도리밖에는 없을 듯하다. 당시는 시문을 통한 길만이 출세의 지름길이었다. 또 교유에 있어서도 유학의 이해는 필수적이었다.

따라서 스님들이 유교를 하나의 수단으로 삼았음은 당연한 일이었다. 이와 같은 경우는 서산에게도 강하게 표출되고 있다. 그의 주저 『청허당집』은 거개가 유교식 한문으로 된 시문 형식이다. 인악의 경우도 그와 같은 경로를 통해 유교를 배우고 익힌 것으로 보인다.

불행한 시대의 지성들에게는 자신의 믿음을 지키는 데에도 용기가 필요할 수밖에 없었다. 그리고 그 믿음은 왕왕 남을 의식하는 상대적 믿음인 경우가 많았다. 인악은 바로 그와 같은 관점에서 유불의 이교회통(二敎會通)을 주장한 승려였던 것이다.

43 백파 긍선
불교 교리 논쟁을 일으키다

조선 후기
불교의 거장

백파 긍선(白坡亘璇, 1761~1852)은 조선 후기의 학승 가운데 가장 두드러진 활약을 보인 인물이다. 설파 상언의 법손으로 호는 백파이며 법명은 긍선이다.

고향은 무장(오늘의 무주 지방)인데 12세 때 선운사에서 출가하여 시헌(詩憲)에게 득도했다. 나중에 상언으로부터 구족계(具足戒)를 받는다. 긍선은 선과 교를 통달한 드문 인재 가운데 한 사람이었다. 처음에는 교학연구에 치중했는데 26세 때 이미 명망 높은 강사의 지위에 올랐다. 백양사의 운문암(雲門庵) 등에서 교학을 강의했는데 특히 화엄학 연구에 남다른 조예가 있었다. 중년에 접어들면서 서서히 선의 수련에 매료되어 주로 정혜(定慧)를 닦는 일에 몰두했다. 긍선은 주로 청도 운문사 등에서 널리 선지(禪旨)를 현양했다. 철종 3년(1852)에 입적했다. 대표적 저술로는 『선문수경(禪門手鏡)』・『작법우감(作法憂鑑)』・『수선결사(修禪結社)』・『법보반경요해』・『오종강요사기(五宗綱要私記)』・『선문염송사기(禪門拈頌私記)』・『금강인해경(金剛人解鏡)』・『선요기(禪要記)』 등이 있다. 그중에서도 『선문수경』은 19세기 초반의 대표적 명저로 손꼽힌다. 물론 많은 비판 속에서 이른바 이종선·삼종선 등의 논란을 불러일으키기도 했으나 매우 주목할 만한 저술이다.

긍선의 뒤를 이은 제자로 침명 한성(1801~1876), 설두 유형(1824~1888) 등이 있다.

『선문수경』의
의의

『선문수경』은 백파 긍선의 주저일 뿐 아니라 선학연구의 지침서며 또한 중요한 논리서이기도 하다. 물론 그 주제는 '마음'이다.

안으로는 걸림이 없고 마치 장벽 같아졌을 때라야 허공을 향할 수 있다. 그때의 한 물건은 무엇일까. 눈이 고요해야 마음이 고요하며, 마음이 고요해야 눈이 고요하다. 간곡하게 육근을 붙잡아서 정에 얽매이지 않도록 해라. 치닫는 의식을 따르지 말라.

주관과 객관이 모두 고요해질 때 신령스러운 한 물건이 바로 본래의 부처요 마음이라고 할 수 있다. 이 마음을 떠나서 부처가 있는 것이 아니다. 다만 중생의 마음이 외부지향적으로 치닫다 보니 자꾸 흔들리게 될 따름이다.

위의 인용구대로 마음이 장벽처럼 굳건해져야 우리는 본래의 마음을 회복할 수 있다는 것이다. 육근(六根)이 평정해져야 마음이 밝아지고 그래야 몸도 또한 맑아질 수 있다. '의마(意馬)'라는 표현은 선가의 상투적 표현 가운데 하나이다. 말은 달리는 속성을 갖고 있다. 비끌어 매면 답답해 하는 것처럼 자꾸 '뜻'은 바깥을 향해 달리려 한다. 그것을 진정시킨다는 의미이다. 중생의 병은 이 마음을 다스리지 못하는 데서 비롯된다.

본심이 무명 속에서 제 빛을 잃듯이 우리는 그 혼란한 마음 때문에 본성을 잃는다고 주장했다.

삼종선

백파 긍선은 『선문수경』에서 삼종선(三種禪)을 주창했다. 선을 여러 단계로 나누어 이해하려는 사상경향은 『능가경』이 그 효시이다. 이것이 당의 규봉 종밀(圭峰宗密, 786~841)에 이르러 외도선(外道禪)·범부선(凡夫禪)·소승선(小乘禪)·대승선(大乘禪)·최상승선(最上乘禪)의 5종선으로 구분되었다. 이들 논의는 궁극적으로 여래선(如來禪)과 조사선(祖師禪)의 구분을 낳게 된다. 화두도 그에 따라 활구(活句)냐 사구(死句)냐 하는 구분이 있게 되는데 그 사상의 밑바닥에는 조사선에 대한 배려가 짙게 깔려 있다.

즉 중국 선종은 조사선의 우위를 강조하는 조교(祖敎)로서의 기풍을 갖게 되는 것이다. 백파 긍선은 이와 같은 사상을 답습하여 조사선·여래선·의리선의 삼종선을 주창했다. 『선문수경』에 나타난 긍선의 논점을 정리해보면 다음과 같다.

의리선이란 현상의 경험 속에서 이루어진 합리적 사유를 거쳐 성불하는 길을 말한다. 즉 중생이 스스로 중생이라고 인식하고 수행의 과정을 거쳐야 부처가 될 수 있다는 인식을 전제로 한다. 그리고 이러한 의리의 격(格)을 벗어난 선을 격외선(格外禪)이라 한다. 이 격외선은 조사선과 여래선으로 나누어진다.

여래선은 그 깨달음의 경계가 진공(眞空)에 머무르는 단계이고, 조사선은 진공과 묘유(妙有)가 원융한 중도를 깨닫는 경계라고 그는 말한다. 따라서 그의 논리 속에는 교학보다 선종이 뛰어나다는 점과 조사선을 우위에 두려는 의식이 강하게 깔려 있다.

긍선의 논의는 초의 의순(草衣意恂)에 의해 통렬히 비판을 당한다. 이것이 조선 후기 불교의 논쟁 가운데 가장 주목받는 삼종선과 이종선의 논의이다. 물론 불교 형이상학의 질적 발전이라는 면에서 높이 평가될 수도 있겠지만, 논리를 위한 논리라는 현학성이 강했기 때문에 이 논의 자체를 부정하는 시각도 많다.

백파의 사상적 한계

『선문수경』에 나타난 백파의 논리는 인간 내면의 가능성에 대한 긍정적 해석이라고 볼 수 있다. 또 현상세계에 대한 긍정적 해석이라고 볼 수 있다. 또 현상세계에 대한 분석도 크게 문제 삼을 부분은 없다. 다만 우리가 우려하는 점은 그의 '마음'에 대한 해석이 지나치게 '실재적'이라는 점이다. 긍선은 '영지(靈知)'라는 말을 즐겨 쓰는

데 그것은 마치 '영혼'과 같이 어떤 실체적이고 영원한 그 무엇을 연상시킨다. 이것은 끝내 영혼(혹은 마음)이 실재한다는 영혼불멸설까지 발전하게 된다.

이것은 불교 교학에 있어서 중대한 이탈이라고 본다. 사물의 속성과 마찬가지로 어떤 상주하는 진리나 실체도 있을 수 없다는 것이 대승불교의 근본 입장이다. 그런데 긍선은 영원한 불성을 실체로 파악하고 만 것이다. 이것은 앞서 언급한 삼종선의 논의와 함께 그의 사상적 한계를 드러내는 일이라고 볼 수밖에 없다.

일본의 불교학자들 가운데 니시다니(西谷) 학파를 비판불교라고 칭하는 부류가 있다. 이들의 주장은 여래장사상 등이 불교적 교리의 변질이라고 보고 있다. 즉 부처님은 무아(無我)를 강조해 아트만의 실재를 부정했는데 후기 대승불교에서는 외도와 마찬가지의 실유(實有)사상을 갖고 있다는 비판이다. 특히 불교인들 중에서 영혼불멸설 등의 사고를 가진 것에 대한 경계이다. 따라서 불교 형이상학에서는 이 문제에 대한 확고한 신념과 입장이 천명되어야 하리라고 본다. 적어도 그에 관한 명백한 입장 정리가 되지 못했다는 점에서 백파 긍선은 오류를 범하고 말았다. 원효나 지눌이 돋보이는 까닭은 바로 이 형이상학 문제에까지 확실한 자기 논리와 타당성을 갖고 있기 때문이다.

44 초의 의순
차와 선의 절묘한 조화

사변만어

초의 의순(草衣意恂, 1786~1866)은 19세기 초중반을 대표하는 불교계 최대의 석학이다. 해남 대흥사에 오래 머물렀으며, 의순(意恂)이라는 호와 함께 일지암(一枝庵)이라고도 했다. 속성(俗姓)은 장씨. 다섯 살 때 강변에서 놀다가 급류에 휘말리고 있을 때 마침 인근 사찰의 어느 스님이 가까스로 구해주어 목숨을 건졌다. 그 스님이 출가할 것을 권유함에 따라 15세 되던 해에 남평에 있는 운흥사(雲興寺)로 들어가 벽봉 민성(碧峰敏性) 스님을 은사로 모시고 머리를 깎고 출가했다. 뒷날 대흥사 완호(琓虎) 스님을 계사로 삼아 구족계를 받았다. 그후 전남 화순에 있는 쌍봉사에서 토굴을 파고 참선에 전념했다. 24세 때 다시 대흥사로 돌아와 연담대사로부터 초의라는 당호를 하사받았다. 그는 다선일미(茶禪一味)를 주장하여 차에 관한 독특한 세계를 일구어냈다. 81세로 입적했다.

초의는 삼장(三藏)에 통효한 뛰어난 불교학자였을 뿐만 아니라 시문과 차 등에 남다른 조예가 있었다. 『동다송(東茶頌)』 같은 저술은 한국의 다사(茶史)에 관한 고전이다. 또 그와 같은 분위기 때문에 당대의 명사들과 두터운 교분을 나누었는데, 대표적 인물로는 신위(申緯)·김정희(金正喜)·홍석주(洪奭周)·정약용(丁若鏞) 등이 있다. 저술은 『문집』 4권과 『사변만어(四辯漫語)』가 있다. 『사변만어』는 백파의 『선문수경』에 대한 정면 비판서로 당당한 논리와 뛰어난 사상을 지닌 걸작이다. 문하에 숱한 제자를 두었으나 우담이 그 법맥을 이었다.

백파를 비판하다

초의는 조사선·여래선·의리선 등 삼종선으로 선교를 분류하고 이해하는 백파의 『선문수경』은 불교의 근본정신을 오도할 위험성이 있다고 보았다. 그는 『사변만어』에서 의리선·격외선·여래선·조사선과 더불어 그에 상승하는 살인검(殺人劍)·활인검(活人劍)·진용(眞容)·묘유(妙有) 등의 사변(四辨)으로서 백파의 선론을 반박했다. 즉, 조사선·여래선·의리선의 세 가지가 근기의 심천(深淺)·우열에 의한 등급별이라고 하는 백파의 설을 정면으로 논박했다. 이것은 다만 방편에 의한 차이이지 본질적인 차이는 없는 것이라고 보았다.

인명(人名)으로는 조사선·여래선이라 할 수 있고, 법명(法名)으로 격외선·의리선이라고 분류할 수 있을 따름이라고 초의는 말한다. 만약 백파와 같은 논리로 말한다면 조사선 이외의 모든 가르침은 다 그릇된 것이 되고 만다. 그러나 이 우주에는 천태만상의 근기가 있다. 따라서 불교의 교설이 다양한 것은 방편일 따름이며, 결코 차별은 아니라고 주장했다. 만약 백보 양보하여 삼종선을 인정할 때라도, 여래선과 의리선은 하나의 범주 속에 넣을 수 있다. 왜냐하면 이 둘은 모두 지성적 논리와 합리성에 바탕을 두고 있기 때문이다. 오직 조사선만이 색다른 설명을 하고 있지 않은가. 따라서 격외선이라면 조사선, 그리고 여래선과 의리선은 같은 등급인 이종선이 합당하다고 보았다. 그러므로 삼구의(三句義)만을 소중히 여기면서 임제종만이 오직 조사선이 될 수 있고, 그 밖의 선종들은 조사선보다 열등한 것이어서 여래선, 의리선으로 격하시켜야 한다고 주장한 백파의 견해야말로 독단이라고 못 박았다.

임제
삼구의

초의는 임제의 삼구의를 전혀 다른 입장에서 해명해 보려고 했다. 요컨대 초의는 조사선·여래선·의리선이니 하는 것들이 선종의 우열을 나타내는 관념일 수 없다는 주장이다. 물론 조사선은 부처님의 '마음'을 중요시 한다. 또한 선종 자체가 언설의 한계성을 극복하려는 새로운 시도임도 인정한다. 그렇다고 해서 백파처럼 부처님의 말씀을 아주 하근기를 위한 의리선이라고 헐뜯어 말할 수 없다는 것이 초의의 반론이다. 거꾸로 그것에 집착하여 상대방을 경멸하는 태도야말로 중대한 오류요, 집착임을 지적하고 있다. 마음을 깨치면 교가 선으로 승화될 수 있다. 그러나 언어에만 집착하면 오히려 선이 교로 변질된다. 즉, 선과 교의 질적 전환을 오심(悟心)과 미심(迷心), 체언(滯言)과 망언(忘言) 사이에서 일어난다고 보았다.

결국 선과 교 사이에 질적인 차별이 없는 것처럼 격외선과 의리선 사이에도 근본적인 차별은 없는 것이라고 주장한다. 우리는 한국불교사의 흐름에 있어서 언제나 선 우월적인 사고가 범람했음을 알고 있다. 그러나 본질적으로 그 둘은 하나여야 한다. 왜냐하면 마음과 언설은 물과 물결처럼 불가불리의 관계 속에 있기 때문이다. 따라서 초의의 주장은 당시의 통념을 뒤엎는 신선함이 돋보인다.

초의의 독창성

이와 같은 초의의 견해는 물론 그의 독창적인 아이디어는 아니다. 적어도 선교일치를 표방하는 것은 한국불교의 뚜렷한 역사의식 가운데 하나였다. 원효의 일심사상, 의상의 일승정신, 대각국사 의천의 천태교관(天台敎觀), 보조국사 지눌의 돈오점수설 등이 모두 '하나'를 강조하는 사상적 맥락으로 흐르고 있다.

이와 같은 한국불교의 역사의식은 서산에 이르러 드디어 선교일체의 이상으로 표방된다. 물론 그 세부적인 실천의지에서 보면 은근히 선 우월적 경향이 내포되어 있는 것도 사실이다. 그러나 이념적으로 이 선교의 우열을 말하는 것은 우리 불교의 정통사상이라고 말하기는 어렵다. 그렇다면 초의의 해석은 그 정통 방법의 답습이었고, 동시에 백파가 가진 이단성에 대한 논박이라고 평가할 수 있다. 따라서 초의는 『금강경』 사구게(四句偈)를 비롯한 모든 백파의 학설을 이단으로 취급하고 용납할 수 없는 독단이라고 준열하게 비판하고 나선 것이다. 사상이란 언제나 변증법적 발전을 거듭하게 마련이다. 또 '위대함'이란 반드시 '독창성'을 잉태하고 있다. 초의는 이와 같은 관점에서 위대한 사상가요, 문필가며, 다인(茶人)이었다고 평가할 수 있을 것이다.

45 금월
일상 속의 해탈

초의의
선법제자

　금월(錦月) 스님은 전남 낭주(朗州) 금강 사람이다. 낭주는 지금의 영암을 가리킨다. 스님은 무척 불우한 유년기를 보냈다. 부모를 잃고, 고아로 성장했다. 철들 무렵, 두륜산에서 성묵 지달(聖默志達) 스님을 은사로 득도했다. 속성(俗姓)은 송씨, 법명은 의관(誼寬)이었다. 당시의 불교계는 이미 도첩을 박탈당했기 때문에 선교를 가려서 공부할 분위기가 아니었다. 물론 일가를 이룬다는 면에서는 부정적이지만 동시에 불교의 전모를 이해함에 있어서는 긍정적인 면도 적지 않다. 즉, 따분한 종파불교의 틀을 벗어나서 원융의 미학에 빠지기 수월했던 것이다.

　금월 스님은 초의선사로부터는 선법을 이었다. 또한 철선(鐵船) 스님으로부터는 경론을 공부했다. 철선은 불교뿐 아니라 유교·도교에 통달한 뛰어난 학장(學匠)이었다. 그러나 이에 만족하지 않고 당시의 뛰어난 강백이었던 문암(聞庵)·용연(龍淵) 등으로부터 대승불전들을 공부했다. 금월을 선교양종의 선지식으로 부르게 된 것도 이 까닭이다. 그의 명성이 조선 팔도를 뒤덮을 즈음, 은사 성묵은 그를 후계자로 지목했다. 금월 스님은 만년에 두륜산에서 조실로 일생을 마쳤다. 뛰어난 선기(禪機)일 뿐 아니라 박학했기 때문에 언제나 그의 주변에는 구름처럼 많은 제자들이 몰려 있었다고 한다. 고종 25년(1888) 4월 25일 입적했는데 세수는 78세, 법랍이 62세였다.

이판과 사판을
골고루 지내

원래 불가에는 수행직과 교화직의 구분이 있을 수밖에 없다. 강학을 익히고, 선법을 닦아 나가노라면 자연히 세속의 인연을 쉬지 않을 수 없다. 그러나 절의 행정을 맡아보게 되면, 본의 아니게 세속과 교류하지 않을 수 없다. 물론 이 둘을 무리 없이 조화할 수 있으면 좋겠으나 현실적으로는 상당히 어려운 문제이다. 그래서 행정을 맡게 되면 자주 주지 자리를 옮겨 다닐 수밖에 없게 되고, 선방에 틀어박히다 보면 자꾸 그 생활에 빠져들게 되는 것이다. 그런데 금월 스님의 삶을 보면 이 수행과 교화에 도무지 걸림이 없다. 어떤 때는 주지·유나(재 의식을 맡아 하는 소임) 등의 직책을 맡기도 하고 또 어떤 때는 운수납자로 방랑하기도 했다.

그는 이른바 사판승으로서의 인연이 닿았을 때 한 번도 그것을 거스른 적이 없다. 또 후임이 선정되었을 때는 미련 없이 그것을 박차고 산문에 안주했다.

금월 스님에게 있어서는 이 모든 일이 '부처님 일' 아님이 없었기 때문이다. 속세를 떠나 수도에 전념하는 이판(理判)과 절의 사무를 맡아 보는 사판(事判)이 은근히 서로를 경원시하던 당시의 시대 분위기로 보아서 이것은 잔잔한 파문을 불러일으킬 수 있는 행적이었다고 본다. 또한 금월 스님은 수행에 있어서도 참선이나 경학 어느 하나를 고집한 적이 없다. 말 그대로 근기에 따른 수행 절차를 강조했다. 그의 제자들 가운데 능오(能悟)·문오(文悟) 등이 있었는데 그들은 염불로 일가를 이룬 인물들이었다.

그 스스로도 참선·간경(看經)과 염불·만행 등을 골고루 닦아 나가면서 불법을 전파했다. 이와 같은 수행의 자세는 결국 전인격의 도야를 가능하게 했으며, 불교의 면모를 여실히 보여주는 계기가 되기도 했다.

금월 스님은 '화엄'의 이상을 실천적으로 전개한 인물로도 기억될 수 있다. 관념의 성에 갇혀, 끝없는 학적 유희에 몰두하는 것은 결코 학자가 아니다. 마찬가지로 선법만이 대오의 지름길은 아니다. 오히려 어

리석은 중생들 속에서, 그들과 더불어 고통을 나누는 삶이야말로 보살의 길이 아닌가. 앞서 말한 대로 그가 이판과 사판의 어느 한쪽을 고집하지 않았던 것도 바로 그 까닭이다.

금월은 '불교의 길'을 걷고자 했다. 아니 그 불교라는 한계마저도 넘어서려고 노력했던 인물이다. 그는 영원한 자유, 참해탈의 길을 평범한 일상 속에서 실현하려 했다. 억불의 분위기 속에서, 이와 같이 탁월한 인품을 견지하면서 산다는 것은 대단히 어려운 일이었다. 그러나 금월은 성공적으로 그의 길을 살다 간 지성인이었다.

법맥

금월 스님이 만년에 오래 머물던 곳은 송광사의 삼일암·칠전(七殿) 등이었다. 특히 보조국사를 흠모하여 만년에는 주로 송광사를 즐겨 찾았다. 또 두륜산의 만일암(挽日庵)·적련암 등에서도 오래 머물렀다. 법맥으로 보면 그는 연담 유일의 4대에 해당한다. 즉 연담 유일→백련 도연(白蓮禱演)→완호 윤우(玩虎倫祐)→성묵 지원(聖默志遠)을 거쳐 금월 의관으로 이어진다(『동사열전(東師列傳)』 및 『해동불조원류』 등 참조). 따라서 동문수학한 용연 유정(龍淵有正)·대연 미순(大淵美淳)·해월 도홍(海月道弘) 등과는 사형 사제간이 된다. 이때까지만 해도 법맥의 계승은 엄밀히 지켜졌기 때문에 누구의 원손이라는 등 건당개념은 아직 드러나지 않고 있었다.

스님에게는 많은 후학들이 있었지만, 그 가운데서 완파 창기와 경해 덕언이 가장 뛰어난 제자들로 손꼽힌다. 완파 창기는 19세기 말엽에 표충사에서 도총섭을 지냈던 인물이다. 또 경해 덕언은 당시 최고의 선맥으로 꼽혔던 인물이다. 대체로 스님의 법손들은 선교에 통달하는 가풍을 지니고 있었다. 이것은 결국 한국불교의 회통적 특수성을 견지하는 도도한 물결을 이루게 된다고 볼 수 있다. 금월의 손제자로는 자운·인황 등이 있어서 학풍을 빛냈다고 전한다.

46 일여
고통의 사바세계를 건넌 소신공양

일여와

백인

　일여(一如) 스님의 법명은 신순(信淳)이고 완도 사람이다. 16세 때 두륜산에서 출가했다. 19세 때 화담 스님의 문하에서 『능엄경』·『기신론』 등을 공부했다. 또 『원각경』에 심취해 그 오의를 깨달았다. 그때 동문수학하던 백인(白印) 스님을 만났고, 둘이서 대도를 참구했다. 언젠가 그들은 만행결에 올라 금강산에 이르렀다.

　만회암이라는 곳에 다다랐는데, 절은 무너지고 눈이 몇 길이나 쌓여 있었다. 그 뒤 봉우리는 바로 표훈사(表訓寺)의 윗줄기인 관음봉이었다. 비감한 마음으로 두 스님은 이 퇴락한 암자에서 정진하기로 했다. 당시에는 이와 같이 명찰이라 할지라도 수행승이 없어 폐찰이 된 곳이 한두 군데가 아니었다. 알려진 곳이라고 해도 대부분 유생들의 놀이터로 전락하기 일쑤여서 수도의 가풍은 지리멸렬하고 말았다. 말세에 태어난 업보를 한탄하면서 두 스님은 열심히 개간하고 불공을 올리는 일을 게을리하지 않았다.

소신공양

일여 스님은 이곳에 거처를 정하면서부터 다른 곳으로 가기가 싫어졌다. 정토에 은둔한 아늑한 느낌 때문이었다. 스님은 관음봉을 우러러보면서 다짐했다.

"이곳에서 대도를 이루게 하소서. 이제부터 백일기도를 올리되, 불 꺼진 화로에서 백일 안에 연기가 오르면 기도를 마치겠나이다. 그러나 연기가 오르지 않는다면 이 육신을 불태워 부처님께 공양하리다."

이때부터 나무를 베어다 차곡차곡 쌓아나갔다. 날마다 기도 정근하면서 끝내 영험이 없으면, 저 나뭇단 위에서 자신을 불태우겠노라고 다짐했다.

처절한 기도정진, 백일이 되었지만 끝내 식은 화로는 싸늘한 그대로였다. 마침내 백일이 되던 날, 스님은 태연히 장작더미 위로 올라갔다. 백인 스님은 만류했지만 힘이 미치지 못했다. 일여 스님은 장작더미에 불을 붙이고 그 안으로 뛰어 들어갔다. 백인 스님이 깜짝 놀라 보니 활활 타오르는 불길 안에서 일여 스님은 낭랑한 음성으로 관음경을 독송하고 있는 것이었다. 백인 스님은 놀랍고 안타까워서 어서 불길 밖으로 나올 것을 종용했다. 불에 그을린 채 일여 스님은 이렇게 말하는 것이었다.

"그대는 지수화풍(地水火風) 넷으로 구성된 육신이 제각기 흩어지면 인생은 마치 꿈과 같다는 것을 모르겠는가. 나는 고통의 사바세계를 지나 저편 극락으로 가려 한다네."

백인도 울부짖었다.

"그대가 이 산에서 죽는다면 끝내 극락왕생을 못하리라."

"어째서 못한단 말인가."

"옛적 의상 큰스님께서도 이 밝은 도량을 더럽힐까봐 이 산에서 돌아가시지 못했다는 일화를 기억하는가?"

그제서야 일여 스님은 바깥을 향해 몸을 굴렸다. 이미 심한 화상을 입어 의식이 없었으나 입으로는 여전히 염불을 외우고 있었다.

인근 표훈사 스님들이 황급히 달려와 보니, 눈 위에 새까만 사람이 좌정하고 있는 듯이 보였다. 그날 밤 일여 스님은 입적했는데, 금강산에서 수도하던 이들에게 그 광경이 파노라마처럼 펼쳐졌다. 여러 스님들이 가사를 걸치고 형형색색의 꽃무늬로 장식된 가마를 메고, 풍악을 울리며 하늘나라로 향하는 것이었다. 아름답고 장엄한 음악소리가 만폭동 골 안에 가득 울려퍼졌다. 사흘 후에 이 소문은 방방곡곡에 퍼져 스님의 유체를 성대히 다비했다. 그날부터 사흘에 걸쳐 금강산 일대는 마치 산불이 난 듯 대낮처럼 환했다고 한다. 그때 일여 스님의 나이는 26세, 승랍은 10년이었다.

소신의

미학

『등신불(等身佛)』이라는 김동리의 소설이 연상된다. 사실 소신공양의 미담은 '자타카'라고 부르는 부처님 전생 이야기의 모티프이기도 하다. 굶주린 호랑이에게 자신을 던지는 보살의 이야기, 원숭이의 소신, 그리고 호랑이 앞에 자신을 던지는 장부의 이야기 등이 장엄하게 전해 온다. 우리나라의 대표적 미담 가운데 에밀레종에 얽힌 전설도 이와 유사한 맥락이다. 목숨을 끊는 행위는 결코 예찬할 수 없는 것이다. 그러면 일여 스님의 소신을 어떻게 이해해야 할까. 소신의 과정을 눈여겨보아야 한다. 즉 죽음을 두려워한다든지, 세속적 잡기가 있어서는 안 된다. 말 그대로 대사일번(大死一飜), 크게 한 번 죽는 기개가 골자여야 한다. 일여 스님은 뜨거운 불길 속에서도 자세를 흐트러뜨리지 않았다. 만약 그에게 어떠한 형태의 두려움이라도 있었다면 그는 뜨거움을 결코 감내할 수 없었으리라고 본다. 따라서 최상승의 근기와 인연만이 이 소신공양을 가능하게 한다.

백인 스님은 다비식을 마친 다음, 일여 스님의 기연을 적어 표훈사에 안치했다. 그리고 일여의 숙사(叔師)였던 연익 전서 스님으로 하여금 시호를 받아 일여라고 했다.

일여 스님의 어머니는 김씨였는데, 어느 날 밤에 꿈을 꾸었다. 아들이 공양도구를 갖추고 길을 나서자고 재촉하는 것이다. 이튿날 아침 스님의 어머니는 베 짜던 일손을 멈추고 내려와서는 곧 고요히 숨을 거두었다. 사람들은 어머니도 극락왕생을 했다고 입을 모았다.

김명희가 지은 『행장록(行狀錄)』 1권이 있다고 하나, 지금은 확인할 길이 묘연할 따름이다.

47 우담 만행
선의 요체를 설하다

부휴의
선맥

스님의 법명은 만행(萬行), 자는 홍기(洪基), 우담(憂曇)은 법호이다. 속성은 권씨(權氏), 경북 안동이 고향이다. 순종 22년(1822)에 태어나서 열다섯 살 때 출가했다.

영풍군 순흥면에 있는 희방사에서 자신장로(自信長老)를 은사로 하여 득도했다. 우담은 휘허(揮虛) 스님 문하에서 사교를 배웠는데, 특히 『원각경』· 『대승기신론』 등에 심취했다. 나중에 그는 침명화상에게서 각종 강학(講學)을 익혔다. 스님은 이에 만족하지 않고 선에 몰두하기도 했다. 승주 송광사에서 오래 머물렀으며 지봉선사 문하에서 공부했다. 그는 이를테면 선교를 병합한 수행을 거듭했는데, 이것은 조선 후기 불교의 일반적 경향이기도 했다. 고종 18년(1881) 입적했다. 속수(俗壽) 60세, 법랍은 45세였다.

조선조 스님들의 법계는 주로 서산문하가 주류를 이루었는데 반해 스님은 부휴의 법맥을 계승했다. 부휴→벽암→취미→백암→무용→

영해→풍암→벽암→회계→연월→우담으로 이어진다. 문하에 숱한 제자를 두었으나, 담졸 관훈(曇卒寬訓)이 가장 뛰어난 고제(高弟)로 손꼽힌다. 저술로는 『선문증정록(禪門證正錄)』 1권이 있는데, 조선 후기 선론의 대표적 저술로 꼽힌다.

조선 후기
선론의 쟁점

백파·초의의 선론은 우리 불교사의 큰 이슈 가운데 하나였다. 삼종선이냐 이종선이냐 하는 것이 논쟁의 출점이었는데, 이와 같은 논의의 연원은 상당히 깊다. 고려 때 진정 부암(眞靜浮庵)이라는 스님이 『선문강요(禪門綱要)』를 지었는데, 여기에서는 아무런 비평 없이 선의 종류를 열거했다. 조선 후기의 백파 스님은 『선문수경(禪門手鏡)』을 지어 처음으로 삼종선을 주창했다. 즉, 선사상의 본질은 하나이다. 그러나 일심을 회복하는 방법에는 세 가지가 있을 수 있다. 임제삼구(臨濟三句)에 의해 조사선·여래선·의리선으로 나눈 것이다.

그러나 초의는 이와 같은 삼종선의 입장을 통박하기 위해 『사변만어』를 지었다. 그는 위의 삼종선은 결코 근기에 따른 분별이 될 수 없다고 주장했다. 왜냐하면 조사선이 곧 격외선이라면 여래선은 의리선이기 때문이다. 따라서 내용으로는 이종선, 형식적으로는 조사선·여래선·격외선·의리선의 4변으로 나누어야 한다는 주장이었다. 바로 이들의 뒤를 이어 우담이 『선문증정록』을 지어 초의의 입장을 변호하고 나섰다.

그러나 설두(雪竇) 스님은 『해정록』(혹은 『선원소류(禪源溯流)』)을 지어 초의와 우담의 논의가 모두 부당하다고 반박했다. 그후 법주사의 축원(竺源, 1861~1926)은 『선문재정록(禪門再正錄)』이라는 저술을 통해 초의·우담의 설을 지지하고, 백파의 선론을 논박하게 된다.

우담 스님은 초의의 학설을 답습하여 선의 논지를 넷으로 나누어 설명했다. 첫째, 삼처수심(三處修心)이다. 이것은 선문의 근원이므로 이 구절에 대한 올바른 이해가 선행되어야 한다. 둘째, 의리선·격외선·여래선·조사선은 결코 근기의 차별에 따른 분별이 아니라고 했다. 오히려 선문의 형식에 불과하기 때문에 그 명칭에 얽매여서는 안 된다고 보았다. 셋째, 교일도(敎一刀), 법인검(法人劍)의 비유이다. 이 비유의 뜻은, 모든 방편은 다만 대각을 향한 수단이지 결코 근기의 차별에 따른 구별이 아니라는 것이다. 넷째, 선의 삼구, 일구는 선문의 일상적

■ 송광사. 우담 강백은 송광사에서 입적했다.

입장이라고 했다. 근본을 망각한 채 지말(枝末)에 매달리기 때문에 혼동이 생길 뿐이다. 즉 선의 요체는 고금에 변함없는 진여의 증득(證得)이다. 그것을 복잡하게 해설하고 전개하는 것이 곧 병이라는 주장이다. 대체로 우담의 선론은 초의의 입장을 답습하고 있다. 다만 보다 구체적인 논지와 논리 전개가 돋보인다.

불교 형이상학의 허실

불교에서 쟁점의 효시는 데바닷타(Devadatta)의 반역 사건이다. 우리는 그의 분종획책을 매도하는 데만 급급하다. 정작 무엇무엇을 비판했느냐 하는 점은 관심 밖에 있는 것이다. 자료가 일실된 것도 그 까닭이다. 다만 한 가지 분명한 점은 그가 부처님의 중도사상을 비판하고, 철저한 수행의지를 내세웠다는 점이다. 이후 교단의 근본분열 때는 계율의 해석문제가 이슈였다. 이른바 상좌부와 대중부의 근본분열 당시 양측의 쟁점은 계율의 준수 여부를 보는 시각 차이였다. 세 번째 논쟁은 바로 대·소승 간의 양보할 수 없는 일전이었다.

우리는 주로 대승의 입장에 서서 부파교단의 형식논리를 비판하는 일에 익숙해 있다. 그러나 '불(佛)의 인격'에 대한 형이상학적 논쟁들은 오히려 부파불교가 더 분석적이라는 점을 간과해서는 안 된다. 또 앞서의 역사적 논쟁들과 달리 대승의 소승비판은 있지만 소승에서 반격하는 경우는 전무하다는 점이다.

대승의 시대로 넘어오면서 최대의 쟁점이 된 것은 역시 돈오점수에 관한 논의였다. 깨달음에 이르는 길에 돈오와 점수의 구분이 있고, 깨달은 다음에도 수행이 있어야 하느냐에 대한 논쟁이다.

이것은 선과 교가 대립할 때 보이던 한결같은 논쟁이었다. 한국불교에 있어서도 이 문제는 중요한 쟁점으로 부각된 바 있다. 또 앞서 지적한 대로 이종선과 삼종선의 논리적 대립이 있었다. 물론 형이상학적 논쟁이었기 때문에 어느 한 쪽이 옳다는 교과서적 결론은 있을 수 없다. 다만 그와 같은 논쟁, 혹은 비판들이 불교 교리의 발달에 어떠한 영향을 주었는가는 음미해볼 가치가 있다.

우리는 이와 같은 논의들이 학적전통의 수립이라는 면에서는 긍정적임을 인정해야 한다. 그러나 수행과 관련 없는 공허한 지적 경쟁이라는 점에서는 부정적이라고 본다. 따라서 그 논의의 허설을 정확하게 판단하는 안목이 필요하다. 불행하게도 우담의 선론은 후자에 속한다. 왜냐하면 그의 논의들은 일반 백성들의 불교 이해를 돕기는커녕 오히려 더욱 초월적인 것으로 이해시킬 뿐이었기 때문이다. 당시의 시대상황을 고려할 때, 올바른 신행관을 갖도록 유도하는 일이 더 시급한 일이 아니었을까?

48 이침산
유마의 화신

자비의
여로

본명은 동환(東煥), 호는 침산(枕山)이며, 성은 이씨이다. 순조 27년(1827) 경북 상주에서 태어났다. 어렸을 때의 행적에 대해서는 별로 알려진 바가 없다. 다만 특기할 점은 이침산에 관한 기록이 『동사열전(東師列傳)』에 나온다는 점이다. 『동사열전』은 조선 후기에 범해(梵海) 스님이 편찬한 고승집이다. 『해동고승전』 외에는 별다른 고승전기가 없는 한국불교계로서는 퍽 귀중한 자료 가운데 하나이다. 이 책에는 저자인 범해 스님을 포함해 도합 199명의 인물이 수록되어 있다. 그 가운데 재가불자로는 김대성과 이침산 두 명뿐이다. 나머지는 모두 출가한 스님이다. 이것은 관행으로 보아서 파격적인 일이다. 이 사실로 보건대 이침산의 덕행이 얼마나 높았나 하는 것에 대한 직접적 시사라고 이해해도 무방하다.

이침산은 통도사의 관허(觀虛)선사에게서 선법을 배웠다. 이어 금강산의 해명(海溟)대사로부터 대승보살계를 받았다. 이어서 전주 봉서사

(鳳捿寺)에서 정진했고, 옥주(전라남도 진도의 옛 이름) 쌍계사에서도 오랜 수행생활을 했다. 훗날 흥국사의 만일회(萬日會)에 참석해 승속의 모범이 되었다고 한다. 불교의 지혜가 해박했을 뿐만 아니라 자비의 실천이 남달랐다고 한다. 궂은일은 도맡아 처리하면서도 싫어하는 내색이 없고, 막힘없는 언변을 가졌으면서도 언제나 겸손했다. 사람들은 모두 칭송하여 말하기를 "유마거사의 화현이라" 했다는 것이다.

실제로 이 분은 『유마경(維摩經)』을 서사(書寫)하여 범해 스님에게 보냈다는 기록도 있다. 또 『진불지(眞佛志)』라는 책의 서문을 지었다고도 하나 현존하지는 않는다. 언제 죽었는지는 분명하지 않으나 1900년대 초반 쯤이리라고 짐작할 뿐이다.

재가불교운동의 가능성

중국의 유명한 재가신자로는 방거사·부설거사 등이 손꼽힌다. 이들은 기이한 인연으로 오도했으며, 또 출가자들을 능가하는 신행을 펼쳤다고 전한다. 한국 최초의 순교자 이차돈, 왕생극락한 효명(孝明), 그리고 달달박박 등은 신라 때의 재가불자들이다. 고려 초에는 이규보와 같은 뛰어난 인물들이 그 맥을 잇고 있다. 겉으로 보면 조선의 재가불교운동은 그 맥이 끊긴 것처럼 느껴진다. 그러나 조선의 유생들 중 거개는 불심을 지니고 있었다는 점을 감안해야 한다.

고려 말의 충신 정몽주는 독실한 불교신자였다. 율곡 또한 장한 불자였다. 그의 이기론(理氣論) 자체가 화엄의 세계관에서 비롯되었다는 것은 널리 알려진 사실이다. 심지어 율곡은 자택에서 대장경을 간행한 적이 있을 정도였다. 따라서 이와 같은 풍조를 빗대어서 당시의 유교사회에서는 '외유내석(外儒內釋)'이라는 표현을 쓰기도 한다. 겉으로만 유생입네 하고, 속으로는 온통 불교뿐임을 말하고 있는 것이다. 물론 재가불교운동은 그 성격상 사자전승의 법맥으로 이어질 수는 없다. 그러나 시대의 정황 속에서 나름대로의 사상적 책무를 충실히 이행해왔음은 부인할 수 없다.

따라서 이침산에 관한 기록은 비록 편린에 불과할지라도 주요한 의미를 지닌다. 대부분의 출가승들은 선교의 현양·영험 등으로 알려져오나, 재가불자들인 경우에는 오히려 '보살행의 펼침'을 미덕으로 삼는다. 이것은 말을 바꾸면 '생활 속의 불교'라는 의미가 된다.

특히 조선과 같은 암울한 시대분위기 속에서는 그 길만이 불교현양의 방편일 수밖에 없었기 때문이다.

범해의

찬시

언젠가 이침산이 진도에서 공부할 때 범해 스님은 그의 덕을 찬탄하는 시를 보낸 적이 있다.

> 괴나리 봇짐 속에 다른 것은 없다
> 다만 한 권의 금강경뿐
> 방공의 선문답 곳곳에서 꽃 피니

그대는 필시 유마거사의 화신일레라

尺布行裝何所有 金剛一卷自家珍

總公事業 頭顯 應是維摩小化身

위의 찬시에서 보는 대로 이침산은 당당한 선객이었음이 분명하다.

방공(龐公)은 바로 방거사를 이름 한다. 그는 마조(馬祖)와의 선문답으로 일약 깨달음의 길로 들어선 유명한 중국의 거사이다. 방거사는 어느 날 마조를 찾아가 물었다.

"만법(萬法)과 더불어 짝하지 않는 자가 누구입니까?"

그러자 마조는 이렇게 말했다.

"서강(西江)의 물을 한숨에 다 마시고 오너라. 그러면 일러주마."

이 말이 떨어지자마자 방거사는 오도를 했다고 한다.

이침산은 오묘한 선법의 도리를 만행으로 나타내 보인 인물이다. 그러면서도 행장의 말미에 있는 대로 언제나 겸양의 미덕을 지닌 거사였다. 선법문이 다소 기괴하고 초월적인 언행으로 가득 차 있는 것과는 묘한 대조를 이루고 있다.

범해 스님이 이침산을 유마거사에 비유한 것도 이채롭다. 이것은 단순한 예찬의 의미라기보다는 그의 인품을 표현해 주는 기사라고 생각한다. 원융무애의 화현, 변재와 예지의 소유자라는 언급이다. 결국 우리는 이침산이라는 인물의 삶을 통해 끈질긴 불교적 생명력을 본다.

정책적으로 억압받고, 은둔과 자조로서 세월을 보내야 했지만, 위대한 정신사의 발자취는 곳곳에 남아 있다. 특히 백성들의 애환 속에서 보살행을 실천한 점은 높이 평가되어야 한다. 신라나 고려 때의 재가불교운동과는 전혀 그 맥락이 다르던 시절임을 염두에 두어야 한다. 더구나 이침산이 활약했던 시점은 구한말이다. 일제의 강점이 노골화되고, 민초들의 고통은 극에 달했다. 또 서양 종교, 문물이 물밀듯이 들어닥치는 문화적 격변기였다.

사실 서양 종교의 급격한 성장 원인을 사회사업에서 찾으려는 견해가 있다. 전통 종교였던 불교는 변화하는 시대정신 속에 표류하고 있을 때, 그들은 사회의 그늘진 곳, 아픈 곳을 보듬는 자세를 펼친다. 그 결과 그 종교를 신봉하든, 안 하든 사람들로 하여금 서양 종교는 훌륭한 사업을 진행한다는 '사회적 인식'이 긍정적으로 작용하게 되었다는 것이다. 따라서 구한말에서 일제시대로 넘어가는 정치적 소용돌이 속에서 불교는 중생들에게 무엇을 베풀었느냐를 반성하지 않을 수 없다.

그들에게 필요한 불교는 결코 고매한 이론이나 '할' 방망이가 아니었다. 아픔을 나누고 귀찮은 일을 대신해주는 실천 행위였다. 이침산은 바로 그와 같은 시대 분위기 속에서 불교를 홍보했던 위대한 유발승이었던 것이다.

근대 이후

49 경허
근대 선의 중흥조

구름처럼 흘러 다닌

삶의 흔적

　구한말의 암울한 시대분위기 속에서 우뚝 솟은 봉우리, 근대 선의 중흥조로 꼽히는 스님이 경허 성우(鏡虛惺牛, 1849~1912)이다. 마치 조선 중기의 선풍이 서산에게로 흘러 들어와, 다시 흩어지듯이 경허는 그 시대의 빛나는 별이었다. 그러나 계율 준수를 비웃는 듯한 파격적 행위들로 말미암아 거센 비판을 받기도 했다.

　경허는 전주 자동리(子東理) 출신이다. 아홉 살 때 부친을 여의고 어머니와 형과 함께 관악산 청계사를 찾았다. 그곳에서 계허(桂虛) 스님을 은사로 하여 삭발했다. 타고난 영민함으로 23세 때 동학사강원의 젊은 강사(講師)로 명성을 드날렸다.

　1879년 여름 천안에서 상경하던 중, 때 아닌 폭풍우를 만나 황급히 인근 마을로 뛰어들었다. 그러나 여러 집 대문을 두드려 보아도 도무지 문을 열어주지 않았다. 폭풍우 소리만 귓전을 때릴 뿐 아무런 인기척을 찾아볼 수 없었다. 그때 축 늘어진 송장을 걸쳐 메고 대문을 나오는 사람을 만났다. 그 까닭을 물으니, 지독한 전염병이 퍼져 마을사람의 인명을 대부분 앗아간다는 것이다. 걸리면 그 자리에서 즉사하는 무시무시한 전염병이란다.

이 말을 전해들은 경허는 전신이 오싹해지면서 등에서는 식은땀이 흘러내렸다. 자신도 전염병에 걸려 죽을지도 모른다는 생각이 뇌리를 스치자 전율하기 시작했다. 경전 구절을 수없이 암송해도 죽음의 공포로부터 벗어날 수 없었다. 생과 사가 일여하다고 여태까지 가르쳐 왔지만, 그것은 관념의 유희에 불과했다. 죽음에 직면한 자기 모습이 너무나 초라했다. 지금까지의 모든 경전 문구가 부질없는 메아리로 들렸다. 생각이 여기에 이르자 경허는 결심한다. 진정 살아있음 그 자체로 죽음에 직면하자고.

경허 선사는 동학사로 돌아와서는 곧 강원을 해산하고 불철주야 정진에 몰두했다. 지나가던 나그네의 "소가 되더라도 고삐 뚫을 구멍이 없어야지(無鼻孔)"하는 말을 듣고 홀연히 대오각성했다.

1880년에는 범어사로 가서 선원을 개설했는데 전국의 운수납자들이 구름처럼 몰려 그의 덕화를 입었다. 1899년에는 해인사의 조실로서 수선결사를 도모했다. 이듬해 송광사로 거처를 옮겼다. 1905년부터는 행적이 뚜렷하지 않은데, 삼수갑산·장진 등을 유행한 흔적은 있다. 어떤 때는 걸인의 모습으로 혹은 승려의 복장을 한 채 이곳저곳을 구름처럼 떠돌아다녔다. 1912년 갑산(甲山)의 도하동에서 64세를 일기로 세속의 인연을 마쳤다.

간화선의 계승자

경허의 선풍은 간화선 일변도였다.

"비록 만행을 닦아도 무념을 종으로 삼아야 한다(古人云 萬行備修 唯以無念之宗 修行之要)."

실제로 범어사에서의 결사는 보조국사 지눌의 정혜결사 정신을 답습한 것으로 보인다. 그는 선의 원리에 따라 교를 융섭하려고 했다. 따라서 승속이건 남녀건 불문하고 결사에 동참하도록 허용했다. 이 또한 선원 운영의 개방이라는 점에서 중요한 의미를 지닌다. 경허는 선의 최고 원리를 조사선에서 찾았다.

"청산은 푸르고 창해는 창창하며 조각구름은 흘러간다. 솔바람 소리가 소슬하니 어느 물건 하나 자신 아님이 없다."라고 했다. 이것은 초목과 자신이 동근(同根)임을 일깨우는 법어이다. 우리는 끊임없이 주객의 대립과 혼돈이 이어진다고 생각한다. 그러나 망견을 벗어버릴 때 동체대비는 실현된다는 것이다. 여기서 비로소 보살행이 가능해진다.

이 경지에 이르려면 결코 방편설에 사로잡히지 말아야 한다. 방편이란 어디까지나 진여에 이르기 위한 수단에 불과하다. 교학 연구·염불·기도 등이 모두 방편이다. 그에 집착하면 본말을 잃게 된다. 옛부터 대승사상에서 강조해온 '요의(了義)에 의거할지언정 불료의(不了義)에 의거해서는 안 된다'는 뜻이다. 또 '법(法)에 의지할지언정 사람에 따르지 말라'는 것이다.

조사선은 자성선이다. 나를 찾고, 진실한 내가 자리하는 그와 같은 경지에서 이해될 수밖에 없다. 그러한 경지에서는 어디에나 걸리지 않는 무애한 행동이 나온다. 한 단면을 보자.

스님이 해인사 조실로 계시던 어느 날 석양 녘에 만신창이가 된 어느 미친 여자를 데리고 와 같이 식사를 하고 잠까지 같이 잤다. 날이 새면 여인을 보낼 줄 알았는데 웬일인지 하루, 이틀이 지나도 떠나지 않고 계속 스님과 함께 숙식을 하는 것이었다.

만공(滿空) 스님은 대중들이 알까 두려워 문 밖에서 혼자 지키면서 조실스님을 뵈러오는 사람이 있으면 "스님께선 지금 주무십니다." 하고 돌려보냈다.

만공 스님이 며칠 뒤 문을 열고 들어가 보니, 경허가 그 여자에게 팔베개를 해주고 그녀의 몸에 다리를 걸친 채 코를 골고 주무시고 있었다. 자세히 살펴보니 그 여자의 모습은 손가락이 썩어서 떨어져 나갔으며 걸친 옷은 피고름과 오줌으로 절어 올이 보이지 않을 정도였다. 더구나 송장 썩는 냄새와 같은 악취가 나서 코를 들 수 없을 정도였다. 문둥병에 걸린 여자였던 것이다.

자기를 버린 무애의 경지에 들어가지 않으면 도저히 행하기 힘든 그러한 모습을 보고 만공 스님은 절로 경허 스님을 존경하게 되었다 한다.

이 밖에 장례행렬을 모욕했다고 하여 실컷 두들겨 맞은 일화, 지나가던 처녀와 입을 맞추고 봉변을 당한 사례 등 일일이 열거하기 어려운 경허 스님의 기담들이 입에서 입으로 전해 내려오고 있다.

경허 스님의 막행막식에 관해서는 극단적인 부정과 긍정의 평가가 있을 수밖에 없다. 그러나 암울한 시대의 지성이 취할 수 있는 현실적 상황을 염두에 둘 때, 아무래도 극단적인 달관의 태도를 취하기는 어렵다고 본다. 그러나 다소의 부정성을 인정한다 해도 그가 '큰 그릇'임을 부정할 수는 없다. 다만 현실참여가 보다 생산적이었으면 하는 아쉬움은 남는다. 치열한 구도의 기개와 함께 의연한 수도의 기풍을 진작했다면, 경허 스님은 완벽한 선객으로 부각되었을 것이다. 아울러 현대 한국불교의 이념이 빚는 혼돈을 어느 정도라도 막을 수 있었으리라고 본다.

경허의
후예

경허의 법제자들은 현대 한국불교의 가장 중요한 인맥을 형성한다. 그의 문하에서 수학했거나 법을 이은 제자들로는 만공(滿空)·혜월(慧月)·수월(水月)·혜봉(慧峰)·송운(松雲)·용성(龍成)·한암(漢岩) 등이 있다. 모두 일기당천의 뛰어난 법기들이다. 또 이들의 제자들로는 태수(太手)·학명(學明)·제산(齊山)·남전(南泉)·진응(震應)·진하(震河)·동명(東明)·민파(泯波) 등이 꼽힌다.

철저한 법맥의 관점에서 백용성이나 방한암을 경허계로 볼 수 없지 않느냐는 견해도 있으나 이에 대해서는 옳고 그름을 논하지 않기로 한다. 결국 오늘날 큰스님으로 꼽히는 어른들도 거의가 이 경허라는 거봉의 그늘 속에 있음을 알 수 있기 때문이다. 한 인물은 이렇게 영겁을 관통한다. 비록 60년 남짓한 삶을 살았지만 경허의 법화는 1세기가 지나도 꺼지지 않는다. 경허선의 연구에 기본적인 텍스트가 되는 자료로서 『경허법어』가 있으며, 개별적 연구로 서경수(徐景洙)·한기두(韓基斗)·이성타(李性陀)·한보광(韓普光) 등이 이 방면에 관해서 값진 논문을 남기고 있다. 끝으로 당시로서는 상당히 혁신적이라 할 수 있는 국한문

혼용 형식인 경허의 참선곡(參禪曲) 일부를 소개한다.

홀연히 생각하니, 도시몽중(都是夢中)이로다.

천고영웅호걸(千古英雄豪傑)이 북망산(北邙山) 무덤이오

부귀문장(富貴文章) 쓸 데 없다.

황천객(黃泉客)을 면(免)할소냐.

오호(嗚呼)라 이 몸이 풀 끝에 이슬이요, 바람 속의 등(燈)불이라.

삼계대사(三界大師) 부처님이 정령(叮嚀)히 이르사대.

마음껏 깨쳐 성불(成佛)하여 생사윤회(生死輪廻) 영단(永斷)하고,

불생불멸(不生不滅), 불국토(佛國土)에 상낙아정무위도(常樂我淨無爲道)

를 사람마다 다 할 줄로

팔만장경유전(八萬藏經遺傳)하여 사람 돼야 못 닦으면

다시 공부 어려우니

나도 어서 닦아보세…….

50 만공
일원상의 진리

경허의
고제

스님의 속명은 송도암(宋道庵), 전북 태인 출신이다. 어렸을 때 이미 출가의 뜻이 있었다. 그러나 부모님은 결코 만공(滿空)의 출가를 허락하지 않았다. 종형이 엄하게 감시했으나 야반도주하여 전주 봉서사로 갔다. 다시 송광사·쌍계사를 거쳐 동학사에서 경허를 만난다. 그때 스님의 나이 열네 살이었다. 그러나 이때는 사제의 인연을 맺지 못했다.

같은 해 태허(泰虛)를 은사로 득도했다. 태허 스님은 만공의 친형님이다. 23세 때부터 '만법귀일(萬法歸一) 일귀하처(一歸何處), 만법은 하나로 돌아가는데, 하나는 어디로 돌아갔는가'의 화두를 참구하기 시작하여 선객의 길을 걸었다. 다시 26세 때 경허를 만났으나 스님은 '만법귀일 일귀하처'의 화두로는 더 진보가 없으니 조주의 무(無)자 화두를 들어보라고 했다. 그 후 '무'자 화두를 들고 공부를 하다가 28세 때 또 경허를 찾았다.

■ 간월암 정경

드디어 통도사 백운암에서 지내던 중 새벽 종소리를 듣고 참선의 묘지를 터득했다. 34세 때 경허는 그를 큰 그릇으로 여겨서 만공이라는 법호를 내리고 법을 계승토록 했다. 이후 경허는 갑산으로 거처를 옮겼고, 만공은 수덕사에서 정진했다. 특히 견성암을 중창하여 후학들을 지도했다. 만공은 원상(圓相)의 진리를 깨달았다고 전하는 바, 다음과 같은 오도의 노래가 전해온다.

> 공산(空山)의 이기(理氣)는 고금 밖에 있고
> 흰 구름 맑은 바람이 스스로 오가는구나
> 무엇 때문에 달마는 서쪽에서 왔을까
> 닭 우는 새벽 축시 인일에 나왔도다
> 空山理氣古今外 白雲淸風自去來
> 何事達磨越西天 鷄鳴丑時實日出

금강산 유점사에서 3년을 보낸 후 서산군 안면면 간월도에서 '간월암'을 중창했다. 만년에 '전월사'라는 초가집을 지어 수도하다가 1946년 가을에 64세를 일기로 입적했다.

일원상의 진리

만공의 생애를 관통하는 진리는 일원상(一圓相)에 관한 것이었다. 그가 오래 머물던 덕숭산 정혜사에 '용인선회(龍仁禪會)'를 조직해서 운영한 일이 있는데, 그때 후학들을 지도한 지침도 역시 일원상이었다. 또 견성암에 비구니를 위한 선방을 개설했을 때도 역시 일원상이었다. 만공은 둥근 원을 그려서, 그 경지야말로 불조의 심인임을 역설했다. 원래 일원상은 이자삼점(伊字三点)의 만다라(Mandala)이다. 즉 열반의 삼덕을 법신·반야·해탈이라고 하는데, 그것을 원 안에 삼점으로 나타내곤 한다. 만공은 이것을 삼요(三要)라고 해석한다. 일체중생을 제도하는 요긴한 세 가지 문일 뿐 아니라, 작금의 한국불교를 중흥시킬 수 있는 요체라고 파악한다.

이 삼요는 대기(大機)·대용(大用)·제시(齊施)를 가리킨다. 큰 그릇이라야 중생을 용납한다. 자질구레한 개인적 명성이나 영달을 버린 경지이다. 대용은 큰 쓰임새를 말한다. 제시는 물론 자리와 이타의 원행(願行)을 말한다. 참선이란 결국 '자신을 찾는 길'이다. 잃어버린 나를 찾고 본래 모습이 아닌 나를 극복하는 길이다. 그러나 '나'를 회복했을 때 그것은 모든 이들에게도 공감을 얻을 수 있어야 한다. 불자는 결코 중생계의 '섬'이 아니기 때문이다.

만공은 『만공어록(滿空語錄)』에서 이 '참 나'를 실현하는 구체적 방안을 19가지로 열거하고 있다. 그는 열두 번째 조항에서 다음과 같이 주장한다.

> 모든 사람에게는 삼신(三身)이 있다. 육신(肉身)·업신(業身)·법신(法身)이 그것이다. 세 몸이 일체되어 하나로 쓸데라야 참 나를 알 수 있다. 일체의 행위는 법신의 작용 아님이 없다. 그러나 육신과 업신을 떠나 따로 법신이 있지 않다는 이치를 터득해야 곧 나고 죽음 없는 '나'의 자리이다.

만공은 간결하게 핵심을 간파하고 있다. 법신은 진여의 상태이지만, 이 육신과 업신을 떠나 따로 존재할 수 없다는 불이(不二)의 경지를 말한다. 또 마지막 경구에서는 이렇게 말하고 있다.

"부처를 대상으로 하여 참구하다가 구경에 이르면 내가 곧 부처임을 깨닫게 된다. 결국 내가 '나' 안에서 '나'를 발견하게 된다."

우리는 관세음보살의 가피력을 말한다. 이 순간은 분명히 타력신앙이다. 그러나 다음 단계로는 내가 관세음보살이 되려고 노력한다. 가난한 이에게는 베풀고, 교만한 이는 조복시키며 법을 모르는 이들에게 진여를 이해시킨다.

그들 중생에게 있어서 나는 관세음보살이다. 그러나 마지막 단계에서는 바로 내 안의 관세음보살을 확인한다. 깊은 자비의 여울이 내 안에 있었음을 깨닫게 되는 것이다. 이때 비로소 타력은 자력이 된다. 또 그 둘이 조화를 이루면서 자유자재로 중생들을 교화하게 된다. 만공은 참선의 궁극이 바로 이와 같은 경지의 체득임을 강조하고 있는 것이다.

삼대발원

만공이 살던 시대는 암울했다. 구한말에 태어나서 일제강점기에 청소년기를 보냈으며 해방의 혼돈 속에 삶을 마감했다. 그는 불교의 대의가 천명되기에는 시대와 중생의 근기가 너무 낮다는 것을 자각한 인물이다. 만법귀일(萬法歸一)이니, 무자(無字)니 하는 화두들의 현실적 응용이 더욱 시급한 과제임을 절감했다. 따라서 대원(大願)에 투철한 불자가 되어야 한다고 역설했다. 법장비구의 48대원, 지장보살의 비원이야말로 암울한 시대를 이기는 첩경이라고 보았다. 만공은 이 사상을 정리하여 삼대발원문(三大發願文)을 지었다. 이것으로 어리석은 세상의 경책을 삼았는데 그 요지는 다음과 같다.

첫째, 우리는 삼세제불의 말세정법을 옹호하자.

둘째, 우리는 조종(祖宗)의 현풍(玄風)을 유통하여, 원성(圓成)을 이루자.

셋째, 선풍을 진흥하여 세계문화를 개척하자.

물론 이 세 강령은 후학을 지도하는 선도적 이념이기도 했다. 만공은 탁악한 현실 속에 정법을 수호하려는 이상을 세운 것이다. 그는 스승 경허에 비하면 자유분방하고 원융무애한 면은 부족하다. 동시에 진실한 수도자의 면모로서는 오히려 뛰어난 점이 있다. 철저한 율행과 후학 양성의 진지함이 만공의 일생을 관통하고 있다. 신(新)여성 일엽(一葉)을 문하에 둔 것은 유명한 일화의 하나이다.

51 한암
출세간의 사표

경허와
인연

방한암(方漢岩, 1876~1951)은 강원도 화천 출신이다. 법명은 중원(重遠), 호가 한암이다. 어렸을 때 출가를 결심했는데 그 내력이 색다르다. 서당에서 글공부를 할 때였다. 훈장은 『유학통감』을 인용하여 태초에 천황씨(天皇氏)가 있었다고 말했다. 한암은 그 이전에는 누가 있었느냐고 물었다. 반고씨(盤古氏)라고 답하자, 또 그 이전의 존재를 물었다. 훈장은 맹랑하다고 생각하여, 아이의 뜻을 묻는다. 아이는 결코 태초의 '그 무엇'은 있을 수 없다고 대답했다.

사실 우리는 너나없이 이와 같은 수직사고에 물들어 있다. 그래서 절대타자를 말하고, 절대귀의를 설명한다. 그러나 그 '절대의 절대'에 대한 의문이 없다는 것은 언제나 문제로 남을 수밖에 없다. 드디어 한암은 출가를 결심한다. 22세 때 금강산 장안사에서 금월선사에게 득도했다. 이후 신계사(新溪寺), 청암사(靑巖寺) 등에서 용맹정진했다. 24세 때 청암사에서 경허를 만났다. 그에게서 『금강경』을 배우던 중 '범소유상

(凡所有相) 개시허망(皆是虛妄) 약견제상비상(若見諸相非相) 즉견여래(卽見如來)'의 구절에서 큰 깨달음을 얻는다. 경허는 곧바로 한암의 대오(大悟)를 인정했다.

훗날 경허선사는 한암 스님과 해인사에서 다시 해후한다. 그러다가 경허는 해인사에서 한암 스님과 이별할 때, 서한과 시 한 구를 지어 스님에게 주었다.

나는 천성이 화광동진(和光東塵, 중생을 제도하기 위해 속세에 섞여 사는 일)을 좋아하고, 더불어 꼬리를 진흙 가운데 끌고 다니기를 좋아하는 사람이다. 다만 스스로 삽살개 뒷다리처럼 너절하게 44년의 세월을 지내다 우연히 해인정사에서 한암을 만나게 되었다. 그의 선행은 순직하고, 또 학문이 고명(高明)하여 1년을 같이 지내는 동안에도 평생에 처음 만난 사람인 양 생각되었다. 그러다가 오늘 서로 이별하는 마당에 서게 되니, 아침·저녁의 연운(煙雲)과 산해(山海)의 멀고 가까움이 진실로 보내는 회포를 뒤흔들지 않는 것이 없다. 하물며 덧없는 인생은 늙기 쉽고, 좋은 인연은 다시 만나기 어려운즉, 이별의 섭섭한 마음이야 더 어떻다고 말할 수 있으랴. 옛날 사람은 말하기를, 저로 알고 지내는 사람은 천하에 가득 차 있지만 진실로 내 마음을 알고 있는 사람은 과연 몇이나 되랴, 고 하지 않았는가. 과연 한암이 아니면 내가 누구와 더불어 지음(知音)이 되랴. 그러므로 여기 시 한 수를 지어서 뒷날에 서로 잊지 말자는 부탁을 한다.

두 분이 주고받은 시는 후학들의 심금을 울린다.

북해에 높이 뜬 붕새 같은 포부

　　변변치 못한 곳에서 몇 해나 묻혔던가

　　이별은 예사라서 어렵지는 않건만

　　뜬 목숨 흩어지면 언제 다시 만날 수 있으랴

　　捲將窮髮重天翼 謾向拾且幾時

　　分離尙俊非難事 所慮浮生渺後期

한암은 스승에게 다음과 같이 화답했다.

　　서리국화 설중매는 지나갔건만

　　어찌하여 오랫동안 곁에 둘 수 없을까

　　만고에 변치 않고 늘 비치는 마음의 달

　　뜬 세상에서 뒷날을 기약해 무엇하리오

　　霜菊雪梅纔過了 如何承侍不多時

　　萬古光明心月在 更何浮世謾留期

　마지막 대구(對句)만을 놓고 본다면, 오히려 한암 쪽이 더 무상의 철리를 체득한 듯이 느껴진다. 마치 달관한 신선처럼 그들은 담담히 별리의 아픔을 승화시키고 있다. 이후 두 분은 다시 만나지 못했다.

　한암은 30세 때 통도사 내원선원의 조실이 되었다. 35세 때 맹산 우두암에서 홀로 정진했다. 50세 때 오대산 월정사로 거처를 옮겼다. 51세 때 다시 상원사로 옮겼다. 이후 26년 동안 산문을 나서지 않고 정진했다. 1951년 좌선한 채로 입적했다. 세수는 76세, 법랍은 54세였다.

지금도 상원사의 법당에는 빛바랜 한 장의 사진이 걸려 있다. 좌탈입망의 흑백사진 속에는 진실한 수도의 얼이 우리를 경책하고 있다.

두문불출

월정사에 들어가기 전에 한암 스님은 이렇게 말했다고 전해진다.

"천고에 자취를 감춘 학이 될지언정 삼춘(三春)에 말 잘하는 앵무새의 재주는 배우지 않으리라."

『노자도덕경』에는 '불감위선(不敢爲先)'이라는 법구가 있다. 수도는 결코 뛰어난 언변과 글재주에 있는 것이 아니다. 남보다 앞서면 반드시 시기가 따른다. 따라서 얼핏 보기에는 소극적인 삶 같지만 가장 긍정적일 수 있다.

한암이 살던 시대는 우리의 역사에서 가장 불행했던 때이다. 구한말, 일제강점, 해방의 기쁨과 혼란, 6·25…… 이 혼돈의 와중에서 진실한 수도자가 살아야 할 길을 그는 알고 있었다. 한암은 어두운 시대를 밝히는 신선한 법등이 되었던 것이다.

6·25 이후 이른바 공비 토벌작전이 한창일 때, 오대산 역시 분란의 소용돌이 속에 있었다. 오대산 공비들은 상원사를 거점으로 노략질을 일삼아 왔다. 출몰이 잦은 공비 때문에 적지 않은 애로를 겪은 국군은 상원사와 월정사에 스님들이 머물지 못하도록 명령했다.

젊은 장교는 한밤중에 대원들을 이끌고 상원사로 가서 절을 불태워야겠다고 했다. 스님은 잠깐 기다리도록 이르고 가사와 장삼을 갈아입

■ 오대산 상원사

은 뒤 법당으로 들어가 좌선에 들었다. 그리고 불을 질러도 좋다고 말하면서 이렇게 일렀다. "나는 부처님의 제자요. 부처님은 이럴 경우 이렇게 하라고 말씀하셨소. 그리고 당신은 장군의 부하이니 장군의 명령대로 불을 지르시오."

그 장교는 스님의 인격에 감화된다. 그래서 다만 공비들이 이곳에서 기거하지 못하도록 법당의 문짝만을 떼어내 불을 지르게 한 뒤 되돌아갔다. 또 인민군의 습격을 받았던 때, 그들은 스님들을 끌어내어 점호를 받도록 했다. 한암 스님은 이것을 거부한 채 끝내 좌선의 자세를 흐트리지 않았다. 1·4후퇴 때도 오대산의 모든 승려가 피신했지만, 한암 스님은 남아서 상원사를 지켰다. 이렇듯 상원사가 지금의 모습을 지킬 수 있었던 것도 오직 한암의 원력 때문이었다. 한암의 기행, 기담은 수 없이 많지만 대부분 구전으로 이어올 뿐 기록이 없다는 것이 아쉽다.

그 주변에는 또 많은 선지식들이 구름처럼 모였다. 특히 선객들은 스님을 뵙고 법담을 나누는 것을 큰 자랑으로 여겼다. 만공·용성·효봉·경봉·탄허 등 기라성 같은 고승선덕들이 오대산을 찾았다. 그들은 저마다 개오의 경지를 스님과 나누고 법열을 즐기는 도반이 되었다. 일본의 조동종 고승 사토 또한 스님과 선문답을 나누고 큰 감명을 입었다. 그래서 어느 강연회에서 "한암 스님은 일본 천지에서도 찾아볼 수 없는 도인임은 물론 세계적으로도 둘도 없는 인물이다."라고 평가했다.

한암 스님은 꼭 필요한 언사 이외에는 늘 묵언으로 일관했다. 이와 같은 생활태도 또한 후학들의 귀감이 되었다. 선가에서 말하는 '개구즉착(開口卽著)', 즉 입을 열면 그르친다는 의미를 몸소 보여주었던 것이다. 문중에 숱한 제자들을 두었으나 특히 탄허 스님이 손꼽힌다. 탄허는 『화엄경』 연구에 일가를 이루었을 뿐 아니라 박학광탕함이 뛰어나서 지금까지도 그 성예를 드높이고 있다.

탄허 스님도 한암 스님의 유지를 받들어서 오랫동안 월정사에서 칩거하신 바 있다. 지금 상원사로 오르는 둔덕에는 이 두 분을 모신 사리부도가 의연히 서 있다. 그들의 색신은 우리 곁을 떠났지만, 위대한 수도의 의지는 여전히 오대산을 감돌고 있다. 그것은 또한 법계에 변재한 진성의 묘용이기도 하지 않을까 싶다.

오대산 중대(中臺)에는 한암 스님이 꽂아놓은 지팡이가 있다.

"이 지팡이가 사는 날 내가 다시 돌아오리라."라고 했다는 일화가 전해 온다. 지금은 가지가 돋고 잎이 피어서 훌륭한 단풍나무가 되었다. 피어 있는 단풍나무와 같이 오대산의 구석구석에는 스님의 일화, 기담, 전설이 전해온다.

52 만해
행동하는 지성

풍운의

삶

　만해 한용운에게는 언제나 현란한 수식어가 붙어 다닌다. 민족시인·독립운동가·승려시인·불교혁신가…… 아마도 근대 한국불교사에 너무나 뚜렷한 발자취를 남겼기 때문이라고 짐작된다. 만해의 삶에는 '반골 기질'이 관통하고 있다. 불의를 용납치 않는 의연함, 서릿발 같은 자기비판, 그리고 해박한 현실인식이 그의 삶을 주도하고 있다. 실로 만해는 행동하는 양심의 대변자로 영원히 기억되어야 할 인물이다.

　만해는 1878년 8월 충남 홍성에서 출생했다. 어렸을 때부터 영민함이 남달랐으며, 성장하면서 바람직스럽지 못한 현실을 자주 비판했다. 19세기 말엽은 가장 혼란스러운 시기였다. 조선의 관료주의는 부패했으며, 열강의 침탈은 더욱 노골화되고 있었다.

　1896년 동학혁명이 일어난다. 오늘날 이 동학에 대한 재조명이 이루어지고 있는 것은 다행스런 일이다. 이 운동을 단순히 민중봉기로 보려

■ 만해 한용운 시비

는 안목은 이미 동학에 대한 평가절하를 목표로 삼기 때문이다. 우리는 우선 동학이라는 슬로건이 서학의 반대말이라는 점에 유의할 필요가 있다. 그것은 강력한 민족의식의 대변이었다. 비록 조직력의 열세, 투쟁혁명에 대한 막연한 알레르기 때문에 실패로 끝났지만, 그에 대한 재조명은 반드시 필요하다고 생각한다.

만해는 열여덟 살 때 동학운동에 참가한다. 그러나 곧 실패로 끝나고 그는 쫓기는 신세가 된다. 만해가 몸을 피한 곳이 오세암(五歲庵)이며, 그 후 설악산 일대를 전전했다.

1905년 드디어 백담사에서 득도했다. 사람의 인연이란 풀 수 없는 수수께끼 같은 것. 혁명의 의지에 불타던 한 젊은이의 인생행로는 이렇게 하여 출가사문의 길로 전향한다. 한일강제병합이 되자 만해는 국외로 망명했다. 중국 시베리아 등지를 전전하면서 민족독립의 길을 모색했다. 1919년 3·1독립운동 때는 민족대표 33인의 하나로 추대되었다. 특히 그는 불교계를 대표하는 인사로서 백용성(白龍城) 등과 함께 3·1만세사건을 주도했다. 만해가 육당의 『독립선언문』 문안을 반대하고 공약삼장(公約三章)을 첨가했다는 것은 널리 알려진 일화이다.

옥고를 치르면서 많은 이들이 일제의 강압과 회유에 굴복했지만, 만해는 끝내 소신과 지조를 굽히지 않았다. 법정에서 도도하게 조선독립의 당위성을 설파한 일, 변절자의 집 앞에서 곡을 한 일, 그리고 문도들이 옥중차식을 넣은 자금이 정재(淨財)였다는 사실로 의절한 일들은 그의 고고한 기품을 알게 하는 심증적 자료들이다.

불교 유신의 선봉

만해는 특히 불교혁신에 대해 지대한 관심을 가지고 있었는데, 그의 대표적 논술집인 『조선불교유신론』에 그 중심사상이 요약되어 있다. 그는 불교에 대한 정치 탄압이 이미 사회적으로 확립된 불행한 시기를 살았다. 만해가 비분강개했던 점은 이와 같은 사회풍조의 부당성 때문만이 아니었다. 오히려 그것을 타개하려는 원력을 상실한 채 현실과의 야합만을 도모했던 교단의 무기력 때문이었다. 이것은 전통종교가 갖는 취약점이다. 강한 추진력보다는 언제나 전통의 무게만을 안고 사는 고당(古堂)을 연상시킨다. 따라서 만해는 과격한 언사를 써서 전통의 매너리즘을 개혁하려고 했던 것이다.

유신이란 무엇인가? 파괴의 자손이다. 파괴란 무엇인가. 유신의 어머니이다. 천하에 어머니 없는 자식이 없다는 것은 인류가 알지만, 파괴 없이 유신이 없다는 것은 인류가 알지 못한다. 그러므로 비례해서 배운다면 유신과 파괴가 멀지 않다는 것을 미루어서 알 것이다. 대개 파괴란 무너져 없어진다는 것이 아니라, 없애고 끊는 것이다. 다만 과거의 관습이 불합리할 때 그것을 뒤집어서 새롭게 나아가는 것이다. 파괴라고 하지만 실은 파괴가 아니다. 훌륭한 유신이란 훌륭한 파괴이니, 파괴가 늦으면 유신이 늦고 파괴가 빠르면 유신 또한 빠르며 파괴가 작으면 유신도 작고 파괴가 크면 유신 역시 크다.

-『조선불교유신론』

도대체 왜 이와 같은 무사안일이 생겨났을까. 만해는 그 이유를 승려의 교육부재 때문이라고 단언한다. 배우지 못하고, 깨닫지도 못했다면, 이미 현실을 계도할 능력을 상실한 집단일 수밖에 없다. 물밀 듯이 들이닥치는 신문화 수용에 냉담하고, 현실감각마저 없는 기성교단은 오로지 '잿밥'에만 눈이 팔려 있다고 통박했다. 따라서 만해는 당시로 보면 파격적이랄 수밖에 없는 염불당 폐지를 이유로 내건다. 심하게 말하면 호구지책의 온상이요, 신자 우민화의 본거지라는 것이다.

아울러 불교의식의 과감한 개혁을 주장한다. 다라니와 한역독송 위주의 번거로운 의례는 주술화 경향을 초래한다고 보았다. 그 뜻을 알게 하려면 한글로 또 현대 감각에 맞게 새로운 편집이 필요하다고 했다. 물론 염불당 폐지 문제는 혁파라는 단순논리로는 해명할 수 없는 복합적 사유체계의 소산이다. 열등한 민간신앙을 불교적으로 수용하는 과정에 나타나는 현상이 산신각이며 염불당이다.

문제는 이기적인 기복성을 어떻게 보살행으로 승화시키느냐 하는 점이다. 그러나 근본교리에만 치중하여 이와 같은 '과정'을 송두리째 죄악시한다면 이른바 '빈대 잡으려다 초가삼간 태우는' 우에 빠지지 않을 수 없다. 그러나 분명한 점은 그 폐해가 도를 넘어서고 있다는 점이다. 만해는 그 때문에 '파괴'를 염불처럼 되뇌이고 있었다.

불교제도의 혁신

다음으로 만해는 제도개혁을 논의한다. 그 골자는 승려

를 결혼시키자는 점과 주지를 선거로 임용하자는 것으로 축약된다. 당시로서는 파격적인 주장이었으니 일파만파를 불러 일으켰다. 지금도 비구승단인 조계종단에서 그를 '선생'으로 격하시키는 주된 원인이기도 하다. 본질적으로 말하면 취처(娶妻)의 문제는 개인의 양심에 따라야 한다고 본다.

만해는 물론 이판, 사판의 이원적 구조가 합리적이라고 보았지만, 그 제도 또한 문제가 있다. 출가는 이 둘을 공유해야 바람직하기 때문이다. 그렇다면 승려의 결혼을 묵인할 수는 있지만 제도화시킨다는 것은 어불성설이다. 만해의 논리가 지나친 비약이라는 점을 지적하지 않을 수 없다. 다만 승려 결혼의 논리는 시대적 상황임을 염두에 둘 수는 있다. 즉 생활불교를 표방해 불교를 활성화시킬 수 있다면 그 또한 방편일 수 있다는 논리가 가능하기 때문이다.

주지의 선거문제 또한 당시로서는 매우 파격적인 제안이다. 추대 방식보다는 민주적 절차에 의한 선거를 주장했다. 그러나 오늘날 보는 대로 직선제에는 또 다른 폐해가 따를 수 있다. 세를 규합하고 돈 봉투를 돌리는 정치판의 흐름이 재연되지 말라는 보장이 없기 때문이다.

전통적으로 불가의 주지 임명은 다음과 같은 세 가지 법식이 있다. 첫째 사자전승이다. 특히 법맥을 소중히 여기는 선가에서 늘 써오던 스승과 제자의 이어짐이다. 둘째는 원로회의의 임명 방법이다. 산중의 어른들이 모여서 적임자를 물색하는 방안이다. 셋째는 대중공사이다. 즉, 가장 선거제에 가까운 방법이지만 철저히 비공개 회의방식이다. 오히려 현대의 불교종단은 이 세 가지 중에 하나를 선택하는 것이 바람직하다고 보지만, 만해는 철저히 직선제를 주장했다.

만해의 사상적 영향

만해는 풍운아였다. 동시에 행동하는 '양심의 지성'이었다. 창백한 관념을 그는 경멸했다. 우리는 불교의 타성을 혁신하려던 그의 기개를 높이 평가한다. 아울러 다소간의 비약이 있다는 점을 인정한다. 만해의 비판과 과격은 역시 암울한 시대 때문이라고 볼 수밖에 없다. 그에게는 학문에 전념할 여유도 참선에 몰두할 평온도 주어지지 않았다. 그러나 3·1운동, 해방으로 이어지는 숨가쁜 격변 속에서 불교의 자존심을 대변했다는 것은 아무리 강조하여도 지나친 바가 없다. 오늘날에도 불교하면 친여 성향임을 자타가 공인한다. 역사의식도 깊지 못한 편이다. 그러나 모든 사태를 비판적 안목으로 점검하는 자세는 필요하리라고 생각한다. 반대를 위한 반대만을 능사로 삼아서는 안 된다.

불교청년운동의 기수

만해의 불교관은 그의 저작 전편에 상세하게 언급된 바 있다. 그의 대표작 『조선불교유신론』은 1913년에 출판되었다. 그러나 책의 출판 시기는 집필을 완료한 3년 후였다. 따라서 1910년에 탈고한 책이다. 나이 불과 32세, 입산한 지 5년 만이다. 우리를 부끄럽게 하는 것은 젊은 나이에 그토록 해박한 불교관을 가졌다거나 불교 초심자로서의 기개가 뛰어났다는 점 때문만이 아니다. 그 책이 출판된 지 100

년. 그곳에 제기된 '문제점'들이 아직도 여전히 우리 불교계에 군더더기로 남아 있다는 자책감 때문이다.

청년 한용운이 목 아프게 외쳤던 '불교유신'은 여전히 오늘의 문제점으로 남아 있고, 그 점이 우리를 못 견디게 부끄럽도록 만든다는 점이다. 1926년에는 시집 『님의 침묵』을 출판했다. 그 글의 말미에 한용운은 다음과 같은 여운을 남기고 있다.

> 독자여. 나는 시인으로서 여러분의 앞에 보이는 것을 부끄러워합니다. 여러분이 나의 시를 읽을 때에 나를 슬퍼하고, 스스로 슬퍼할 줄을 압니다. 나는 나의 시를 독자의 자손에까지 읽히고 싶은 마음은 없습니다. 그때에는 나의 시를 읽는 것이 늦은 봄의 꽃수풀에 앉아서 마른 국화를 비벼서 코에 대이는 것과 같을런지 모르겠습니다.

그러나 우리는 만해를 결코 슬퍼하지 않지만 우리 스스로를 슬퍼한다. 또 자손에게까지 그의 시를 읽히면서 그 기개의 편린이라도 붙잡으려 하는 것이다.

만해의 대표적인 시 가운데 하나인 〈나룻배와 행인〉이 백담사 시비에 새겨져 있어 지나가는 이의 눈길을 끈다.

> 나는 나룻배
> 당신은 행인
> 당신은 흙발로 나를 짓밟습니다.
> 나는 당신을 안고 물을 건너갑니다.

나는 당신을 안으면 깊으나 얕으나 급한 여울이나 건너갑니다.

만일 당신이 아니 오시면 나는 바람을 쐬고 눈비를 맞으며 밤에서 낮까지 당신을 기다리고 있습니다.
당신은 물만 건너면 나를 돌아보지도 않고 가십니다그려.
그러나, 당신이 언제든지 오실 줄만은 알아요.
나는 당신을 기다리면서 날마다 날마다 낡아갑니다.
나는 나룻배
당신은 행인

만해가 추구했던 불교는 '젊은 불교'였다. 옛 영광의 그림자를 부적처럼 지니고 사는 불교가 아니라 미래를 지향하고, 중생계를 제도하는 보살불교가 되자는 것이다. 스님의 의지는 불교청년운동과 교육으로 나타난다. 선학원을 중심으로 불교청년단체를 조직한 것이 아직까지 그 전통의 맥을 이어오고 있다.

또 불교 잡지를 창간하여 건필을 과시하기도 했다. 만해는 연재소설을 통해 본격적으로 불교문학을 소개하기도 했으나 1937년 우여곡절 끝에 폐간되었다. 원래 월간 《불교》는 권상로가 1914년 창간하여 108호까지 발간했다가 휴간되었던 잡지이다. 만해는 1931년 이것을 인수해 복간했으나 2년 만에 그 운영권을 넘겼다.

만해는 1944년 광복 전야에 입적했다. 세수는 66세였다. 그가 칩거했던 성북동의 심우장(尋牛莊)에서 파란만장한 삶을 마감했던 것이다. 그에게 인격적 감화를 입었던 제자들은 만해사상연구소를 설립했으며 해마다 논문집 발간, 세미나 주최 등을 시행하고 있다. 또 남한산성 안에 건립된 만해기념관에는 그의 유품들이 전시되고 있다. 만해의 문학성에 관해서는 인권환의 저술이 있고, 불교적 측면은 전보삼에 의해 재조명된 바 있다.

만해의 위대한 사상은 여전히 생명력과 설득력을 지닌 채 불교를 수호하는 호법천왕이 되고 있다.

53 용성
실천불교의 큰 별

근세불교의

거봉

용성 스님은 현대 한국불교의 형성에 있어서 크나큰 영향력을 남긴 인물이다. 용성 스님의 발자취를 살펴보면 다음과 같다.

첫째는 3·1독립운동의 불교 측 대표로서 한용운 등과 함께 한민족 의식을 고취시킨 점, 둘째는 대각교(大覺敎)운동을 통한 실천불교의 현양, 셋째는 경전번역 등 불교현대화의 기수로서의 면모이다.

용성 스님은 관념과 실천을 조화시키려 했던 뛰어난 사상가로 평가된다. 스님은 1864년 전남 남원에서 태어났다. 어렸을 때는 향리에서 한학(漢學)을 익혔으며, 그 총명함이 빼어났다. 16세 때 해인사에서 득도했다. 23세 되던 해 가을 낙동강을 지나다가 오도송을 한 수 읊었다.

금오산에는 천년의 달이 걸려 있고

낙동강에는 만리의 파도가 치고 있구나

저 고깃배는 어디로 가는고

옛 갈대밭에 의지하여 잠자리에 드노라

이후 산수를 만행(萬行)하며 천하의 선지식들과 도를 나누었다.

그러나 한일강제병합으로 주권이 일본에 넘어가자 독립운동과 적극적인 대사회 활동에 매진하게 된다. 무엇보다도 용성 스님이 크게 영향을 받은 것은 명동성당을 비롯한 기독교의 활발한 활동이었다. 여기서 자극을 받은 스님은 1911년 지금 종로 3가에 있는 대각사에서 뜻이 맞는 동지들을 규합하기 시작했다. 용성 스님은 선의 홍포를 통해 불교대중화와 생활불교를 슬로건으로 내건다. 곧 3·1독립운동의 주동자로 지목되어 3년의 옥고를 치러야 했다.

출감한 이후부터는 역경(譯經)에 전심전력했다. 사실 경전의 우리말 번역은 생각처럼 용이한 것은 아니다. 해박한 원전독해 실력이 있어야 하고, 또 반석같은 신심에 막대한 자금과 인력의 뒷받침이 있어야 하기 때문이다. 용성 스님은 또 저술에도 정력을 쏟아 『심조만유론(心造萬有論)』, 『각해일륜(覺海一輪)』 등 주옥같은 논설을 남겼다.

특히 사후세계에 대한 용성 스님의 논구는 값진 노작이 아닐 수 없다. 불교는 특히 내세관에 있어서 뚜렷한 확신을 주지 못하는 경향이 있다. 수도자들에게는 생사일여의 깨침이 가능할지 몰라도, 일반인들에게는 요원한 관념일 뿐이다. 그렇다고 해서 윤회를 생물학적 전변(轉變)의 과정으로 확립시키기에도 어려움이 따른다. 용성 스님은 이점에 착안하여 불교적 내세관을 명쾌하게 정리해 분석하고 있다. 1940년 제자들을 향해 "나는 가노라" 하는 짤막한 말씀을 남긴 채 홀연히 입적했다. 세수는 77세, 법랍은 61세였다.

대각운동이란 무엇인가

대각사를 중심으로 펼친 용성의 대각운동은 대략 세 가지 방향으로 전개되었다.

첫째는 선의 대중화 내지 생활화이다. 용성 스님은 선 수행이 심산유곡에 머물러 있는 현실을 개탄했다. 선은 자신을 회복하는 첩경이며, 불교수행의 중심 테마라고 믿었다. 따라서 일인일원(一人一願) 혹은 경전 등을 통하여 선을 대중화시킴으로써 불교의 현대화를 이룬다고 확신했다. 최근까지 대각사를 중심으로 청년단체의 선 수행이 그치지 않는 것도 이와 같은 사상적 전통 때문이라고 볼 수 있다. 용성이 시도했던 경전의 한글화 작업 또한 같은 사상적 맥락이다. 불교가 대중화되기 위한 필수불가결한 요소가 바로 '쉬운 불교', '이해할 수 있는 불교'이기 때문이다.

둘째는 사원경제의 자립이다. 용성 스님은 일제치하에서 조선경제가 잠식당하는 것을 보고 민족경제의 자립을 주장했다. 그래서 일본상품 불매운동과 자급자족을 외친다. 구체적으로 스님은 만주의 용정에 직접 농장을 만들고 경영한 적이 있다. 또 하동에 화과원(華果院)을 만들어 선농(禪農)불교를 펼치기도 했다. 이는 '하루 일하지 않으면 하루 굶겠다'는 백장(百丈) 스님의 청규(淸規)에 의한 것이다. 무릇 조직이란 인력과 재정의 정비로부터 그 힘을 발휘할 수 있는 법이다. 종교운동이라고 해서 예외는 아니다. 그러나 농경시대의 경제 의식에 머물던 당시 불교 교단은 시주에 의존하는 소극적 단계에 머물고 있었다. 용성 스님은 개간을 통해 생산력을 높이고, 또 그를 바탕으로 한 사원경제의 자립을 도모했던 것이다.

  셋째는 교단의 정화운동이었다. 당시의 교단은 계율준수에 있어서 심각한 타락 양상을 보이고 있었다. 그는 두 차례에 걸쳐 총독부에 건백서(建白書)를 제출한다. 그 내용은 주로 교단의 정화에 관한 것이었다. 사찰은 수도의 도량이어야 한다. 결코 관광자원임을 앞세워서는 안 된다. 이와 같은 견해가 불교의 상업화를 이루고 끝내는 불교를 세속화의 나락으로 떨어지게 하기 때문이다. 물론 당시의 기성교단으로부터는 심한 질시를 받기도 했지만, 스님은 뜻을 굽히지 않았다. 청정한 수도의 자세야말로 불교 발전의 밑거름이다. 특히 오늘날 종교의 위상이 '윤리적 청정성'을 통해 고취되고 있음을 감안할 때, 용성 스님의 지론은 탁견이라고 말하지 않을 수 없다.

깨달음의 현전화

  용성 스님의 논술에는 언제나 '깨달음'을 향한 구도의 집념이 엿보인다. 그의 사상은 『대승기신론』과 『화엄경』에 그 연원을 두고 있다. 모든 중생은 불성의 존재이다. 따라서 깨달음이란 그 내면의 진실을 확인하는 작업이어야 한다. 그러나 다분히 깨달음은 소승으로만 해석되어 갔다. 즉 수도를 통해 자성성불(自性成佛)을 이루면 그만이라는 의식이 팽배해져 있었던 것이다.

  용성에 의하면 깨달음은 자리(自利)가 아니라 이타(利他)여야 한다. 다시 말해서 자타성불의 확신이 현전할 때 비로소 깨달음은 그 빛을 발할 수 있다. 앞서 말한 대각운동은 바로 이 깨달음의 현실적 응용을 위한 실천도량이다. 역경사업 또한 같은 맥락에서 이해될 수 있다. 부처님 말씀을 배우고 익히는 일은 불자로서의 의무요, 권리이다. 그러나 어려운 용어로 뒤범벅이 된 한문원전만을 선가의 보배처럼 간직한다면 그것은 깨달음을 이기적으로 수용하는 일일뿐이다. 부처님의 말씀을 배우려 한다면, 그 뜻을 이해하는 작업이 선행해야 하지 않겠는가. 용성 스님이 번역한 『금강경』의 서문에 나오는 다음과 같은 언급은 여전히 찬연한 생명력을 지니고 있다. "보지 않고 쌓아만 두는 경전은 아무리 산더미같이 많다 할지라도 한갓 종이이며, 오물에 불과하다."

민족성

자각

열여섯 살이나 손아래인 만해 한용운은 용성 스님을 존경하고 따랐다. 만해는 어려운 일이 있을 때마다 늘 용성에게 의논하고 그의 지도에 따랐다. 평소에 남달리 절친하기도 했지만 만해는 선사의 애국심을 잘 알고 있던 터였다. 3·1운동 때에는 극비의 사안을 용성 이외에는 의논할 사람이 없었다. 이를 들은 용성은 아무런 이유 없이 얼른 도장을 내어 주었으며, 만해 역시 용성을 불교대표로 모시게 되었다.

그 뒤 스님의 일거수일투족이 독립운동과 연결되지 않음이 없다. 위에서 말한 선의 대중화도 민중을 자각케 하기 위함이었으며, 경전의 한글화 역시 자주성 확립이라 볼 수 있다. 사원경제의 자립화와 청정교단의 고수는 일제에 침식되어 가는 민족경제와 민족의 전통을 되찾기 위한 하나의 무저항주의적인 독립운동이었다.

이와 같은 활동들은 대각사상을 바탕으로 한다. 즉, 스스로를 자각케 하는 일과 모두를 깨닫게 하기 위한 이타의 방편으로 볼 수 있다.

54 박한영
불교학을 진흥시킨 선구자

일제에
저항하다

박한영(朴漢永)은 전주 사람이다. 고종 7년(1870)에 태어났다. 본명은 정호(鼎鎬), 호는 영호(映湖) 혹은 석전(石顚)이라고도 했으며, 한영(漢永)은 그의 자이다. 구한말의 평범한 양가집 젊은이처럼 그도 처음에는 유교경전을 탐독했다. 그러나 지적 갈증 못지않게 종교적 관심이 높았던 그는 불교에 심취하기 시작했다. 19세 때 태조암(太祖庵)에서 출가했다. 박한영은 당시의 뛰어난 교학자들에게 공부를 배우는 행운을 누렸다.

백양사(白羊寺)의 환응(幻應)에게서 사교(四敎)를, 선암사의 경운(敬雲)에게서 대교(大敎)를 배웠다. 곧이어 그는 뛰어난 언변과 해박한 지식으로 호남일대의 명강사로 꼽히게 된다. 범어사 등에서 후학을 양성했다. 1911년 한국불교에는 치욕적인 사건이 생겼다. 한일강제병합 직후, 일본불교와 한국불교를 연합하려는 해괴한 움직임이 생겨난 것이다. 앞장에 선 인물은 이회광(李晦光)이었다. 그는 일본불교의 조동종(曹洞宗)

밑에 한국불교를 예속시키려 했다. 이때 한국불교 측에서는 이 논리의 부당성을 제창했다. 일본이 종파불교의 전통을 가진 데 반해 한국은 선종의 특수성이 있음을 내세웠다. 구태여 한국불교를 종파로 분류하자면 임제종이라고 통박했다. 성월(惺月) 만해 등과 함께 박한영은 이 운동에 동참해 일제의 만행을 규탄했다.

1920년부터 1946년까지는 조선불교 교정(敎正)을 역임한 바 있다. 가장 어려운 시기에 행정책임자로 등장하여 내우외환의 고비들을 비교적 차분하게 넘겼다. 스님의 제자였던 운성(雲惺) 스님은 스승에 대해서 이렇게 말한다.

> 우리 스님에게는 세속의 명사들이 많이 출입하였다. 저들이 스님을 존경하였거니와 스님도 잘 대해주셨다. 당시 재주 있기로는 세 사람이라고 일컬어졌던 정인보, 최남선, 이광수 등은 일주일에도 몇 번씩 찾아올 때도 있었다. 그 밖에도 기억에 남는 분은 안재홍(安在鴻), 홍명희(洪命熹)…… 홍종인, 안오성, 모윤숙, 고희동, 조각가 김복진, 금석대가인 오세창 등이 찾아왔다.

만년에는 개운사에서 후학을 지도했으며 내장사에 칩거하기도 했다. 1948년 79세를 일기로 입적했다. 시문에 능란하여 좋은 글월을 많이 남겼는데 문집으로 『석전시초(石顚詩鈔)』·『석림수필(石林隨筆)』·『석림초(石林抄)』 등이 남아 있다. 명강의로도 이름을 떨쳤다.

《해동불교》를
발간하다

스님의 선구자적인 업적은 불교언론 활동을 통해 드러난다. 1910년대에는 비교적 많은 불교잡지들이 있었다. 《조선불교월보》《불교》《불교월보》 등이 그것이다.

스님은 1913년에 《조선불교월보》를 《해동불교》로 개칭해 제1호를 냈다. 그는 잡지의 편집 겸 발행인으로서 건필을 과시했다. 이들 잡지는 거의 박한영의 글로 채워졌는데, 간혹 필명을 쓰고 있어서 과연 누구의 글인가는 분명하지 않다. 영호라고 되어 있는 경우는 분명하지만 간혹 구산(龜山) 사문, 기자선추당국인(記者選秋堂菊人), 만향당(晚香堂) 등의 익명이 나오는데 나의 견해로는 그 문투와 논조로 보아서 모두 박한영의 글이라고 생각하고 있다. 《해동불교》를 통해 나타난 박한영의 사상은 몇 가지로 요약된다.

첫째, 올바른 수행관의 정립이다. 박한영은 당시의 수도자들이 가짜 계·정·혜에 빠져있다고 통박했다. 따라서 이타행을 실현하는 새로운 수행관을 펴야 한다고 주장했다.

둘째, 인재양성이다. 교육에 대한 논구인데, 그는 사찰의 교육으로는 부족한 인재양성을 대학 설립으로 메꿔야 한다는 탁견을 지니고 있었다. 그래서 1916년, 동국대의 전신이었던 중앙학림(中央學林)이 설립되자 거기에서 강의를 맡아 후진양성에 힘썼다. 57세 되던 1926년에는 개운사 대원암(大圓庵)에 참다운 불자 양성을 위해 불교 강원을 설치했다. 거기에서 배출된 불교계의 인재들이 청담·운허·미당 서정주 등이다. 62세 되던 해에는 역시 동국대학교의 전신인 중앙불교전문학교의 교장으로 선임되어 도제양성에 매진했다.

셋째, 생산 불교로 전환해야 함을 역설한다. 시주에 의지하는 소극성을 탈피하여 보다 생산적인 불교가 되도록 과감한 체질개선이 이루어져야 한다고 보았다. 넷째, 사회사업의 확산이다. 병원·고아원·양로원 등을 설립하여 명실공히 제세구민(濟世救民)의 종교가 되어야 한다고 말한다.

박한영의 주장은 오늘날까지도 설득력을 지니고 있다는 점이 부끄러울 따름이다. 그는 만해와 더불어 당시 불교계를 대변하는 개혁주의자였다.

화엄종주로서의 명성과 교학 진흥책

당시 불교계에서는 한영 스님을 화엄종주라고 불렀다. 그의 세계관과 불교관에는 화엄사상이 고동치고 있다. 교학 가운데 유달리 화엄을 좋아했고 화엄에 대한 강설을 많이 했다.

스님은 선사라기보다는 강백으로 불교계를 이끌어왔으며 교리를 무시한 선리의 참구를 옳지 않다고 보았던 듯하다. 한영 스님이 대원암에서 불법을 강설하고 있을 때였다. 어느 날 한 제자가 스님에게 금강산에 가서 참선을 해보겠다고 물었더니, "교리도 잘 몰라 가지고 벌써 자네가 무슨 참선은?" 했다는 것이다.

또한 선종일색인 전통적인 선관에 비판적 견해를 제시한다. 예를 들어 석가모니 부처님께서 가섭존자에게 세 곳에서 선리를 전했다는 삼처전심설(三處傳心說)을 비판한다. 특히 '사라쌍수 밑에서 열반에 드셨을 때 가섭 존자에게 두 발을 내밀어 보였다.'라는 설을 인정한다면 삼일 만에 예수가 부활했다는 기독교와 다를 바가 없다고 했다. 그는 평소에 일부 선사들의 도리를 벗어난 막행막식을 염려하여 지행합일(知行合一)을 주장했고 철저한 계율의 준수를 강조했다. '그의 엄정한 계행은 청량(淸凉) 국사 같았고 진속에 살면서도 당시 속진을 떠나 살았던 백파 스님보다 높았다'고 정인보 선생의 글에 나타나 있다.

교정(敎正)으로 재직할 당시에는 승니의 기강을 바로잡는 일에 몰두했다. 어느 시대에나 무자격한 승려는 있게 마련이지만 특히 구한말이 두드러진다. 그들의 옥석을 가려내는 일이 생각처럼 쉽지 않았으리라는 것은 명백한 이치이다. 조선사찰령 반포 이후, 승려에 대한 체탈도첩이 자행되면서 스님은 그 부당성을 지적하며 동분서주했다. 다른 한편 불교의 자주책을 호소하면서 튼튼한 불교학의 진흥을 도모했다. 한영 스님은 교학진흥 열 가지 방책을 주장했는데, 그중에서도 의미 있는 주장들이 눈에 띈다.

첫째, 본사별로 학교를 의무적으로 설치하라.

둘째, 경향 각지에 포교당을 설립하라.

셋째, 말사에서도 반드시 경학(經學)을 전수하라.

이러한 면을 통해 볼 수 있듯이 박한영은 현대 한국불교의 근대화과정에서 빼놓을 수 없는 선각자이다.

55 이능화
역사의식을 지닌 불교학자

불교진흥회를
일으키다

이능화(李能和)는 1869년 충북 괴산군 연풍에서 태어났다. 자는 자현(子賢), 흔히 간정(侃亭)·상현(尙玄)·무능거사(無能居士) 등으로 불린다. 아버지 이원긍(字源兢)은 외부협변(外部協辨)을 지낸 바 있고 일찍이 신문화에 눈을 떠서 개신교에 심취하고 있었다.

그러나 이능화는 아버지의 기대와는 달리 불자의 길을 걸었다. 신앙에 있어서 부자관계는 원만치 못했고, 늘 부친의 질책을 받았다. 20세 때부터 외국어 공부를 했는데, 어학에 재질이 뛰어났고 특히 불어·일어 등에 능통했다. 잠시 관직에 있은 적도 있었지만, 곧 포기하고 학문의 길에 들어섰다. 1915년 불교중앙회를 설립할 즈음 이능화는 이 운동의 산파역을 맡았다. 한일강제병합 직후 불교계의 선각자들은 불교정신의 구현을 통한 민족의식 고취를 도모했다.

당시의 30본산 주지와 50여 명의 신도들이 주동이 되어 불교진흥회를 설립하기에 이른다. 1917년부터 이 단체의 이사를 맡아 이능화는

《불교진흥회원보》《불교계》《조선불교총보》 등 불교계 잡지를 편집하고 발간했다. 그는 특히 불교사에 관해서 남다른 관심을 보였다.

1922년부터 조선사편찬위원회에서 일했는데, 그때 주로 불교 관계 사료의 발굴과 집필 등에 온 힘을 기울였다. 그의 주옥같은 불교사 관계 저술 등은 대부분 이 시기에 쓰여진 것이다. 동국대학교의 전신인 중앙불교전문학교에서 조선불교사 등을 강의한 것도 이즈음의 일이다. 1938년 이후, 노령을 이유로 모든 직책에서 사퇴하고 칩거하던 중, 1943년 봉익동 자택에서 75세로 파란만장한 삶을 마감했다.

『조선불교통사』를
간행하다

이능화의 불교사 연구서로는 『조선불교통사』가 꼽힌다. 1918년 상·하 양권으로 간행한 이 저술은 본격적인 불교 사서(史書)로서 가장 권위 있는 저술이다. 상권은 편년체(編年體) 형식으로 연대순의 불교 관계 기사를 실었다. 그러나 중·하권에서는 주로 불교의 굵직한 사건들, 인물 중심으로 기사를 정리했다(원래 3권으로 편집했으나 출판은 상·하 두 권으로 했다). 또 반드시 그와 관련된 기사들을 같이 묶어서 일목요연하게 볼 수 있도록 했다. 지금 보아도 그 방대한 자료운영에 경탄을 금치 못한다.

우리 측의 사서는 물론이며, 중국·일본의 고기록들을 총망라하여 정리한 점이 돋보인다. 그 당시에 복사기가 있었을 리 만무하고 보면, 일일이 한자 한자를 베껴 썼다는 이야기이다. 그 학문적 성실성과 고증의 객관성은 가히 존경받을 만하다. 비록 역사관의 결핍이라는 부정적 시각도 없는 것은 아니지만, 본격적인 불교통사(佛敎通史)라는 점에서 그 가치는 매우 뛰어나다.

이능화는 또 불자로서는 특이하게 『조선기독교 급(及) 외교사』를 집필했다. 이 저술은 1928년 간행되었는데 아버지의 유지를 받들어서 집필한 것이다. 또 부친의 신앙을 따르지 않았다는 민망함도 작용했으리라고 본다. 또 불교사는 아니지만 『한국도교사』, 『조선사』 등은 한국학연구에 독보적이며 개척자의 자세로 쓴 저술로 꼽을 수 있다.

한국사상의 토대가 유·불·도 삼교(三敎)에 의한다는 것은 주지의 사실이다. 그 가운데 가장 연구가 부족한 쪽이 도교 계통이다. 도교는 현세를 향한 윤리의식이 박약했고, 또 사자전승의 법계(法系) 또한 희미했다. 따라서 고려 중기 이후부터는 불교에 습합되어 그 독자적 영역을 확보하지 못한 종교였다. 그런 영세한 자료를 발굴하여 체계적으로 정리했기 때문에 지금까지도 한국사상사 정립에 필수적인 문헌으로 손꼽힌다.

『해어화사(解語花史)』는 기생들의 애환을 역사적으로 정리한 저술이다. 우리 사회에서는 천민으로 대접받았지만 그들의 삶·규범·시교·해학 등을 집대성한 것이다.

근대불교학의
토대를 이루다

『조선불교통사』가 출판된 지 10여 년 후에 다카하시 도오루(高橋亨)의 『이조불교(李朝佛敎)』 누카리아 카이텐(忽滑谷快天)의 『조선선교사(朝鮮禪敎史)』 등이 잇달아 출판된다. 이들 일본인의 저술은 이능화의 연구를 밑거름으로 하여 완성시킨 책들이다. 특히 이능화는 당시로서는 드물게 외국어에 능통했다. 따라서 한문 위주의 당시 불교학계에 신학문조류를 소개했다는 특징이 있다.

이능화는 대구에 능인중학교를 세워서 불교신교육의 기틀을 마련했다는 점도 특기할 만한 일이다. 그는 교육을 통한 불교 인재양성과 세계 속의 한국불교라는 역사의식을 지녔던 인물이다.

불운한 시대를 살면서 굳건한 불교학 연구의 토대를 세웠기 때문에 그는 현대적 불교학의 비조라고 꼽힐 만하다. 검정색 두루마기와 광목 바지저고리로 평생을 일관한 그의 검약정신 또한 불자로서의 실천의지를 보여준다. 아직까지도 이능화의 구도자로서의 자세와 학문에 대한 성실성은 우리 불교계의 귀감이 되고 있다. 아직 간행되지 않은 유고와 논문 등을 정리해서 출판하는 일도 여전히 숙제로 남아 있다.

열.전.을. 마.치.며.

오늘의 한국불교

현대 한국불교의
흐름

일제강점기의 질곡을 거치면서 한국불교는 숱한 시련을 견뎌왔다. 그중에서도 재산권의 망실과 인재의 대처화(帶妻化) 등은 해방 직후 한국불교의 가장 큰 문제점이었다. 당시의 지성사회에서처럼 불교계 내에도 예외 없이 극우와 극좌의 대립 경향이 있었다.

당시의 태고사(지금의 조계사)에는 종무원이 있었는데, 이들 종무원과 재야 단체들 간에는 심각한 대립이 있었다. 내용을 보면 선교(禪敎)에 관한 이데올로기 문제와 재산·문중(門中) 등 복합적인 원인이 내재되어 있었다. 6·25동란 이후까지 이 분규는 종식되지 않았다. 전쟁 당시의 불교재산 망실 또한 극심했다. 상원사에 있던 신라 범종이 깨진 일을 비롯해 낙산사·월정사·신흥사 등 강원도 일대의 사찰은 참혹한 전화를 당하기도 했다.

6·25 직후 당시 이승만 대통령의 불교계에 대한 유시(諭示)는 큰 파장을 불러일으켰다. 유시의 골자는 '왜색 승려는 사찰에서 물러가야

한다'는 것이었다. '왜색 승려'가 무엇을 뜻하는지는 자명하다. 바로 처자가 있는 대처승을 가리키는 말이었다. 들리는 말로는 당시 이 대통령이 부여의 고란사에 들렀다가 속가(俗家)처럼 아이들의 빨랫감이 널려 있는 것을 보고 이러한 지시를 내렸다는 것이다. 그러나 본질적으로 말하면 비구냐 대처냐 하는 것은 승가(僧伽)의 문제이다. 그것을 정부에서 왈가왈부할 성격은 아니라는 뜻이다. 이때부터 사찰의 분규는 가열된다. 비구·대처 양측은 이른바 서로 사찰을 뺏기 위한 공방전을 계속했다. 1960년대 초반까지 이 대립은 그칠 줄 몰랐다. 이윽고 양측은 독자적인 종단 출범을 선언하고 대한불교 조계종·태고종 등이 별도로 '창종(創宗)선언'을 하기에 이른다. 곧이어 천태종, 진각종 등이 세워지면서 다양한 불교 종파들이 나타난다. 5·16쿠데타 이후 이 불교계의 내분은 '불교재산관리법'에 의해 표면상으로는 종식된다. 그러나 이것은 정권에 의한 불교자율권 침해라는 점에서 매우 바람직스럽지 못한 전례를 남겼다. 이 불재법은 6·29선언 직후 폐지되었다.

현재는 전통사찰보존법이 시행되면서 관의 개입이 거의 없어졌다. 그러나 종단 등록이 자율적으로 시행됨으로써 80년대 후반까지 18개 불교 종단이었던 것이 현재는 그 수의 파악이 힘들 정도로 늘어났을 뿐 아니라 더욱 증가할 추세를 보이고 있다.

한국불교는 70년대 이후 불교현대화의 기치를 내건다. 최대의 불교 종단인 조계종에서는 역경(譯經)·도제양성(徒弟養成)·선풍진작(禪風振作)을 종단의 3대 사업으로 했다. 1972년에 출판된 우리말『불교성전』은 불교현대화에 있어 획기적인 일로 평가된다. 비록 자그마한 결점과 편집상의 모순 등이 있긴 하지만 무척 특기할 현상임이 분명하다. 도회의 아파트 빌딩 숲 속에 포교당이 생기고 시민선원이 개설되며, 쉬운 불서(佛書)들이 간행되기 시작했다. 이제 불교는 무겁고 긴 잠에서 깨어나 현대사회를 향한 나름대로의 발전을 모색하기 시작한 것이다. '산속에서 도회지로' '불상 앞에서 중생 속으로' 그 잠재력을 발휘한다. 현재 우리 불교계에는 이와 같은 현대 감각을 지닌 중진스님들과 전통의 무게를 안고 있는 원로스님들이 공존하고 있다. 일부 소장스님들은 민중불교의 기치를 내걸었다. 21세기에 들어서면서 한국불교는 새로운 도전에 직면한다. 종단의 자정(自淨), 국제화의 물결 등이 그것이다. 사실 불교를 비롯한 여러 종교들의 위상은 과거에 비교해 볼 때, 그 입지가 매우 좁아진 것이 사실이다. 우주적 상상력은 과학의 몫으로, 지적(知的) 권위는 대학들이 차지했다. 이제 종교의 영역은 '도덕적 청정성' 정도에 머물게 된 것이다. 아마도 이와 같은 추세는 계속되리라고 전망한다.

내일의 불교

한국불교는 1,600년이 넘는 찬연한 역사성을 갖고 있다. 민족문화의 중핵(中核)으로, 국난 극복의 기수로, 불교는 한민족과 그 명운을 함께해 왔다. 그러나 조선 오백년의 억불정책으로 불교는 산간에서 명맥을 유지하는 비운을 겪어야 했다. 한국불교의 주술적이고 의타적인 경향은 암울한 과거가 남긴 슬픈 여운이다.

해방 이후 물밀듯이 닥치는 외세 앞에서도 불교는 무력할 수밖에 없었다. 특히 서양종교가 사회사업을 통한 선교의 기반을 다진 반면 한국 불교는 여전히 산중불교의 분위기를 벗어나지 못하고 있었다. 그러나 불교는 이제 기나긴 침묵의 늪에서 벗어나 새로운 도약을 시도하고 있다. '중생을 위한 불교', '인간성 회복에 역점을 두는 새로운 불교'의 모색이 활발히 이루어지고 있는 것이다.

승가(僧伽)의 이상이 새롭게 정리되려면 먼저 불자(佛子)들의 의식이 발전적으로 전환되지 않으면 안 된다. 불자의 의식전환을 주도하는 것이 바로 스님 집단이다. 한국불교에는 수도(修道) 기풍이 온존하고 있다. 새벽 3시에 일어나서 분향하며, 뼈를 깎는 인고(忍苦)의 세월을 숙명처럼 안고 사는 스님들이 산하를 지키고 있다. 한국의 문화적 자존심이 이들로 지켜지고 있다는 평범한 사실을 잊어서는 안 된다. 한편 재가불자들은 불교의 생활화, 대중화에 몰두해야 한다. 다변화하고 정보화된 현실 속에서 출가의 영역을 무한정 확대한다는 것은 불가능한 일이다. 따라서 출가·재가의 역할 분담과 공동선의 추구는 미래 불교의 운명을 결정하게 될 것이다.

현대화의 물결 속에서도 승가의 전통은 어김없이 지켜지고 있다. 사찰을 단순히 '관광의 대상'으로 생각해서는 안 된다. 오히려 사색의 뜨락, 문화의 원천, 지성의 산실이라는 폭넓은 공감대를 형성해 나가야 한다. 한국문화의 뿌리에는 언제나 불교라는 자양(滋養)이 스며 있기 때문이다.

세계의 불교국가들 가운데서 청정한 윤리와 수도의 기풍이 지금까지 살아 숨 쉬는 곳이 오직 한반도뿐이라는 것은 얼마나 다행한 일인가. 🛕

무엇이 그들을 위대하게 만들었을까
다시 쓰는 한국불교 위인열전

—

초판 1쇄 펴냄 2013년 4월 10일

—

지은이 정병조
발행인 이자승
편집인 김용환
펴낸곳 (주)조계종출판사

사진 장명확

—

출판등록 제300-2007-78호
등록일자 2007년 5월 1일
주소 서울시 종로구 견지동13번지 대한불교조계종 전법회관 7층
전화 02-720-6107
팩스 02-733-6708
도서보급 서적총판사업팀 02-998-5847
구입문의 불교전문서점 02-2031-2070~3 / www.jbbook.co.kr

ⓒ 정병조, 2013

ISBN 978-89-93629-98-9   03220

—

· 책값은 뒷표지에 있습니다.
· 저작권법에 의하여 보호를 받는 저작물이므로
  무단으로 복사, 전재하거나 변형하여 사용할 수 없습니다.
· (주)조계종출판사의 수익금은 포교·교육 기금으로 활용됩니다.